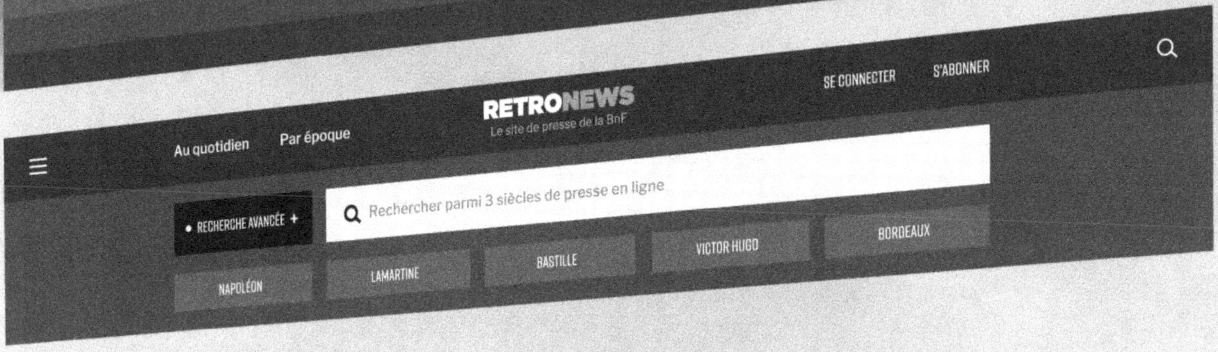

Revue
des
Études Napoléoniennes

Les Origines de l'Europe Nouvelle

XXII

La réimpression de la Revue des Etudes Napoléoniennes,
publiée de 1912 à 1939
par la Librairie Félix Alcan,
les Editions Albert Morancé et G. Fricker,
a été exécutée par Slatkine Reprints avec l'autorisation
des Presses Universitaires de France.

Revue des Études Napoléoniennes

Les Origines de l'Europe Nouvelle

Sine irā et studio.
(TACITE, *Annales*, I, 1.)

TREIZIÈME ANNÉE

TOME XXII

JANVIER-JUIN 1924

SLATKINE REPRINTS

GENÈVE

1976

13e Année. I. 1. Janvier-Février 1924.

REVUE

DES

ÉTUDES NAPOLÉONIENNES

LES ORIGINES DE L'EUROPE NOUVELLE

LES HISTORIENS DE NAPOLÉON

ALBERT SOREL

Albert Sorel fut-il un historien de Napoléon? — On verra plus loin ce qu'il convient de répondre. Du moins lui a-t-il consacré une part importante de son grand ouvrage, à peu près la moitié, puisque le cinquième volume commence avec le Directoire et la campagne d'Italie de 1796.

Notons pourtant d'abord une disproportion qui a du sens : Vingt années remplissent ces quatre derniers volumes; six années seulement ont suffi à remplir les trois précédents, après l'admirable premier. C'est qu'il ne faut point oublier le titre : *l'Europe et la Révolution Française*.

Rappelons ses prémisses : « La guerre entre l'Europe et la Révolution française a duré près d'un quart de siècle. Elle commence à Valmy, et ne se termine qu'à Waterloo... Je voudrais rassembler les traits principaux de cette histoire, et y rechercher, ce qui est l'essence même de l'histoire, les causes éloignées de ces grands coups dont le contre-coup porte si loin... Tout est surprenant à ne regarder que les causes particulières, et néanmoins tout s'avance avec une suite réglée. » (Bossuet).

D'où le premier volume : *Les mœurs politiques et les traditions.*

Edouard Driault.

M. Sorel continue : « C'est cette suite que je voudrais dégager dans l'histoire de la France et de l'Europe pendant la Révolution française, au moins pendant la période essentielle de cette Révolution, je veux dire jusqu'à la fin de la Convention. »

Donc il semble qu'il eut d'abord l'intention de dégager la suite de « ces grands coups » jusqu'à la fin de la Convention, et que le reste ne soit que comme un appendice, ou, si l'on préfère, une large esquisse des suites postérieures à 1795.

Et c'est bien en effet le dessein de tout l'ouvrage.

Et c'est bien à la fin de la Convention que s'en trouve le nœud, comme on dirait d'un drame, dont d'ailleurs cette grande histoire a le caractère et dont l'ouvrage de M. Sorel donne en effet l'impression saisissante.

On sait la thèse de ce nœud central : — La Révolution, après avoir répudié toute pensée de conquête, fut entraînée à la guerre aux rois, et, parce qu'il était impossible d'accorder le principe monarchique de l'ancien régime avec le principe nouveau de la souveraineté nationale, elle porta la frontière défensive de la France jusqu'au Rhin, et ce fut la doctrine des « limites naturelles ».

Voilà l'image qui entraîna les soldats de Sambre-et-Meuse et les grands républicains de l'an II et de l'an III, de Danton à Carnot et à Merlin de Thionville.

« Politique de magnificence », dit Sorel, comme il le disait auparavant des grandes guerres d'Italie du XVIe siècle. « Hyperbole périlleuse ! Que l'on y réfléchisse, s'écrie-t-il ; il fallut que ces conceptions magnifiques eussent bien profondément pénétré dans les esprits puisqu'elles y effacèrent la proposition première, si noble, si pure, si désintéressée, si humaine de 1789, et l'autre proposition chimérique, mais enthousiaste, mais magnanime de 1792, puisque la France se laissa si aisément prendre et demeura fascinée, subjuguée, jusqu'à la défaite, c'est-à-dire jusqu'au moment où le rêve parut dissipé à jamais. Et lorsqu'en 1830, la France crut reprendre le cours de sa révolution, ce fut tout aussitôt pour recommencer ce rêve illusoire de la Révolution européenne, sœur prodigue et reconnaissante de la Révolution française, et de la grande complaisance des peuples affranchis pour l'extension de la France dans les limites de la Gaule. » (V, 285).

Peut-être admettra-t-on d'après cela que l'étude que nous entreprenons a un caractère d'actualité puisque la grande guerre a réalisé la Révolution européenne, arrêtée à Waterloo et contenue encore après 1830 et 1848.

Sur ce terrain, M. Sorel a pris une position très nette, et son grand talent en a marqué fortement et longuement nos esprits, où il a tracé ce profond sillon : — La France au Rhin, c'est la guerre ; car « l'Europe » n'y peut consentir, car le Rhin donne l'Empire.

Parlant plus loin de Talleyrand (VI, 24) : — « A la curée il demeura toujours *in petto* l'homme des « anciennes limites » au delà desquelles il ne crut jamais la paix durable, ni même possible. » Sorel est comme Talleyrand, l'homme des anciennes limites, un partisan de l'équilibre qu'il estime compromis par les « limites naturelles ».

Il fixe à jamais la frontière de la France à la barrière de fer de Vauban. Le reste est hyperbole, républicaine ou impériale : un corset de fer, ne disons pas une camisole, où la France ne doit plus bouger... Pourvu qu'elle puisse respirer !

Voilà le lien très fort de son ouvrage, la solidarité, ou le déterminisme qui fait de l'Empire une « suite » de la Convention et du Directoire : — Napoléon a voulu défendre les limites naturelles ; hyperbole d'avance impossible ; Waterloo est en germe dans Fleurus ; la Grande Armée impériale ne put pas garder ce qu'avait conquis l'armée de Sambre-et-Meuse. « La Convention désigna César », écrit-il en fermant son quatrième volume, celui qui est intitulé *les Limites naturelles.*

Le plus grave des problèmes, le plus angoissant pour la conscience des meilleurs citoyens. Car si les limites naturelles, sous une forme ou sous une autre, renferment la guerre en rompant l'équilibre de l'Europe, les « anciennes limites », avec la Prusse derrière, c'est l'invasion. Sorel en avait eu l'expérience avant d'écrire son livre, et nous venons de la renouveler dans des flots de sang.

Dramatique dilemme : que la France soit grande, ou qu'elle meure !

*
* *

Tout le problème se ramène à ceci : les « limites naturelles » donnent-elles à la France l'empire de l'Europe ?

Et parce que Napoléon, à la suite de la conquête des limites naturelles par la République, a voulu établir son empire sur l'Europe, est-ce la « suite » des limites naturelles, ou d'une conception personnelle qu'il s'est faite de l'organisation de l'Europe ?

Au point de vue de son histoire propre, il importe de savoir s'il ne fut que le continuateur malheureux des généraux de la République ; s'il n'avait souci et ne se donna fonction que de *défendre* les limites naturelles, et s'il était fatal qu'il fût entraîné pour cela jusqu'à Moscou, si tout de même il ne fut pas un peu, un petit peu, un conquérant,... tranchons le mot, un Empereur : car c'est de cela même qu'il s'agit.

Sorel va jusqu'à écrire ceci (IV, 473) : — « Il est permis de présumer que Hoche, avec moins de génie et plus de vertu civique, beaucoup de Scipion et rien de Dioclétien, aurait été cependant entraîné à suivre en Europe des voies analogues à celles de Bonaparte ; il eût davantage affectionné les peuples et moins comblé les rois ; mais sa République militaire eût par sa force, par sa liberté, par sa propagande, et par son exemple, plus inquiété les Rois que ne le fit l'Empire de Napoléon par son despotisme et ses conquêtes ; distribuant moins de territoires, il eût soutenu moins longtemps l'illusion des alliances ; enfin, par le penchant de son génie autant que par nécessité, il eût poursuivi jusqu'aux catastrophes la même lutte chimérique contre l'Europe coalisée par l'Angleterre. »

Il est vrai qu'il ajoute aussitôt : « Ces spéculations ne sont que des divertissements très vains et très arbitraires. L'histoire n'admet pas de fictions. »

Sans spéculer aussi arbitrairement, et sans se perdre dans les fictions, on peut du moins admettre, comme Sorel, que Hoche n'eût pas été Napoléon, que l'idée de la République Rhénane était peut-être une manière de concilier la sécurité de la France avec les nécessités de l'équilibre de l'Europe. On peut rappeler encore que la Convention, depuis Danton, poursuivait l'idée d'une alliance avec la Prusse, que Frédéric II fixait lui-même la limite de l'influence française au Rhin, et qu'en 1830, lors de l'insurrection de la Belgique, Frédéric-Guillaume III, le vainqueur d'Iéna, le vainqueur de Leipzig et de Waterloo, disait : « Si les Français ne vont que jusqu'au Rhin, je ne bouge pas », et qu'on trouverait notion semblable dans le cerveau de Bismarck quand il n'avait pas encore jeté l'Allemagne prussianisée dans l'hyperbole de la domination universelle.

Sorel avait pourtant commencé de montrer l'opposition immédiate, et, pour ainsi dire, foncière, de la politique de Bonaparte et de celle du Directoire, dans son cinquième volume, intitulé, comme en un diptyque : *Bonaparte et le Directoire.*

Sa documentation déjà y apparaissait incomplète, puisqu'il n'a pas connu les papiers anglais essentiels, et il y déclare, sans toutes les preuves nécessaires, que l'Angleterre et Pitt ne voulaient pas de la paix du moment que la Révolution française s'établissait sur le Rhin. La thèse de Raymond Guyot, *Le Directoire et la paix de l'Europe,* et l'ouvrage de Charles Ballot, sur *les Négociations de Lille*, ont apporté d'assez sensibles corrections à cette affirmation.

Mais sans que nous en fassions état davantage, Sorel lui-même montre suffisamment que, tandis que Bonaparte poursuivait une politique personnelle en Italie, sans souci de la question du Rhin, le Directoire, et surtout Rewbel, désiraient avant tout consolider les nouvelles frontières, soit sous la forme d'une République Rhénane, soit, après la mort de Hoche, sous celle des « départements réunis ».

Ils voyaient la solution du problème, comme Danton, même sans l'aveu de l'Angleterre, dans une entente avec la Prusse, à laquelle le principe de la sécularisation des terres d'Église, proclamé par le congrès de Rastadt, réservait des avantages considérables sur la rive droite du Rhin. S'il n'y eut pas alliance alors entre la France et la Prusse, il y eut entente secrète, et aussi pendant tout le Consulat, et dans les premières années de l'Empire et jusqu'à la veille d'Austerlitz et jusqu'au lendemain même d'Austerlitz. La bataille d'Iéna a plus d'importance encore qu'on ne l'a dit : car c'est elle qui a dressé la Prusse, avec l'Allemagne prussifiée, sur le Rhin.

C'est que la politique de Napoléon dépassait le Rhin, c'est qu'il en faisait la base et le point de départ de la conquête impériale. C'est lui qui en a fait le signe de l'Empire, et il est impossible d'en rendre avec lui responsables ni le Directoire, ni la Convention.

Pendant que le Directoire consacrait son effort à l'organisation de la frontière nouvelle, afin d'y habituer les populations et l'Europe, Bonaparte traçait en Italie et en Orient le plan de sa politique impériale.

« Rome ressuscitée enfanta César » : la phrase est belle ; elle n'est pas aussi exacte. Et encore : « La nature des choses voulait que la Gaule césarienne — sans doute la Gaule avec le Rhin —, ne pût subsister que dans une Europe ramenée au temps de César. La seule paix compatible avec cette conception romaine de la Gaule était l'Empire à la romaine, c'est-à-dire l'Angleterre soumise et la suprématie de la France dans l'Europe. » (IV, 469).

Mais la Gaule, avec les limites naturelles, n'est césarienne que si elle est une province de Rome et de l'Empire romain. Et c'est Bonaparte qui a fait la Gaule césarienne et qui a voulu refaire l'Empire romain. Il avait assez de volonté pour ne pas rester dans la suite du Directoire et de la Convention. Et c'est le diminuer singulièrement et le déformer que de le ramener dans la ligne politique marquée par les gouvernements révolutionnaires. Il est d'une autre force.

On nous a dit que Hoche n'aurait pas fait comme lui, qu'il n'aurait pas été César, car il n'y avait « rien de latin dans son génie ». Donc, après la Convention, et ses « limites naturelles », on pouvait ne pas être César.

Voilà justement où est la part de Bonaparte, qu'il faut mettre en relief, et non pas effacer.

Sorel dit, avec une fermeté de traits que même Frédéric Masson n'a pas eue, « son esprit romain, sa force impérative à exprimer ce que veut la masse »... « Il a lu l'*Esprit des Lois* à la lumière de son siècle, et il a achevé de s'y imprégner du génie romain. » (IV, 474). — Le voilà en Italie, « César descendu des Alpes, mais des Alpes gauloises » (V, 79). Et l'historien dit les enchantements de ce premier séjour à Milan, mai 1796, les adulations de la foule qui sent venir son maître, le frémissement de l'Italie nouvelle : — la vision de l'Empire déjà, « une conception toute césarienne, toute classique », mais une conception de Bonaparte, à laquelle il ne faut point associer le Directoire, qui lui envoyait Clarke pour le contrôler et tentait de démembrer son commandement.

Or la Gaule et l'Italie ensemble, c'est Rome. Il n'y suffit pas de la Gaule, même en ses limites naturelles, et c'est Napoléon qui a fait Rome en ajoutant l'Italie à la Gaule, en posant déjà la question romaine dans ses premiers projets de Concordat avec le cardinal Mattei : « Ainsi, dit Sorel, César était grand pontife. »

Et l'on connaît ses pages sur le *Proconsulat de Bonaparte,* entre Leoben et Campo-Formio. Il était au château de Mombello, près de Milan : « Il s'y entoura d'un gouvernement de proconsul romain de la grande époque, conquérant, homme d'État, organisateur de la conquête et pacificateur des peuples vaincus. C'est Jules César en Gaule. »

« La France même, dit encore Sorel en des termes dont nous lui laissons la responsabilité (V, 181), la France même pour lui restera pays de conquête. Il n'en sort pas, il y entre ; il est fils d'étrangers ; la langue française n'est pas sa langue maternelle. La France n'est pas le coin de terre incomparable et sacré où dorment ses ancêtres ; elle s'étendra partout où le portera son cheval de guerre et où perceront ses aigles romaines. »

Et pourtant Napoléon aima bien la France, sa « grande nation ». Et elle n'aurait pas gardé son pieux souvenir, s'il ne l'avait pas aimée comme la plus belle et la plus noble patrie.

Quoi qu'il en soit, on ne saurait dire plus fortement la marque personnelle que Napoléon a frappée sur la politique française.

Et encore, page 148 : « L'Italie est pour Bonaparte ce que la Gaule avait été pour César, non seulement la route du pouvoir, mais le champ de manœuvres et le champ d'expériences de l'Empire. » Tout de suite il dit à Cobenzl : « La République française regarde la Méditerranée comme sa mer et veut y dominer. » (V, 240). Il céderait Mayence pour garder Mantoue.

Là est l'hyperbole, mais non pas dans la politique de la Convention, ni dans celle de l'ancienne monarchie. Il faut rendre à César ce qui est à César.

M. Sorel n'insiste pas sur la campagne d'Égypte, il la célèbre magnifiquement : « L'œuvre de Bonaparte en Égypte a duré. Et ce qui a fructifié en Égypte, est sorti de cette alluvion de la conquête française, du sillon tracé et creusé par Bonaparte et ses compagnons. »

Mais Bonaparte en Égypte, c'est encore César, César en Orient, pour y achever l'Empire, — mais sans Cléopâtre —, et au lieu de Pharsale, Aboukir, le désastre.

Car c'est en Orient que se portera toujours avec le plus de complaisance l'imagination conquérante de Napoléon. Et c'est en Orient qu'il trouvera toujours ses limites, bien loin du Rhin, — et plus tard la fin de sa carrière.

Quand même, les deux proconsulats de Cisalpine et d'Égypte le conduisirent au Consulat et à l'Empire..., vers Rome.

Nul historien avant Sorel n'avait dit avec une telle puissance d'expression l'image romaine où se dessinait dès lors le Grand Empire.

* * *

Il aurait pu être le plus grand historien de Napoléon, l'historien définitif, s'il était donné à quiconque de dire le dernier mot en pareille matière.

Mais aussi il aurait brisé la « suite » imposante qu'il avait déterminée, de Valmy à Waterloo ; il aurait dressé le Capitole sur la droite ligne qu'il avait tracé, et sa thèse y eût couru le risque de la Roche Tarpéienne.

Il préféra y demeurer fidèle et y réduire et y effacer l'Empire.

Du moins en gros. Car il ne lui était pas possible de dépouiller toute la masse documentaire qui s'offrait ; il a laissé d'importantes lacunes, notamment sur la négociation de 1806 : il ne s'agit pas là des anciennes limites, ou des naturelles, mais de la Sicile, qui est bien loin du Rhin[1].

Donc le sixième volume est intitulé *la Trêve, Lunéville et Amiens, 1800-1805*, quoique la trêve n'ait duré que de 1802 à 1803. C'est qu'il faut dire le sens du mot *trêve*, trêve aux opérations de guerre, trêve à la question des limites, un arrêt dans « la suite de ces grands coups dont le contre-coup porte si loin ».

Une expérience : — l' « Europe » peut-elle admettre la France en ses nouvelles limites ? Il le semble, puisque chacun y gagne, l'Autriche à Venise, la Prusse en Westphalie. — Ne pas oublier que le bassin de la Ruhr appartenait alors tout entier à l'évêché de Munster, et que c'est Bonaparte qui l'a donné à la Prusse en 1803.

Mais cette Europe nouvelle, qui s'annonçait en harmonie avec la nouvelle France, n'eut pas le temps de s'organiser dans la paix, parce que la paix, la *trêve*, fut « dévastatrice ».

Qui l'a donc rendue dévastatrice ? Ce n'est pas le Directoire ici, ni la Convention.

Lorsque les députés Cisalpins, réunis à Lyon, reçurent des mains du Premier Consul leur constitution et le nom de République *Italienne,* ils battirent des mains (VI, 195) ; toute l'Italie fut traversée d'une émotion profonde, et les patriotes y virent tout un programme d'avenir, le commencement des temps prédits par Alfieri, *Italia virtuosa, magnanima, libera è una !* « La vertu qui fait les peuples libres, la magnanimité qui les fait illustres, l'unité qui les fait puissants. »

S'agit-il de défendre ici les nouvelles limites de la France ? On y risquerait plutôt de compromettre la limite naturelle des Alpes. — Italie, France, sous un même maître : il s'agit de l'empire de l'Europe.

Et la rupture était inévitable. Sorel a de belles pages à ce sujet,

1. Voir notre ouvrage, *Napoléon et l'Europe*, II, ch. IX.

de celles qui ont le plus fait pour sa renommée et qui gardent une incomparable valeur d'expression (VI, 203) :

« Certes l'heure était belle et radieuse ; mais si c'était un motif pour désirer qu'elle durât, ce n'était pas de quoi suspendre la marche de la nature et renouveler le miracle de Josué... Pour que la paix d'Amiens durât, il aurait fallu que l'Europe y reconnût un caractère que n'avait présenté aucun des traités précédents, ni celui de Nimègue, ni celui de Ryswick, ni ceux d'Utrecht, d'Aix-la-Chapelle et de Paris, ni les derniers, ceux de Campo-Formio et de Lunéville... » — Ce qui revient à dire que tous les traités de l'histoire sont plus ou moins précaires : — Assurément, comme toute œuvre humaine !

« Il aurait fallu une France, encore exaltée de sa Révolution, réfrénant tout à coup et apaisant les passions qui la poussaient depuis dix ans à déborder sur l'Europe..., tournant son enthousiasme en sagesse, sa superbe en modestie, son impétuosité en prudence..., renonçant aux Antilles, aux Indes, à la Méditerranée..., désertant ses arsenaux, rentrant ses flottes, reculant devant l'Angleterre sur tous les Océans, reculant devant l'Autriche en Italie et lui restituant la Lombardie, reculant devant la Prusse en Allemagne, abandonnant à la Russie la suprématie du Saint-Empire et la tutelle de l'empire ottoman... Il aurait fallu une Autriche sans regrets de la Belgique, sans prétentions à la suprématie de l'Italie ; une Prusse sans prétentions à l'hégémonie de l'Allemagne ; une Russie se détournant de l'Europe ; une Angleterre cessant d'être anglaise, exclusive et acharnée, pour se faire cosmopolite avec délices, ne disputant plus ni l'empire de la Méditerranée ni la souveraineté des mers... » — Que d'abus dans ces formules, qui valent pour l'histoire de l'Europe en tous temps, et non pas seulement dans les temps de l'Empire !

— Mais aussi, dit Sorel lui-même, « ajoutons l'homme enfin, Bonaparte... ! »

Eh oui ! ajoutons l'homme ; et c'est cela qui donne à cette époque son propre et grand caractère.

Et contre l'homme, parce qu'il voulut l'Empire, parce qu'il ne voulut pas s'enfermer dans les limites naturelles, l'Angleterre dressa la « coalition », ou du moins s'efforça de la dresser; et ce ne fut pas toujours facile; car si Napoléon n'avait pas aspiré à l'empire de l'Europe, il eût plus aisément qu'elle trouvé des alliances.

Mais à ce compte c'est à l'Angleterre que cette tâche était plus aisée.

Dès le 11 avril 1805, elle s'accordait avec la Russie. Il plaît à M. Sorel d'attacher une importance exceptionnelle à cette convention, parce qu'elle soutient sa thèse et pose le principe du retour de la France à ses anciennes limites... quand elle aura été vaincue. Mais cet acte du 11 avril 1805 ne vaut ni plus ni moins que tant d'autres qui sont ou ne sont pas rédigés de même sorte.

Et cette « coalition », dont on veut voir ici la formule invariable, le dogme infaillible, est encore bien fragile : l'Autriche hésite, il faudra le couronnement de Napoléon à Milan pour la décider. Et la Prusse se réserve. Et la Russie n'a pas souci tant que l'Angleterre de la question des « anciennes limites ».

C'est l'Angleterre qui est le noyau de la « coalition » : sans doute, et pour cause. Mais il y a peu de substance autour; il faudra près de dix ans pour en mûrir le fruit. Pour l'instant, et pour longtemps encore, ce n'est qu'un duel franco-anglais, et l'on connaît la fameuse tirade, de ces tirades où Sorel excelle, où il y a plus de rhétorique que de précision (VI, 300) : — « En réalité ce sont sept cents ans d'histoire d'Angleterre qui continuent la lutte avec sept cents ans d'histoire de France... L'esprit perturbateur de la Révolution française, l'esprit conservateur de « l'Europe établie » par les Anglais, ne firent que renouveler sous une forme plus passionnée cette rivalité séculaire. »

« L'Europe établie » : c'est-à-dire l'Europe avec la France des anciennes limites; le cadre rigide où il faut tenir « la France enchaînée »; — enchaînée, et trahie par Talleyrand : « Il eut toujours, dit Sorel (VI, 25), plus d'avenir dans l'esprit que de fidélité dans le service. » — De l'avenir dans l'esprit? Plutôt du passé, puisqu'il veut revenir et ramener la France aux anciennes limites, à l'ancien régime, où il avait connu une telle « douceur de vivre ».

Mais ce n'est pas seulement Napoléon qu'on trahit ici ; c'est dix-huit siècles de l'histoire de France : c'est la Gallia à la paix féconde et cinq fois séculaire ; c'est la constante politique de nos rois en direction du Rhin ; c'est Henri II qui prit Metz ; c'est Richelieu qui conquit l'Alsace ; c'est Louis XIV qui eut Strasbourg, et la Flandre et la Franche-Comté ; c'est Louis XV à qui le bon duc Stanislas laissa la Lorraine ; ce sont les soldats de Sambre-et-Meuse ; ce sont Hoche et Jourdan, Danton et Carnot ; toute la France royale et toute la France républicaine, toute la France donc, moins avide de conquérir que de se garder, de se battre toujours que de s'accorder avec les Allemagnes dans la paix du Rhin.

Du moins ne faut-il pas que la France et Napoléon soient trahis par l'histoire.

Pauvre Empereur ! Si l'on en croyait Sorel, il fut toute sa vie comme une bête traquée, fonçant à gauche, à droite, pour ne pas être rejeté par le trident du dompteur dans sa cage aux barreaux de fer.

Le blocus continental ? — « La paix, nous dit-on, ne sera imposée à l'Angleterre et garantie à la France que s'il transforme le continent en une machine immense d'investissement. »

La Prusse vaincue ? — C'est pour pouvoir signer à Berlin le décret du blocus. — La Russie vaincue sur le Niemen ? C'est pour défendre le Rhin. — L'alliance russe ? C'est pour investir l'Angleterre par le continent et, s'il le faut, par le tour du monde.

Le Grand Empire ? « Comme la plus grande République du Directoire, il dérive de cette nécessité de contraindre l'Angleterre à la paix française » (VII, 55) : c'est-à-dire sans doute à la paix des grandes limites.

Car Napoléon n'est que l'héritier du Directoire, pour lequel il avait jadis tant de mépris. Son aigle impériale est née de cet œuf républicain.

Pauvre Empereur ! qui ferait dans l'histoire figure de Directoire !

Mais comment est-il si grand, même après Waterloo, même après Sainte-Hélène ? Plus grand tout de même que Barras ou que La Reveillère-Lepeaux ?

C'est que Sorel ne répond rien à cette question capitale : — Si Napoléon avait vaincu l'Angleterre (car il se pouvait, du moins il faisait tout pour la vaincre), que pensait-il faire de l'Europe ? Les « limites naturelles » définitivement consacrées, comme jadis en Alsace, ou en Franche-Comté ou dans les Alpes et dans les Pyrénées, comment eût-il organisé l'Empire ?... A le réduire à la condition médiocre d'une défensive d'avance condamnée, on s'interdit de pénétrer le secret de son ambition ; on le laisse enveloppé dans le mystère de son auréole ; on ne le connaît pas.

*
* *

A nouer le traité de Paris de 1814 à la convention du 11 avril 1805, elle-même fondée sur les traités d'Utrecht, — mais, au fait, pourquoi ne pas revenir au traité de Brétigny, ou à celui de Verdun, — on prétend écraser l'Empire, comme l'Empereur ; en tout cas, on en fait partir tout le sens historique, politique et social ; on nivelle, on aplatit l'accident le plus grandiose et le plus expressif de l'histoire de la France ; on en fausse la portée magnifique.

Parce qu'Alexandre Ier contint la fortune de César, quand elle était fatiguée de sa puissante carrière, parce que, grâce à la Providence de Mme de Krüdener, il eut le privilège de donner le signal du « formidable reflux », on fait ce Slave mystique, tout étonné de sa victoire, dont il ne put supporter le poids, prostré de sanctuaire en sanctuaire et les genoux calleux — voir le beau livre du grand-duc Nicolas Mikhaïlowitch, — on le fait supérieur à Napoléon, comme avait fait Vandal à Tilsit : « Dans cette lutte du Latin et du Slave, du rénovateur de Dioclétien et de l'héritier présomptif du trône de Byzance, la chimère, la chanson de geste, la grande aventure sont du côté du Latin, précis et positif en ses mesures, démesuré dans ses spéculations ; la politique suivie, tenace, la politique aux effets positifs et durables, est avec le Grec aux paroles dorées, au regard fuyant, qui semble perdu dans des rêveries d'humanité, et qui dans le fait va transformer en une réalité russe cette hégémonie du vieux monde dont Napoléon n'a fait qu'une utopie française. » — Comme Victor Hugo, Sorel aime trop ces antithèses ; elles déforment toujours la vérité historique en quelque endroit : où voit-on l'hégémonie du monde aux mains d'Alexandre ?

A tout ramener à une guerre de limites, à des traités de limites, on s'expose aux pires contradictions, disant d'une part : « L'Angleterre est par sa résistance obstinée le ferment qui du Consulat a fait lever le Grand Empire ; elle sera de même le ferment qui anéantira cet Empire... La paix faite, la paix anglaise, la France refoulée, le but atteint, c'est encore elle qui, par ses institutions parlementaires, ses modes, sa littérature, sa philosophie, gouvernera l'esprit français. » ou encore : « Le Grand Empire, dans la pensée de l'Empereur, n'est qu'une coalition contre l'Angleterre, le blocus continental n'en est que la machine de guerre... Le Grand Empire, un immense expédient. » (VII, 501-504). — Et d'autre part : « La conception du Grand Empire est toute romaine, comme la République d'où il sort » — la République est-elle si romaine ? — « Mais il procède de Rome à travers Charlemagne. » C'est donc l'histoire universelle ramenée à un immense expédient pour résoudre la question des limites. Et encore, VII, 507 : « D'où ces conséquences étranges, à première vue contradictoires et si intimement liées dans les profondeurs..., l'admiration, la reconnaissance même pour Napoléon, exécré, révéré, évoqué tour à tour, et grandissant dans l'imagination des peuples à mesure qu'ils le considèrent de plus loin, envahissant leur histoire dans le temps même où ils se glorifient de l'avoir chassé de leur patrie : tel, à la fin d'un jour d'été, dans les splendeurs de l'horizon, le soleil qui accable les hommes et fait mûrir les blés. » Et voilà l'immense expédient, insuffisant à résoudre la question des limites, qui devient le plus magnifique spectacle de la nature... comme de l'histoire.

On connaît la célèbre page, au moment du mariage autrichien (VII, 415) : « Napoléon parut vieilli, alourdi, engraissé. Il se trahit dans tout son être un je ne sais quoi d'arrêté, de dégénéré presque. La magnifique croissance de son génie semble désormais suspendue ; il n'inventait plus, il se continua... L'immense illusion qu'en prenant une femme de maison impériale ou royale il changerait le cours des affaires, les destinées de la Révolution en Europe... Il croyait parvenir à ses fins en s'engageant dans les anciennes routes royales ; il s'entravait tout simplement dans les ornières de la vieille Europe. Il a triomphé de tous parce qu'il est différent de tous, et supérieur. Il se ravale désormais au niveau du vulgaire des souverains, et devient un monarque comme les autres... » — Cela est un pur contre-sens.

A tout ramener à une guerre de limites, on s'interdit d'expliquer le système dynastique, que Frédéric Masson a le mieux vu remplaçant le système familial : Napoléon épousant la fille des Empereurs pour avoir un fils, le roi de Rome, héritier de son Empire ; les trônes fraternels renversés, les royaumes fédérés ramassés dans une main unique pour un suprême couronnement, pour le triomphe au Capitole. — On s'interdit d'expliquer l'entreprise d'Espagne qui, comme celle d'Italie, est une manifestation d'union latine, d'Empire romain, projeté même au delà des mers, jusqu'en Amérique où l'on n'a pas assez suivi la pensée de Napoléon. — On s'interdit d'expliquer la guerre de Russie, seconde guerre de Pologne, la Pologne frémissante, les visées persistantes sur la Syrie, l'Égypte, le grand dessein oriental, la volonté d'achever l'Empire en Orient, comme César à Pharsale, l'organisation de l'Europe entière dans la paix romaine, ou française, pour un suprême couronnement.

A tout ramener à la question des limites, on s'interdit de donner à l'Italie sa place éminente dans la conception impériale, et l'on écrit (VII, 60) : « Naples est un poste avancé contre l'Angleterre, une station vers l'Orient, une des clefs de la Méditerranée, et voilà toute la raison d'être de Joseph sur ce trône et de ce trône dans l'Empire. » Mais Naples est surtout une province de l'Italie ; on la ramènera sous la main de l'Empereur quand on donnera à l'Empire son suprême couronnement.

Le 16 novembre 1809, Napoléon reçoit les députés des départements de Rome (VII, 405) : « Mon esprit, dit-il, est plein des souvenirs de vos ancêtres. Les empereurs français, mes prédécesseurs, vous avaient détachés des territoires de l'Empire et vous avaient donnés comme fiefs à vos évêques. Mais le bien de mes peuples n'admet plus aucun morcellement. La France, et l'Italie tout entière, doivent être dans le même système. »

A tout ramener à la question des limites, on s'interdit d'apprécier à sa juste valeur historique le sénatus-consulte du 17 février 1810, dont Sorel dit simplement ici (VII, 437) : « Quant au prince impérial, un sénatus-consulte du 17 février décide : Il porte le titre et reçoit les honneurs de Roi de Rome. » — Il y a bien autre chose dans ce sénatus-consulte : la veille, 16 février, Eugène avait été nommé grand-duc de Francfort, afin de pouvoir laisser l'Italie un jour au Roi de Rome. Mais aussi, ce sénatus-consulte du 17 février 1810, promulgué au moment même où Napoléon va épouser la fille des Empereurs, fait de Rome « la seconde ville de l'Empire ». Mais aussi il installe à Rome un grand dignitaire de l'Empire, pour tenir la cour de l'Empereur (art. IX). Mais surtout pourquoi Sorel a-t-il effacé l'article X où il est dit : *Après avoir été couronnés dans l'église Notre-Dame de Paris, les Empereurs seront couronnés dans l'église de Saint-Pierre avant la dixième année de leur règne*[1].

C'est qu'il aurait fallu expliquer le caractère de ce second couronnement, « l'aigle romaine de retour au Capitole », comme dit la médaille préparée à cette occasion, au retour de Pharsale, après la victoire qui s'annonçait en Orient.

Mais la thèse de Sorel, qui craque de toutes parts à force de vouloir tout enserrer dans une question de limites, aurait éclaté, sous les rayons splendides du soleil impérial qui accable les hommes et fait mûrir les blés.

Et pourtant le grand historien en demeurait hanté, et son esprit même, en sa critique trop rigoureuse, en était par instants réchauffé ; malgré lui, à toutes les barrières des limites, il se sentait poursuivi par le développement grandiose du Proconsulat de Cisalpine, du Consulat, de l'Empire à la romaine, de tout ce déterminisme romain, qui est, depuis la Gallia et depuis la Renaissance, le fond, la substance même de l'éducation et de la mentalité française.

1. *Corr.*, XX, 227.

En 1803, le Premier Consul visitait les « pays réunis », c'est-à-dire les pays rhénans : « Nulle part, dit Sorel, les bienfaits de son gouvernement ne se manifestaient avec plus d'éclat. Ces populations semblaient conquises à jamais : mais elles faisaient mieux que se soumettre ; elles s'affectionnaient ; elles étaient entrées dans la paix romaine ; elles entraient dans la patrie. » Et plus loin, lors de la proclamation de l'Empire : « Bonaparte entend que cet Empire qui consacrera à l'intérieur l'égalité, consacre au dehors la *Pax Gallica*, la suprématie de la France sur l'Europe refondue par les armées de la Révolution » (VI, 316, 364).

Pourquoi avoir abandonné cette magnifique « suite » qui vient de César, qui traverse toute l'histoire de la France, de Charlemagne à Philippe-le-Bel, de Louis XIV à Napoléon, et qui porte si loin ?...

Pourquoi avoir fait du Grand Empire « un immense expédient » à résoudre la question des limites ? Un moyen, quand il est une fin grandiose ? Pourquoi n'y avoir vu que « l'adaptation aux formes impériales des desseins de suprématie de la République ? » (VII, 24). Pourquoi avoir essayé de contenir l'essor de la France, tout d'un coup, sous le geste de l'Angleterre, à la barrière des traités d'Utrecht, ou de la convention du 11 avril 1805 ? Il n'y a plus de Josué, même à Londres, pour arrêter le soleil. La nature des choses, sous les rayons de la gloire impériale, porte la France au magnifique développement de ses grandes destinées.

« Rêve illusoire ? » — La pensée de Napoléon, c'est-à-dire l'organisation de l'Europe nouvelle dans les lois de la Révolution démocratique, a traversé le siècle. Nous avons hier célébré son Centenaire. Elle est le ferment de la grande guerre, et de la paix française, *Pax Gallica*, que nos grands soldats ont forgée.

*
* *

Il est bien vrai que Napoléon a été vaincu, de Leipzig à Waterloo, et qu'il est mort à Sainte-Hélène prisonnier de la Sainte-

Alliance. Et il semble que cette défaite donne raison à Sorel : elle était inévitable ; elle était fatale, du jour où la France était sortie de ses « anciennes limites ».

Dès le lendemain de la campagne de Russie, la convention du 11 avril 1805 fournissait les termes de la capitulation.

Sans doute le roi de Prusse souhaitait pour son pays la restitution intégrale des territoires qu'il possédait avant 1805, et pour l'Europe « l'état de paix des traités de Lunéville et d'Amiens » (VIII, 19). Sans doute son ministre Hardenberg se ralliait au grand plan de Metternich où « la France devait être restreinte dans ses bornes naturelles entre le Rhin, les Alpes et les Pyrénées » (VIII, 35). Sans doute en effet dans ses Instructions à Stadion, le 7 mai 1813, Metternich indiquait parmi ses « vues de paix » l'abandon par la France de tout ce qu'elle possédait en Allemagne « au delà du Rhin » (VIII, 112).

Mais, nous dit-on, ce ne sont là que des « équivoques », des « amorces », des « pièges ». Même aux Notifications de Francfort, après Leipzig, il paraît qu'il faut interpréter le terme de « limites naturelles », et qu'il faut comprendre qu'il signifie les limites qu'il était naturel de laisser à la France, c'est-à-dire ses anciennes limites.

Sans doute il est bien certain que les Alliés n'étaient pas trop d'accord, que la « coalition », qui avait tant de peine à se nouer, fut maintes fois sur le point de se dénouer, et que notamment « la crise de Troyes » après Montmirail et Montereau faillit la disloquer tout à fait. — Quand même, on nous dit qu'il faut admettre que la coalition avait une même pensée, une doctrine unanime, le retour de la France à ses anciennes limites, c'est-à-dire, selon la convention du 11 avril 1805, aux traités d'Utrecht, non pas encore tout de même au traité de Brétigny, ou de Verdun.

« Ce que Napoléon défend sur l'Elbe, ce qu'il va perdre inévitablement s'il en est repoussé, ce sont ces têtes de pont, ces avant-postes que le Comité de Salut Public de l'an III et le Directoire avaient successivement dessinés sur la carte, conditions de la conquête et de la conservation des limites naturelles » (VIII, 118).

— « Il fallait, comme en 1795, comme en 1798, comme en 1800, comme en 1805, 1806, 1809, choisir entre une lutte à mort ou le retour pur et simple de la France à ses anciennes limites » (VIII, 118). — « Napoléon savait par quelles étapes la France avait marché de Paris à Moscou, par quelle évolution il avait porté la conquête, puis la *défense*, du Rhin à la Vistule, des Alpes aux Calabres, de la mer du Nord à l'Adriatique, de Cadix à Hambourg... Il prévoyait que la retraite s'opérerait par les mêmes chemins que la conquête — évidemment ! — et qu'elle ne s'arrêterait ni à l'Elbe, ni au Rhin même, bref que dans la défaite il faudrait toujours reculer comme dans la victoire il avait fallu avancer toujours : Wagram se renversant sur Friedland, sur Iéna, sur Austerlitz, sur Hohenlinden, sur Marengo, sur Lodi, sur Fleurus, sur Jemmapes, sur Valmy... — Pourquoi pas sur Bouvines et sur Tolbiac ? — Il se représentait la fatale symétrie de la guerre, la bascule du Grand Empire, l'invasion européenne refluant sur l'invasion de l'Europe par la France, et le Grand Empire s'en allant par morceaux, rongé, miné par ce déluge, comme il s'était formé par couches, des alluvions de la marée montante. » (VIII, 76).

M. Sorel n'est-il pas ici victime du vertige de la phrase ? Quel dommage si, par accident, Napoléon avait traité avec Metternich sur les bases de Dresde, et fixé l'Europe en un état de choses fondé sur les limites naturelles, les vraies limites naturelles de la France ? Mais, qu'avons-nous dit là ? Ce n'était pas possible ; la nature des choses, comme une marée descendante, ramenait la France à ses anciennes limites. Que faire contre la marée ?

Et voilà pourquoi Louis XVIII et Talleyrand ont accompli, par la restauration de l'ancienne France et de l'ancienne Europe « un chef-d'œuvre politique, d'une qualité d'autant plus rare, unique même, que la force n'y entre pour rien » (VIII, 359). — « Les Bourbons seuls (*id.*, 313) pouvaient consentir la paix de l'Europe avec dignité, parce qu'ils rattachaient à cette paix leur propre principe : ancienne frontière, ancienne monarchie, paix et légitimité ; c'était toute la suite de leur politique dans l'émigration. »

Edouard Driault.

La vraie politique de la France était-elle donc la politique des émigrés de Coblence?

Donc, chef-d'œuvre politique, le retour de la France à ses frontières de 1792, à ses frontières des traités d'Utrecht? Chef-d'œuvre politique, d'avoir mis la Prusse dans le pays rhénan, à la place des anciens évêques-électeurs, clients de la France ? — Hardenberg proposa d'y mettre le roi de Saxe, car il voulait annexer la Saxe à la Prusse. — Chef-d'œuvre politique que de s'y être refusé, que d'avoir préféré, à Coblence et à Trèves, le roi de Prusse au roi de Saxe, parent du roi de France et ami de la France, et comme excuse à cette faute dont la France a failli périr : « Rien, disait Talleyrand (VIII, 411) ne serait plus simple et plus naturel que de reprendre à la Prusse celles des provinces qui lui étaient cédées, tandis que, si elles eussent été données au roi de Saxe, en dédommagement de ses anciens États, il serait difficile et par trop dur de l'en dépouiller. »

Il paraît qu'il est facile de reprendre à la Prusse le pays rhénan. Étrange en tout cas de voir l'homme des anciennes limites, et son historien, se préoccuper du meilleur moyen de regagner les limites naturelles.

Chef-d'œuvre politique que d'avoir ainsi jeté la Prusse dans les bras de la Russie, avec ces conséquences, dit Sorel (VIII, 400) : la Prusse augmentée d'un tiers, portée à l'Empire d'Allemagne, la France démembrée de l'Alsace et de la Lorraine, 1866-1871. Et M. Sorel écrivait cela après Sedan !

Et il célèbre les traités de 1815 qui ont donné à l'Europe cinquante années de paix. — Mais pour conduire à quelles guerres ! Le traité de Francfort aussi a donné à l'Europe quarante-quatre années de paix : mais quelle paix, et pour aboutir à quelle guerre !

Aux conclusions d'une telle thèse, quelle place pouvait tenir notre pauvre Empereur, captif à Sainte-Hélène, si coupable d'avoir transgressé les lois du déterminisme historique, déterminées par l'Angleterre ! Il y est à peine nommé ; il y disparaît.

Car « en cette histoire d'un quart de siècle qui met toute l'Europe aux prises, le permanent, c'est la lutte pour les limites »

(VIII, 494). — « La guerre, malgré ses proportions énormes, a été une guerre de limites; les traités, si étendues qu'en soient les stipulations, sont également des traités de limites » (VIII, 500). — « La guerre de 1792-1815 a été une immense guerre de limites; les traités qui l'ont finie ont été des traités de limites, et par là les luttes de la France et de l'Europe durant la Révolution continuent l'histoire de la France et de l'Europe sous l'ancien régime » (VIII, 505).

Mais ce n'est pas faire l'histoire de Napoléon que de la ramener à une guerre de limites. Et Sorel lui-même ajoute ici, faisant sa propre critique : « Qui s'arrêterait à cet aspect des choses n'en verrait que la figure, et des hommes qui ont soutenu ces luttes il ne connaîtrait rien sauf la carte des pays où ils ont porté leurs armes. Il y a autre chose, et cette autre chose est essentielle, c'est l'esprit qui meut les masses humaines, l'âme qui anime la matière de l'histoire. »

Continuons de citer (VIII, 507) : « Les Français — il faudrait dire Napoléon — enroutèrent la Révolution dans la grande voie romaine de l'histoire de France. La démocratie française reprit ainsi et accomplit, un moment, le dessein classique des rois : la suprématie militaire, politique, juridique, intellectuelle, du continent..., elle dépassa Louis XIV, recommença Charlemagne, et réalisa le rêve séculaire : l'empire romain du monde moderne, la paix romaine par et pour les Français. »

Oserions-nous dire que ces quelques lignes valent à elles seules les quatre volumes que Sorel a consacrés à Napoléon ?

Il avait écrit au début (V, 285) : « Lorsqu'en 1830, la France crut reprendre le cours de sa révolution, ce fut aussitôt pour recommencer ce rêve illusoire de la Révolution européenne, sœur prodigue et reconnaissante de la Révolution française, et de la grande complaisance des peuples affranchis pour l'extension de la France dans les limites de la Gaule. »

Rêve illusoire ?

Si le grand historien avait vu les suites du traité de Francfort, et l'invasion de la France dévastée pendant quatre ans, s'il avait vu couler le meilleur sang de France dans une guerre inexpiable, s'il avait vu la victoire, et la Révolution européenne, et l'Italie à ses frontières naturelles, et la Pologne et la Roumanie ressuscitées, et le Saint-Empire en poussière, il aurait compris qu'il n'y a plus de miracle de Josué pour arrêter le cours naturel des choses ; il aurait connu notre joie immense à voir et sentir la France « reprendre le cours de ses grandes destinées », et il aurait sans doute réchauffé ses dernières pages du souffle de « ces grands coups dont le contre-coup porte si loin... »

Evoquons avec lui « l'image du Français notre père — ou notre frère de la grande guerre, — pauvre diable glorieux et généreux de son âme et de sa personne, meurtri en son corps, infirme, estropié, semant sur les chemins les lambeaux de ses membres rompus ; volontaire pour défendre la patrie, « bouter les étrangers hors du royaume », fonder pour les Français la République française, porter aux peuples affamés de justice l'évangile nouveau, puis, soldat de vocation ou de carrière, armé pour la splendeur de cette République, la splendeur de l'empire enfanté par elle, la suprématie bienfaisante de la France; s'exposant, s'exténuant, se sacrifiant de sang et de souffle à poursuivre la chimère ancestrale, l'idole humaine d'esprit et de chair, la liberté enchanteresse, la paix qui panse les plaies des blessés, étanche la soif des fiévreux, console les infirmes, épanouit autour d'eux les enfants et les fleurs, mûrit les récoltes et les générations, consacre par son bienfait les héros anonymes qui l'ont conquise... »

Mais aussi ajoutons, éclairés par une nouvelle expérience, la plus dramatique de toutes : la condition de cette paix bienfaisante, le permanent et l'essentiel, c'est la barrière des limites non pas seulement naturelles, mais nécessaires : le Français notre frère dort avec 1 500 000 camarades de la grande guerre, ou sème sur les chemins les lambeaux de ses membres rompus, pour que la paix soit garantie à la France, comme aux nations nées du sacrifice français, pour que règne enfin la Paix Française, féconde en moissons, pour que les berceaux de ses enfants ne soient pas écrasés sous la botte d'Attila.

Edouard Driault.

LES ORIGINES DE LA RÉVOLUTION FRANÇAISE : L'INFLUENCE AMÉRICAINE

De toutes les influences qui se sont fait sentir sur la France au XVIIIe siècle, une des plus efficaces, et qui se manifesta la dernière, a été celle de l'Amérique. Après l'ère anglaise, l'ère américaine[1]. Sans doute cette influence a été d'abord assez faible ; mais ensuite elle a rapidement grandi. Et l'on pourrait peut-être en suivre les phases. D'abord, la période qui s'ouvre avec la Déclaration d'indépendance des treize colonies anglaises (1776-1778) : c'est l'époque des volontaires, celle de La Fayette ; ensuite la période qu'inaugure le traité d'alliance de la France avec les colonies soulevées contre l'Angleterre (1778-1787) : c'est l'ère de l'alliance, puis de l'amitié ; enfin la période où se déclare la crise finale de l'Ancien régime (1787-1789), où la Nation française réclame ses droits, commence à s'enthousiasmer pour des projets de Déclarations imitées des Déclarations américaines, voit se former un *parti national*, dont les membres s'appellent parfois *Américains*. Mais, suivre ces diverses phases, ne serait-ce pas, surtout dans l'état de nos connaissances, accuser avec trop de relief des nuances parfois délicates ? Il semblera préférable d'étudier l'influence américaine, sans distinction de périodes.

Dans quelle mesure cette influence a-t-elle contribué à la formation de l'esprit révolutionnaire français, de 1776 à 1789 ? Il est difficile de le dire avec une grande précision. Car toutes les

1. La Fayette, dans ses *Mémoires*, éd. Bruxelles, 1837, in-16, t. III, p. 15, dit qu'il est un « élève de l'école américaine ».

influences qui ont agi sur la France au XVIIIe siècle — l'Angleterre, l'antiquité, la science, sans compter les événements et les circonstances — ont été intimement mêlées, et la part de chacune est difficile à évaluer ; mais il est incontestable que, dans la crise finale de la monarchie absolue, l'esprit américain a eu une action profonde sur l'esprit français.

I

Dès 1776 la France était prête à recevoir l'influence de l'Amérique. Les idées des philosophes et des économistes avaient pénétré la société; le mouvement réformateur se poursuivait; il venait, il est vrai, de subir un grave échec, lors du renvoi de Turgot par le Roi, mais il restait encore capable de s'imposer, et aucune réaction n'avait la force de l'arrêter. Toute une école de droit public français s'était fondée, depuis la fin du XVIIe siècle, sur la liberté, l'égalité des droits, la liberté ou du moins la tolérance religieuse. Les Français se trouvaient préparés à comprendre admirablement les théories politiques et sociales des Américains, leur haine du despotisme et de l'impérialisme britannique, leur profond amour de la liberté civile, politique et religieuse, leur invincible répugnance à des taxes imposées par une autorité étrangère, sans leur consentement. Ils pouvaient d'autant mieux saisir ces théories américaines que, à côté des idées de la première révolution anglaise, ils y retrouvaient un écho de la philosophie française, en particulier de l'*Esprit des lois*, qu'admiraient les jurisconsultes et les avocats de Boston et de Philadelphie, chefs du mouvement révolutionnaire.

Cette rencontre de l'esprit français et de l'esprit américain provoqua un grand enthousiasme parmi la noblesse d'épée, chez les officiers déjà âgés comme chez les jeunes. Dès 1776, nombre de volontaires de marque volaient au secours des colonies anglaises soulevées contre l'Angleterre ; en 1776, 19 officiers, comme de La Rochefermoy, qui devint brigadier-général des armées continentales, le chevalier de Kermorvan, lieutenant-colonel, le chevalier de Saint-Aulaire, le colonel Saint-Martin, etc.; en 1777,

42 officiers, parmi lesquels le marquis Armand de la Rouërie, colonel d'un corps indépendant, de la Neuville, le chevalier Du Portail, Prudhomme de Borre, brigadiers-généraux, Tronson du Coudrai et le jeune marquis de La Fayette, majors-généraux[1].

Ce mouvement de sympathie pour les Anglo-Américains fut si vif qu'il se communiqua à toutes les classes éclairées de la nation, encore fort ignorantes de la situation et des ressources de l'Amérique, et qu'il finit par entraîner le gouvernement même de Louis XVI. Alors on vit ce fait extraordinaire : une monarchie absolue s'alliant à des colons soulevés contre leur métropole, et favorisant, sans se douter le moins du monde de son imprudence, des principes tout contraires à son établissement et à sa conservation. Personne, d'ailleurs, à ce moment solennel, ne comprit toute l'importance de l'événement. On était emporté par l'enthousiasme plus encore que par une idée de revanche contre le vieil ennemi vainqueur et spoliateur des colonies. Le sentiment général de la nation était, au fond, celui qui avait poussé les volontaires, et que le jeune La Fayette avait spontanément exprimé dans la lettre qu'il écrivait à sa femme, à bord de la *Victoire*, le 30 mai 1777 : « Défenseur de cette liberté que j'idolâtre, disait-il, libre moi-même plus que personne, en venant, comme ami, offrir mes services à cette république si intéressante, je n'y porte que ma franchise et ma bonne volonté, nulle ambition, nul intérêt. En travaillant pour ma gloire, je travaille pour leur bonheur. » Si le gouvernement travaillait contre l'Angleterre, la nation pensait surtout à la liberté américaine, au bonheur du peuple américain, enfin — trait bien français — à sa propre gloire.

On sait comment, à la suite du traité d'alliance, la flotte française, commandée par d'Estaing et de Grasse, et un corps d'armée de 6 000 hommes, à la tête duquel était le lieutenant-général comte de Rochambeau, furent envoyés en Amérique pour coopérer avec les Anglo-Américains dirigés par Washington. Le corps de Rochambeau était formé de soldats appartenant à divers

1. D'après la liste donnée par Hilliard d'Auberteuil, *Essais historiques et politiques sur les Anglo-Américains*, 1781, t. II, p. 413 (Bib. Nat., Pb. 155).

régiments : Bourbonnais, Soissonnais, Saintonge, Agenois, Gâtinais, Touraine, Royal-Deux-Ponts, Hainaut, Foix, Auxonne ; de sorte que, par l'envoi de ces détachements, l'influence américaine allait se faire sentir sur chaque régiment tout entier.

L'Amérique, ce pays neuf, ne pouvait manquer d'exercer une action très forte sur la plupart des officiers et même des soldats d'un vieux pays. Vivant simplement, avec des laboureurs devenus soldats, dans des pays peu peuplés, sans grandes villes, les officiers de l'armée française, sujets d'un roi absolu, prennent de nouvelles mœurs et, comme le disent les habitants de Providence à Rochambeau, un « air de compagnons[1] ». Ils s'entretiennent volontiers avec les républicains, avec Washington, avec tous ceux qui ont lutté pour séparer l'Amérique de l'Angleterre. Le marquis de Chastellux, officier, membre de l'Académie française, a de longues conversations avec Samuel Adams sur l'état social et politique d'un pays où la propriété et le vote de l'impôt jouent un rôle essentiel; il discute volontiers avec ce législateur sur l'influence possible de la propriété et des grandes fortunes que le commerce ne manquera pas d'établir, et sur la corruption politique ou les troubles civils qui en résulteront : « Je sens très bien la force de vos objections... lui répond Adams. On bâtit la maison aussi pour l'avenir. » Adams n'est pas un pur jurisconsulte abstrait ; Chastellux le reconnaît : « On a, écrit-il, reproché souvent à ce citoyen, d'ailleurs très respectable, de consulter sa bibliothèque plutôt que les circonstances actuelles et de passer toujours par les Grecs et les Romains pour arriver aux whigs et aux torys. Si cela est vrai, je dirai que l'étude a aussi ses inconvénients, mais qu'il faut que ce soient les moindres de tous, puisque M. Samuel Adams, autrefois ennemi des troupes réglées et partisan outré de la démocratie, emploie maintenant toute son influence à soutenir une armée et à établir un gouvernement mixte[2]. » La Fayette, Noailles, Damas, Chastellux, d'autres

1. *Les combattants français de la guerre américaine* (1778-1783), publication du ministère des Affaires étrangères des États-Unis ; in-4, Washington, Impr. Nat., 1905 (Bib. Nat., Pb. 813). Voir, page 8, l'adresse des habitants de Providence à Rochambeau.

2. *Voyages de M. le marquis de Chastellux dans l'Amérique septentrionale dans les années* 1780, 1781 *et* 1782, 2 vol. in-8, Paris, 1786, t. I, pp. 225 et suiv.

encore assistent aux délibérations de l'Assemblée de Pennsylvanie[1]. Ils étudient le pays, s'enquièrent des anciennes institutions, voient fonctionner les nouvelles ; c'est une continuelle et vivante leçon d'histoire et de politique. Ils entrent à l'Académie de Philadelphie, ce puissant foyer de pensée et d'action républicaine. Et peu à peu, par la confraternité d'armes, par la lutte commune pour l'affermissement d'une démocratie rurale et commerçante, par la passion de la liberté qui les enflamme, ils deviennent Américains de cœur. Ils forment un groupe de « Gallo-Américains ».

Cette transformation apparaît complète chez quelques-uns des plus éminents, chez Chastellux, dont tout l'ouvrage proclame son admiration pour les Américains, et chez La Fayette, qui, à la fin de la campagne, alla se présenter à la Cour d'Espagne, au nom des Etats-Unis, animé de sentiments profondément libéraux, fort peu respectueux des préjugés de caste. « J'ai fait ce matin ma cour au roi, écrit-il de Madrid le 17 février 1783 ; et, malgré mon titre et habit rebelles, j'en ai été reçu fort gracieusement. J'ai vu des grands bien petits, et il y a là de quoi faire éternuer un cerveau indépendant[2]. » D'autres, le bailli de Suffren, le colonel Armand de la Rouërie, le comte de Custine, le duc de Lauzun, le vicomte de Noailles, les Lameth (Charles, Alexandre et Théodore), le prince de Broglie, fils du maréchal, seront au premier rang des nobles qui, en 1789, accepteront l'égalité fiscale et la suppression des privilèges et contribueront à la victoire du Tiers état. Mais il en est que l'Amérique ne rendit pas libéraux. Et, d'autre part, bien des nobles restés en France n'eurent pas besoin d'une campagne en Amérique pour soutenir dès 1789 la cause de la liberté. Il y a là des questions de psychologie très délicates. Ce qui est certain, c'est que ceux qui avaient déjà des idées libérales en partant pour l'Amérique ont, en général, fortifié en eux ces dispositions premières au contact de la liberté américaine. La vie au delà de l'Atlantique élargit encore leurs idées, en leur montrant

1. *Ibid.*, p. 186.
2. Lettre de La Fayette à Mme de Tessé, sa tante (Madrid, 17 février 1783), dans *Mémoires*, t. III, p. 74.

une démocratie vivante et agissante. On reconnaîtra, au début de la Révolution française, ceux sur qui a passé le grand souffle de la liberté à Boston, à Philadelphie, à Valley Forge, à Yorktown.

Après la guerre, en mai 1783, un grand nombre des officiers qui avaient fait campagne en Amérique formèrent une société, « military Society of friends », qui s'appela l'ordre de Cincinnatus — « order of the Cincinnati » — parce que beaucoup d'officiers américains devaient retourner à leurs plantations. L'ordre fut approuvé par Louis XVI (décembre 1783) et les membres autorisés à porter leurs insignes — des aigles aux ailes éployées — à la Cour et dans les cérémonies. Le ruban était bleu foncé bordé de blanc, symbole de l'union de la France et de l'Amérique. La Société voulait en effet perpétuer le souvenir de la « généreuse assistance que l'Amérique avait reçue de la France [1] ». Elle avait pour principe de « conserver inviolables les nobles droits et libertés de l'humanité pour lesquels Américains et Français avaient combattu et respiré », et qui sont les vraies raisons de vivre [2]. L'ordre se composait de 260 membres : 2 princes, 5 ducs, 2 grands d'Espagne de première classe, 41 marquis, 82 comtes, 23 vicomtes, 14 barons. Parmi eux : le comte d'Estaing, amiral de France, président; le comte de Rochambeau, maréchal de France, vice-président; le comte de Ségur, secrétaire. La première réunion eut lieu chez le comte de Rochambeau le 7 janvier 1784. Tous les ans, le 4 juillet, jour anniversaire de la Déclaration de Philadelphie, les membres de l'ordre s'assemblaient chez le comte d'Estaing, à son hôtel, rue Sainte-Anne, pour célébrer l'indépendance des Etats-Unis. Ainsi l'amour de la liberté et des droits de l'homme se maintenait chez les anciens compagnons d'armes. Un puissant esprit réformateur s'introduisait dans l'armée; la

1. *The institution of the order of the Cincinnati* (Bib. Nat., Pb./4496. — « The Society deeply impressed with a sense of the generous assistance this country has received from France and desirous of perpetuating the friendships which have been formed, and so happily subsisted between the Allied forces in the prosecution of the war. »

2. « An incessant attention to preserve inviolate those exalted rights and liberties of human nature for which they have fought and bled and without which the high rank of a rational being is a curse instead of a blessing. » Nous donnons le sens, non la traduction de la fin qui est intraduisible littéralement en français et porte la marque puritaine.

haute noblesse donnait l'exemple, que ne pouvait manquer de suivre, en partie au moins, la petite.

Cet esprit nouveau, cette transformation morale des combattants Français, les Américains l'apercevaient sans peine, peut-être sans étonnement. Beaucoup la voyaient avec joie ; mais les plus avertis ne laissaient pas de mettre en garde ces esprits enthousiastes contre les dangers d'une imitation de la jeune Amérique dans un pays aussi ancien que la France. Le Dr Cooper, ministre protestant de Boston, un des auteurs de la Révolution américaine, disait à Dumas : « Prenez garde, jeunes gens, que le triomphe de la cause de la liberté sur cette terre vierge n'enflamme trop vos espérances. Vous porterez le germe de ces généreux sentiments ; mais, si, vous tentez de le féconder sur votre terre natale, après tant de siècles de corruption, vous aurez à surmonter bien des obstacles. Il nous en a coûté beaucoup de sang pour conquérir la liberté ; mais vous en verserez des torrents avant de l'établir dans votre vieille Europe[1] ». Le Dr Cooper était bon prophète. Mais que pouvaient de tels avertissements ? La liberté transportait les jeunes nobles de France. Ségur écrivait le 10 mai 1782 : « Quoique jeune, j'ai déjà passé par beaucoup d'épreuves et je suis revenu de beaucoup d'erreurs. Le pouvoir arbitraire me pèse. La liberté pour laquelle je vais combattre m'inspire un vif enthousiasme, et je voudrais que mon pays pût jouir de celle qui est compatible avec notre monarchie, notre position et nos mœurs[2] ». Mais cette conciliation de la monarchie traditionnelle et de la liberté nouvelle, c'était toute la Révolution ; deviendrait-elle possible, d'ailleurs, et surtout serait-elle stable ? Ségur ne se posait même pas la question. L'illusion américaine s'emparait de son esprit, comme de tant d'autres. Pour tous ces jeunes officiers la sagesse du Dr Cooper n'était pas de saison. Avec l'Amérique, la démocratie faisait son entrée en scène. Et elle commençait par troubler le cerveau des nobles français de la plus haute lignée, sujets d'un monarque absolu.

1. Thomas Balch. *Les Français en Amérique pendant la guerre de l'Indépendance*, t. Ier, p. 65 (Bib. Nat., Lh 4/931). D'après La Rochefoucauld-Liancourt, *Voyage dans les Etats-Unis d'Amérique* (1795-1797), t. IV. Il s'agit ici de Mathieu Dumas.

2. Balch, *ibid.*, p. 214.

Philippe Sagnac.

II

Il était naturel que la victoire de l'Amérique et la constitution d'une grande République fédérative et démocratique eussent une puissante influence sur les philosophes et les publicistes du droit politique français. Toute une doctrine politique libérale s'était formée en France, avec, il est vrai, une foule de nuances ou même de contradictions suivant les penseurs; toute une suite de maximes avaient été émises dans des ouvrages, sans avoir jamais subi l'épreuve des faits. Or, l'Amérique donnait l'occasion de les reviser, de les comparer à des maximes qui, elles, avaient fait leurs preuves, soutenu l'énergie des combattants pendant la dure et interminable guerre, engendré de grands événements, aux conséquences incalculables.

Ce fut l'œuvre de Raynal, de Mably, du duc de La Rochefoucauld, qui traduisit la constitution fédérale de 1787 et toutes les constitutions des Etats, d'Hilliard d'Auberteuil, de Chastellux, de Mirabeau, de Brissot et Clavière, enfin et peut-être surtout de Condorcet[1]. La plupart des ouvrages de ces écrivains, en somme peu nombreux, furent composés avec hâte, si bien que d'illustres Américains, comme Thomas Paine, y relevèrent des erreurs graves; ils sont en général, très médiocres[2]. Pourtant, en dehors du remarquable livre de voyage du marquis de Chastellux, il faut faire exception pour les œuvres de Condorcet et aussi pour le livre de Brissot et Clavière.

Tous ces écrivains font l'éloge de l'Amérique, de ses immenses ressources d'avenir, de ses institutions, de ses mœurs, de son esprit public. Sans doute aux éloges ils mêlent des critiques; mais celles-ci ne portent que sur des questions d'organisation,

1. Raynal. *Tableau et révolutions des colonies anglaises dans l'Amérique septentrionale*, 1781. — Mably. *Observations sur les États-Unis*. — Demeunier. *Essai sur les États-Unis*. — Crèvecœur. *Lettres d'un fermier américain* (Saint-John de Crèvecœur), Londres, 1782. — Clavière et Brissot. *De la France et des États-Unis*, 1787. — Condorcet. *De l'influence de la Révolution d'Amérique sur l'Europe*, 1786 (*Œuvres*, éd. O'Connor, t. VIII). — Condorcet. *Idées sur le despotisme*, 1789 (id., t. IX). — *Au corps électoral, contre l'esclavage des noirs* (3 février 1789) *id.*, t. IX, p. 472.

2. Paine écrivait à Raynal : « Je n'ai pas encore vu une description de l'Amérique faite en Europe sur la fidélité de laquelle on puisse compter. »

ou elles sont contradictoires, d'un écrivain à un autre, Mably et Condorcet par exemple, qui apprécient en sens contraire le système fédéral américain. Dans l'ensemble, le sentiment qu'ils expriment, c'est l'admiration. Elle n'est plus seulement spontanée, comme chez les volontaires et les officiers de l'armée de Rochambeau ; elle est raisonnée, fondée sur des principes de droit public.

I. — Ce qui était nouveau dans le droit public américain, c'étaient les *Déclarations des Droits*. Certes, l'Angleterre avait eu, au XVIIe siècle, ses *Bills of rights ;* ces déclarations étaient bien dans la tradition anglaise. Mais les Déclarations américaines — outre la Déclaration de Philadelphie, celles de Virginie, de Massachusetts, de Pennsylvanie, de Delaware, de Maryland, de la Caroline du Nord — procèdent d'un esprit tout différent de l'esprit anglais du XVIIIe siècle. Elles sont essentiellement philosophiques et générales ; elles sont démocratiques. Elles proclament les *droits naturels* de l'homme, « essentiels et inaliénables [1] » : liberté, propriété, sûreté — celles de Virginie et de Pennsylvanie ajoutent le « droit au bonheur » —, et par liberté elles entendent notamment la liberté de la presse, sans restriction, dit la Déclaration de Virginie, et la liberté de conscience « la plus entière » et « la plus entière liberté de culte [2] ». Elles admettent comme principe la *souveraineté du peuple.*

Il était naturel que les philosophes français de la fin du XVIIIe siècle, comme Condorcet, qui avaient à lutter contre le « despotisme » [3], devinssent enthousiastes de telles *Déclarations*, en particulier de celle de Virginie, de laquelle Condorcet écrit : « L'auteur de cet ouvrage a des droits à la reconnaissance éternelle du genre humain [4]. » Voilà un modèle proposé à l'imitation des Français. Il faut, suivant Condorcet une Déclaration des droits. Certes, c'est une œuvre très difficile — les Déclarations américaines ne sont pas encore assez complètes, assez restricti-

1. Mots de la Déclaration de Pennsylvanie. — Toutes les Déclarations n'inscrivent pas l'égalité, comme le fait la Virginie.

2. Déclar. de Virginie, art. 14 et 18.

3. Condorcet. *Idées sur le despotisme* (1789).

4. *Ibid.*, *Œuvres* (éd. O'Connor), t. IX, p. 168.

ves des abus du pouvoir — mais l'utilité en est indéniable ; une Déclaration fixera les droits de chacun, établira des principes généraux, mettra fin à la tyrannie, « assurera la tranquillité ».

II. — Parmi les libertés dont jouissent les Américains les écrivains français remarquent la liberté de la presse et la liberté religieuse. Dans leur ouvrage *De la France et des États-Unis*, Brissot et Clavière citent l'Acte voté en 1788 par l'Assemblée de Virginie qui établit la liberté religieuse : « Nul homme ne sera forcé de pratiquer ou de soutenir aucun culte... ; il ne sera contraint ni molesté ni chargé dans son corps ou dans ses biens sous le prétexte de ses opinions religieuses ; tous les hommes seront libres de professer et de soutenir par arguments leurs opinions en matière religieuse, et ces opinions ne diminueront, n'étendront, n'affecteront en aucune manière leur capacité civile... Et nous déclarons que les droits maintenus par le présent Acte sont les droits naturels du genre humain, et s'il était passé aucun acte pour révoquer celui-ci ou limiter son effet, une telle révocation serait une infraction au droit naturel[1] ». Sans doute, écrit Condorcet, en Amérique même, la tolérance n'est pas absolue, et l'on trouve encore « dans les lois de quelques États de faibles restes d'un fanatisme trop aigri par de longues persécutions... Mais on en découvrirait bien plus dans les législations des peuples les plus sages, surtout dans celles de ces nations anciennes que l'on admire tant et que l'on connaît si peu ». L'Amérique a établi « une tolérance plus étendue qu'aucune autre nation[2] ». Elle « a prouvé qu'un pays peut être heureux, quoiqu'il n'y ait dans son sein ni persécuteurs ni hypocrites[3] ». Ici on sent combien les idées américaines, passées en *Actes*, particulièrement en Virginie, venaient seconder tout l'effort séculaire des philosophes français pour la tolérance. Après Voltaire, les Américains étaient

1. Brissot et Clavière, texte traduit, p. 336.

2. Condorcet. *De l'influence de la Révolution d'Amérique*, 1786, p. 12 (éd. O'Connor, t. VIII). — Voir Mirabeau. *Lettre à X... sur MM. de Cagliostro et Lavater*, 1786 : « Vous parlez de tolérance ! Et il n'est pas un pays sur la terre, je n'en excepte pas les nouvelles républiques américaines, où il suffise à un homme de pratiquer les vertus sociales pour participer à tous les avantages de la société ». Mais cela n'est plus vrai de la Virginie, en 1788.

3. Condorcet, *ibid.*, p. 19.

pour les Français les meilleurs auxiliaires dans la lutte contre les sentiments d'intolérance et la législation persécutrice de Louis XIV et de Louis XV.

III. — La souveraineté du peuple est proclamée dans les lois américaines, notamment dans les Déclarations des droits des six Etats qui en ont fait une (Massachusetts, Pennsylvanie, Virginie, etc.). Le gouvernement est représentatif : le droit de suffrage se trouve attaché à la propriété foncière ; mais parfois tous les citoyens sans distinction possèdent la plénitude des droits politiques ; en Pennsylvanie, par exemple, ils peuvent voter sans condition de fortune et de propriété ; c'est la pleine démocratie. Le pouvoir législatif appartient, dans chaque Etat, à deux Assemblées, sauf en Pennsylvanie, où il n'en existe qu'une. Ce sont là tantôt des institutions anglaises — franchise, gouvernement représentatif de deux Assemblées —, tantôt des institutions américaines — suffrage égal pour tous, une seule Assemblée. Les Français connaissaient depuis longtemps les premières, adoptées par la plupart des États américains ; philosophes, économistes surtout étaient partisans d'un mode de suffrage fondé sur la fortune — on devait l'édicter, en 1787, dans les Assemblées municipales et provinciales — ; mais les esprits hardis se tournaient avec faveur vers les institutions proprement américaines. Le marquis de Chastellux semble faire l'éloge de l'Assemblée de Pennsylvanie, qui nomme un Conseil exécutif de douze membres, obligés de rendre compte à l'Assemblée dans laquelle ils n'ont pas de voix. Il visite Huntington, président du Congrès : « Nous le trouvâmes, dit-il, dans son cabinet, éclairé par une seule chandelle ; cette simplicité rappelait celle des Fabricius et des Philopœmen. » Il est vrai que, simple voyageur, il n'émet pas de doctrine, et qu'on ne peut dire s'il préfère ce système à l'autre[1]. L'Assemblée unique effraie Mably[2]. Mais Condorcet admire cette institution et remarque qu'elle est due à Franklin, président de la Convention qui fit la Constitution de Pennsylvanie[3].

1. Chastellux. *Voyages...*, t. I, p. 161.
2. Mably. *Lettre à Adams*, 1783 (*Œuvres*, t. VIII).
3. Condorcet. *Eloge de Franklin.*

Enfin l'égalité des droits politiques, en Pennsylvanie, si contraire aux idées de la plupart des philosophes, de Voltaire et de tant d'autres, est, pour Condorcet, une conséquence de « l'égalité naturelle et primitive de l'homme » ; « le bonheur d'une société est d'autant plus grand que les droits naturels appartiennent avec plus d'étendue aux membres de l'Etat[1] ».

Aux États-Unis, le peuple souverain a seul le droit, par ses représentants, de consentir l'impôt : principe anglais que les colons américains n'ont cessé d'invoquer avant de se soulever contre l'Angleterre, et qui a pris place dans toutes les constitutions américaines. Ce principe, tous les écrivains et publicistes français le revendiquent pour la Nation elle-même, à une époque où les Parlements du royaume prétendent s'arroger ce droit. Condorcet surtout en étudie les applications en Amérique[2]; il critique même certaines constitutions qui autorisent l'établissement de taxes pour le paiement des frais du culte, applicables, il est vrai, à tel ou tel culte, suivant la volonté du contribuable, et il prétend que « toute taxe de cette espèce est contraire au droit des hommes, qui doivent conserver la liberté de ne payer pour aucun culte, comme de n'en suivre aucun[3] ». Quoi qu'il en soit, le principe est maintenant admis par les philosophes et les publicistes ; il fait partie du droit public idéal, qui n'attend que des circonstances favorables pour devenir réalité.

IV. — Il est cependant une institution qui oblige les philosophes français à de graves réserves : c'est l'esclavage, qui subsiste dans quelques-uns des États-Unis du Sud ; « mais, dit Condorcet, tous les hommes éclairés en sentent la honte comme le danger, et cette tache ne souillera plus longtemps la pureté des lois américaines[4] ». Tout un mouvement d'opinion, en effet, se propageait dans la Nouvelle Angleterre — les États du Nord — en vue

1. Condorcet. *De l'influence de la Révolution d'Amérique*, p. 6.

2. Condorcet. *Idées sur le despotisme*, 1789. (*Œuvres*, t. IX).

3. Voir *ibid.*, 5°.

4. Condorcet. *De l'influence de la Révolution d'Amérique*, p. 12. Brissot, à la fin de son livre, cité.

de l'affranchissement des nègres ; le quaker Bénazet, loué par Brissot, en était l'âme. Ce mouvement n'était pas, d'ailleurs, propre à l'Amérique ; en Angleterre il se développait à la même époque, sous l'impulsion de William Wilberforce et de ses amis. En France — certainement sous l'influence des États-Unis[1] et aussi de l'Angleterre — la *Société des amis des noirs* se fondait et elle faisait de rapides progrès ; elle comprenait des hommes éminents et actifs, au premier rang desquels étaient Brissot et Mirabeau. Amérique — du moins la partie la plus civilisée des États-Unis —, Angleterre, France étaient toutes les trois travaillées par un mouvement, à la fois sentimental et rationnel, en faveur de la suppression de l'esclavage.

V. — Enfin, la constitution d'une grande République, peu peuplée encore, il est vrai, mais appelée — tous les écrivains français le proclamaient déjà — aux plus hautes destinées[2], devait amener, semble-t-il, les théoriciens à confronter ce fait incontestable avec la maxime de Rousseau qui n'admet le gouvernement républicain que pour les États de faible étendue. Pourtant, avant 1789, les publicistes français ne discutent pas la question ; ni Brissot et Clavière ni même Condorcet ne l'agitent. Elle n'a, en effet, aucun intérêt pour la France ; la monarchie traditionnelle paraît éternelle, et le roi est adoré. Ce n'est qu'en 1791 — après la fuite du roi — que la controverse aura lieu ; alors Condorcet y prendra part, avec Sieyès, Thomas Paine et d'autres, et c'est dans le sens américain, non plus dans le sens de Rousseau, qu'il décidera. D'ailleurs, avant 1789, il eût été impossible de dire si Rousseau avait tort. La République américaine était une république fédérative ; les treize États républicains, étaient peu peuplés ; c'était donc une réunion fédérative de petites républiques ; Rousseau l'eût célébrée avec enthousiasme. De plus, on ne pouvait pas encore tirer argument du succès de cette grande république ; la situation était très critique ; il fallait attendre ;

1. Cf. Condorcet, *Au corps électoral, contre l'esclavage des noirs* : « La nation française... partagera sans doute la générosité d'un peuple dont elle a défendu la cause, à qui elle doit peut-être une partie de ses lumières actuelles. »

2. Voir surtout Brissot et Clavière ; tout leur livre est inspiré de cette idée.

Washington lui-même disait : « Nous faisons une expérience. »

Ainsi les principes américains sont venus fortifier et parfois modifier les principes que les philosophes et les économistes français avaient posés avant la Révolution américaine. L'exemple de l'Amérique a renouvelé en partie les théories politiques et sociales, et toujours les a vivifiées. Condorcet écrivait : « Le spectacle d'un grand peuple où les droits de l'homme sont respectés est utile à tous les autres, malgré la différence des climats, des mœurs et des Constitutions[1]. » Ainsi se crée une sorte de droit public franco-américain. A l'influence anglaise, si puissante jusque vers 1770, a succédé l'influence américaine. On se détourne de l'impérialisme anglais, du mercantilisme anglais, de l'intolérance religieuse anglaise, même parfois de la Constitution anglaise, tant vantée par Montesquieu et Voltaire ; on se sépare d'une Angleterre qui, sous George III, connaît vraiment trop le pouvoir personnel du prince[2], et de plus en plus on se rattache à l'Amérique, asile de liberté, terre des droits de l'homme, idéal de tous les opprimés. En réalité, l'influence américaine, c'est toujours en grande partie l'influence anglaise, mais de l'Angleterre de Milton et des puritains de la première république, fortifiée en Amérique par le malheur et la lutte contre le despotisme. Voilà comment, avec le vieil apport de l'esprit français, accumulé depuis Descartes et Bayle jusqu'à Voltaire et Rousseau, s'est constituée une école moderne de droit public, où l'esprit de l'Amérique a joué un rôle capital. Aussi La Fayette appelait-il l'époque de formation de cette école « l'ère américaine »[3].

1. Condorcet. *Influence de la Révolution...*, p. 25.

2. Voir la critique de l'Angleterre dans Condorcet. *De l'influence de la Révolution d'Amérique*, pp. 17-18, p. 25. « On cessera de vanter ces machines si compliquées où la multitude des ressorts rend la marche violente, irrégulière et pénible, où tant de contre-poids qui, dit-on, se font équilibre, se réunissent dans la réalité pour peser sur le peuple » (p. 18). Condorcet dit encore : « La guerre d'Amérique a été un bien. Elle a préservé l'Europe de plus grands maux : de l'accaparement du globe par les Anglais et des guerres que l'ambition anglaise aurait suscitées ; de l'absolutisme qui se serait établi en Angleterre... »

3. La Fayette. *Mémoires*, éd. 1837, in-16, t. III : « Les discours de La Fayette... portent l'empreinte de cette moderne école de droit public, créée aux Etats-Unis, transplantée en Europe, et que La Fayette a nommée l'ère américaine... » Il y a là quelque exagération, car l'origine est anglaise — de l'Angleterre puritaine de 1640.

VI. — Il ne suffit pas de former une sorte de code idéal avec des emprunts à l'étranger. Il faut aussi examiner avec précision dans quelle mesure peut se faire l'adaptation des principes étrangers au pays que l'on veut réformer. Ce problème était particulièrement difficile avant 1789 ; et, de fait, aucun écrivain français, ni Raynal, ni Mably, ni même Condorcet, ne l'a traité en lui-même ; il y avait encore trop d'obstacles opposés par la constitution politique et sociale de la France féodale et monarchique, pour qu'on pût l'envisager tout entier. Mais si nos philosophes n'entrent pas dans le détail de l'application, on voit bien, dans l'ensemble, ce qu'ils veulent transplanter en France : une Déclaration des droits, qui fixe les principes et combatte le despotisme ; un gouvernement représentatif, mais sans les barrières trop fortes que le *veto* du pouvoir exécutif et du pouvoir judiciaire oppose en Amérique au pouvoir législatif[1].

Ils ne se demandent guère si la France ne se trouve pas dans des conditions tout autres que l'Amérique, sans doute parce qu'ils n'en sont pas encore à l'application pratique des principes. Cela viendra en juillet 1789, au moment de la discussion sur la Déclaration des droits de l'homme, où certains esprits, comme Malouet, montreront avec force la distance qui sépare un pays neuf, très peu peuplé, sans grandes villes, sans préjugés, d'un vieux pays de vingt-cinq millions d'habitants, régi par d'antiques institutions. Au delà de l'Atlantique, c'est le fédéralisme ; en France, une centralisation déjà forte. En Amérique, il faut, de toute nécessité, quoi qu'en pense Condorcet, renforcer l'État fédéral, si faible[2] ; en France, il serait bon, dans l'intérêt national, d'affaiblir le pouvoir despotique du gouvernement et de le décentraliser[3]. Les besoins sont donc tout différents : on souffre ici de ce qui manque là-bas.

1. Condorcet.

2. Condorcet trouve le lien fédéral trop fort, en 1783. Il a, évidemment, tort : il n'y a qu'à lire la correspondance de Washington et à voir toutes les difficultés financières et autres auxquelles fut en butte l'état fédéral. Mably — et il a raison — trouve, au contraire, que le lien fédéral n'est pas assez fort. On voit ici la confusion des idées des écrivains français sur l'Amérique.

3. Et l'Amérique n'offre-t-elle pas des exemples, sinon des modèles, de décentralisation ? Ce n'est certes pas par hasard que dans le livre de Brissot sur les Etats-Unis (1787), page 297 et suivantes, se trouve un grand éloge des Assemblées provinciales.

Philippe Sagnac.

VII. — Les écrivains français sont si persuadés du bienfait de l'influence américaine qu'ils veulent, après la victoire commune, fortifier les liens d'amitié avec les États-Unis. Les relations intellectuelles doivent, suivant eux, se maintenir et même se développer encore, au moyen de sociétés. Mais cela ne suffit pas. Il est de toute nécessité, écrivent Brissot et Clavière, que des relations commerciales directes se nouent entre les deux pays, au profit de l'un et de l'autre, et ils montrent en détail les produits qui peuvent s'échanger. Ils se lamentent de voir la science et la pratique du commerce si perfectionnées et estimées en Angleterre, si négligées et si peu honorées en France. On sent bien qu'ils craignent fort que l'Angleterre, malgré sa défaite, ne garde toujours sa prépondérance commerciale aux États-Unis, et peut-être, par là-même, son influence intellectuelle et morale. Et voilà pourquoi ils s'attachent surtout à l'aspect économique de nos relations avec le Nouveau-Monde. C'est la preuve d'un esprit réaliste, qui procède des économistes.

III

Toutes ces théories des philosophes et des économistes, tous ces jugements sur l'Amérique se répandaient dans les classes éclairées de la Nation.

Des sociétés se formaient pour resserrer les liens d'amitié avec les Etats-Unis. Les militaires avaient leur ordre de Cincinnatus. Les *Amis des noirs* avaient aussi leur société, qui devait en partie son existence à l'influence américaine. Enfin, conformément au programme de Brissot et de Clavière, une nouvelle association se fonda à Paris en 1787 : la *Société gallo-américaine*. Elle avait pour objet d'étendre les relations commerciales et intellectuelles avec les Etats-Unis. Elle devait faire connaître les progrès de l'agriculture, de l'industrie, de la législation américaine ; « faire venir de l'Amérique libre les gazettes, les livres, les actes de législation, les journaux du Congrès, etc. » ; entretenir des rapports avec les sociétés d'Amérique. De cette société, qui devait se composer « d'hommes de tout pays, de toute profession, de toute religion[1] », nous ne connaissons pas tous les membres. Certainement, Brissot, Clavière, Bergasse, Saint-John Crèvecœur en faisaient partie, et sans doute aussi Mirabeau, La Fayette. Mais eut-elle du succès? Quelle fut son action? Nous l'ignorons complètement[2].

Les idées américaines, l'amour du bien public et des droits de l'homme pénétraient toutes les classes de la société, déjà préparées par la philosophie française à les recevoir avec avidité. Il est difficile, il faut le répéter, d'évaluer l'influence propre de l'Amérique, car dans tous les esprits elle se mêle aux autres influences. Elle était très forte dans la magistrature, surtout la jeune magistrature, particulièrement du Parlement de Paris. Nombre de conseillers étaient vraiment, comme on disait, des Américains, en 1787 et 1788 : parmi eux Lepeletier de Saint-Fargeau, Dionis du Séjour, Hérault de Séchelles, etc. A Toulouse, dès 1784, un avocat au Parlement, Mailhe, écrivait un *Discours sur la grandeur et l'importance de la révolution américaine*, qui remportait le prix à l'Académie des Jeux floraux ; il croyait voir s'ouvrir avec la victoire américaine une ère nouvelle de paix et de prospérité commerciale, et il déclarait : « Un tel avenir ne fût-il qu'une brillante illusion, il est du moins probable que les guerres seront désormais plus rares[3] ». Il était victime, lui aussi, de l'illusion contre laquelle le Dr Cooper mettait en garde les jeunes officiers français, égarés par l'enthousiasme. Dans le clergé, le haut clergé lui-même, c'était parfois la même admiration pour l'Amérique et sa Déclaration des droits : témoin l'archevêque de Bordeaux, Champion de Cicé, qui, en juillet 1789, proclamera à l'Assemblée constituante la nécessité de faire une déclaration des

1. Brissot et Clavière. *De la France et des États-Unis*, p. 340 (prospectus de la Société Gallo-Américaine). Procès-verbaux de la Société dans la Correspondance de Brissot, éd. Perraud, p. 111 ; 12 membres à Paris, 24 en province ; autant aux Etats-Unis, et dans les autres pays en nombre indéterminé.

2. Nous pouvons sans erreur le deviner un peu, puisque Saint-Jean de Crèvecœur, consul de France à New-York, faisait partie de la Société. Voir sa lettre, fort intéressante, au maréchal de Castries (1er mars 1785) sur le commerce à faire, les soins à apporter à l'emballage, « les individus d'une mauvaise conduite qui ternissent, en émigrant, notre réputation. » (*Saint-Jean de Crèvecœur*. par Julia Post Mitchell, Columbia University, 1916.

3. Mailhe. *Discours*... Toulouse, 1784 (Bib. Nat., Pb. 3 900), p. 34.

droits, à l'imitation des Américains. Ce ne sont là que quelques exemples ; mais ils sont éloquents. Magistrats, avocats, ecclésiastiques même du plus haut rang, et sans aucun doute simples bourgeois cultivés, étaient imbus en 1788 des maximes américaines.

La crise finale de l'Ancien régime leur donna alors une portée nouvelle. Le *parti national,* qui se forma en 1787, et qui se proposait de constituer enfin une *nation,* avait devant lui un modèle unique : les Etats-Unis, qui venaient de s'établir en nation indépendante. Il est hors de doute que l'Amérique l'inspirait quand il réclamait une Déclaration des droits et qu'il invoquait le principe du libre consentement de l'impôt par la nation. C'est certainement l'idéal américain qui dictait au Tiers état de Paris, à celui de Rennes et d'autres villes les belles Déclarations des droits qui précèdent leurs Cahiers destinés aux Etats généraux. C'est lui encore — très probablement — qui communiquait tant de force à la revendication que toutes les classes de la nation, clergé, noblesse, Tiers état inscrivaient en tête de leurs Cahiers comme *maxime fondamentale :* « Que les Etats, écrit la noblesse de Cambrai, s'occupent d'abord d'arrêter avec Sa Majesté un corps de lois constitutionnelles. Il ne sera délibéré sur aucun objet d'impôts que toutes les parties constituantes du code ne soient définitivement arrêtées, rédigées et promulguées. »

*
* *

Ainsi, à l'influence française des philosophes et des économistes depuis la fin du règne de Louis XIV, à l'influence anglaise, prépondérante sous Louis XV, à l'influence si grande de la science, à celle de l'antiquité, s'est ajoutée l'influence américaine, la plus puissante de toutes peut-être dans les dernières années de l'Ancien régime.

Les écrivains français en avaient prévu dès 1781 toute l'importance. Raynal écrivait, cette année-là : « Les grandes révolutions de la liberté sont des leçons pour les despotes. » Brissot et Clavière déclaraient : « Eclairés par cette révolution, les gouvernements d'Europe seront forcés de réformer insensiblement leurs abus. » Hilliard d'Auberteuil portait ce jugement prophétique : « La Révolution américaine change absolument le système politique de l'Europe, l'existence de l'Amérique entière ; elle causera des guerres inévitables : guerres qu'un siècle ne verra pas terminer et qui entraîneront peut-être la décadence de plusieurs nations[1] ». Sa prédiction rappelle d'une manière frappante celle du Dr Cooper. La démocratie américaine allait engendrer d'autres démocraties ; mais pour faire naître les nouvelles, il faudrait des luttes interminables contre les vieilles monarchies et les sociétés féodales de l'Europe. La Révolution française devait avec une vive clarté confirmer la terrible prédiction.

Philippe Sagnac.

1. Hilliard d'Auberteuil. Ouvrage cité, Introduction, t. Ier (1782).

LA MAISON BONAPARTE
L'IMMEUBLE ET LE MOBILIER

I. — IMMEUBLE

Un rapide pèlerinage à la maison Bonaparte ne saurait suffire à ceux que passionne le culte de l'Empereur et qui s'intéressent en même temps aux reliques du passé. Ceux-là sûrement auront plaisir à connaître la maison de Napoléon enfant et jeune homme, et les améliorations dont elle fut l'objet un peu avant le Consulat. Il leur deviendra possible de comparer son état d'alors et son état d'à présent, d'autant plus qu'il a été dit, redit et trop dit que de cette demeure plus rien n'est authentique, qn'en vérité ce serait prêter au ridicule que venir s'émouvoir sur des souvenirs mensongers.

*
* *

Faisant l'angle avec la ruelle du Poivre, la maison Bonaparte est sise rue Saint-Charles (anciennement rue Malerba). C'est la deuxième en venant de la rue Napoléon (anciennement rue Droite). Son extérieur est pareil à celui des habitations voisines : façade toute plate sans autre saillie que la corniche; ni autres ornements qu'un belvédère sur le faîte, les armoiries en ardoise scellées entre les premier et deuxième étages, l'encadrement en marbre blanc de l'entrée; et, au-dessus du linteau, une plaque du même avec cette inscription :

NAPOLÉON
EST NÉ DANS CETTE MAISON
LE XV AOUT MDCCLXIX

Rue Saint-Charles :

Trois étages à six fenêtres, sur rez-de-chaussée ; deux portes latérales de même largeur que les fenêtres supérieures, et une troisième plus étroite ; deux soupiraux barreaudés de fer. Porte d'entrée, à deux vantaux.

Rue du Poivre :

Portes de magasins, soupiraux, et les dix fenêtres de la salle des fêtes.

Rue Notre-Dame :

Une porte de magasin, une fenêtre au premier, les autres étages appartenant à divers propriétaires, car cette annexe a été obtenue par une emprise sur une maison voisine. La différence de hauteur des fenêtres et un malhabile raccord de peinture trahissent ce prolongement.

La maison Bonaparte occupe donc deux côtés de l'îlot carré composé des maisons Spoturno, Bacciochi, Peraldi, etc. A l'un de ses angles, une vieille ardoise indique : « Place Letizia ».

*
* *

Cette maison est-elle bien la même qu'habitait la famille Bonaparte?

Les uns l'affirment, les autres le contestent et parmi ceux-ci M. Frédéric Masson, dans un de ses premiers ouvrages :

« Il est inutile de chercher à Ajaccio, a-t-il écrit, la maison et la chambre où naquit Napoléon. Nul ne doit ignorer que la maison Bonaparte a été saccagée et, dit-on, brûlée par les Paolistes en 1793, qu'elle a été reconstruite en l'an V et ~~au commencement de l'an VI, que Napo~~léon n'a pu venir dans la maison nouvelle qu'une seule fois, à son retour d'Égypte, lorsqu'il a relâché à Ajaccio du 10 au 14 vendémiaire an VIII. »

Et plus loin :

« Il est de tradition que la maison Bonaparte fut incendiée, et certains documents l'affirment. En tout cas, lorsque la France reprit possession de la Corse, Madame Letizia fut obligée de la reconstruire entièrement[1]. »

1. *Napoléon inconnu*, I, 19 ; II, 432.

Charles Barbaud.

Si grande que soit l'autorité de l'illustre historien, son affirmation doit être discutée.

Que la maison ait été saccagée et pillée, que bon nombre des meubles aient disparu et même que la disposition de quelques pièces ait été modifiée, rien de plus exact. Mais brûlée, reconstruite, non. Si peu brûlée, si peu reconstruite qu'elle est restée en grande partie ce qu'elle était en 1793 ; et lorsque, en 99, Bonaparte s'arrêta à Ajaccio, il rentra bien dans la demeure où il était né.

Que d'indications et dans l'examen des lieux, et dans les archives et les papiers de famille, et dans les auteurs du temps, sans compter les traditions orales, pour démontrer que le feu ne toucha pas la maison !

La correspondance de Napoléon, de sa mère, de ses frères, de ses sœurs, de son oncle Fesch parle de réparations, de remise en état, jamais de reconstruction. Deux lettres de la citoyenne Letizia à la citoyenne Clary à Marseille, en novembre 1797 et en avril 1798[1], réclament des tuiles à toit, des petits carreaux pour les planchers, une rampe d'escalier, des rouleaux et garnitures de papier peint, des fauteuils et une bergère à la mode.

1. Ajaccio 5 frimaire an VI (25 novembre 1797).

Ma très chère amie,

... Le capitaine Bastelica m'a apporté les objets que vous me marquez, c'est-à-dire la toiture et les petits carreaux...

En attendant, vous trouverez ci-joint le modèle ou dessin de l'escalier que je vous prie de vouloir bien faire faire, au plus tôt, et me l'envoyer, si cela se peut, par la présente occasion. Vous voudrez enfin m'envoyer trois mille tuiles à toit. Quant à la chaux, il ne m'en faut plus, n'en envoyez pas.

Le patron vous remettra un sac de châtaignes de notre pays. Vous en donnerez une petite portion au citoyen Four à qui je vous prie de faire bien des compliments de ma part. Agréez-les comme une marque de mon sincère attachement et de mon souvenir de toutes les peines que vous prenez à mon égard.

Croyez-moi pour la vie votre sincère amie.

BONAPARTE.

A la citoyenne Clary, rue Gay, à Marseille.

Ajaccio, 28 germinal an VI (17 avril 98).

Par l'occasion de Lucien, je vous ai écrit en vous priant de me faire passer, au retour du même bâtiment, deux garnitures de papier peint, dont une rouge et blanche et l'autre jonquille. Je vous prie aussi de me faire l'amitié de m'envoyer trois rouleaux de papier rouge, d'après l'échantillon que le patron Barberi vous remettra et

Entre temps, trois mois avant son mariage avec Bacciochi, Elisa écrit de Marseille à Joseph, en février 1797[1] pour lui annoncer l'envoi de divers matériaux et meubles. Tout cela pour réparer, non pour rebâtir.

Et l'année suivante, en octobre, l'oncle Fesch fera connaître à Joseph l'état des travaux : « Selon votre ordre le premier est réparé, mais le second et le toit exigent une forte réparation », puis le 16 novembre, un mois après : « Je n'ai pas pu achever la maison faute de matériaux qu'on attend de Marseille[2]. »

Ces réparations en même temps que modifications sont bien reconnaissables principalement au rez-de-chaussée. Les portes des magasins n'ont que la largeur courante des fenêtres des étages, c'est-à-dire un mètre, sauf l'entrée qui mesure $1^m,50$ avec un dépassement de hauteur.

Ce qui frappe plus que cette différence de dimensions, c'est la singularité de cette entrée qui, contrairement aux règles de l'art et aux convenances de la symétrie, ne se trouve pas dans l'axe des ouvertures supérieures. Son côté droit se profile bien sur le côté droit des fenêtres, mais le gauche déborde de 50 centimètres au moins. Cet élargissement unilatéral prouve un travail postérieur à la construction et nécessité en vue de changer le système d'escalier primitivement constitué jusqu'au mur de refend par un long couloir étroit, ainsi que par une murette médiane qui le divisait en deux compartiments jusqu'aux combles, selon le type commun de la vieille ville. Sur un moindre espace, l'escalier fut refait à double palier et la murette remplacée par une rampe laissant les volées à jour. La cage resserrée permet de gagner un

huit rouleaux de fond ponceau avec des roses n° 2. Je voudrais aussi avoir trois clochettes pour les chambres, une pièce de cordon blanc en fil pour les rideaux des fenêtres. Je suis fâchée de la peine que je vous donne.

Si vous trouvéz huit fauteuils avec la bergère jonquille à la mode et en damas, je vous prie de les acheter et de me les envoyer.

Je désirerais avoir tous ces objets pour la première occasion.

Adieu, ma chère amie, portez-vous bien.

Bonaparte mère.

(Larrey, *Madame Mère,* I, 260 et 266.)

1. *Archives Levie-Ramolino* (publiée plus loin).

2. Larrey, I, 270.

réduit de un mètre qu'on découvre aménagé en placard, dans la chambre natale et les autres étages.

Pour qui a notion de la construction, ces arrangements démontrent que, loin d'être reconstruite, la maison fut seulement restaurée et modernisée autant par le nouvel escalier que par la transformation du premier étage en salles d'apparat, et celle des mansardes en pièces habitables. A cela s'ajoutent la galerie et l'annexe de la maison faisant suite.

Ces particularités techniques connues, pourra-t-on persister dans le doute?

Au reste, si la maison avait été anéantie par le feu, les auteurs du temps n'auraient pas négligé de relater ce fait important pour l'histoire de l'île et de la demeure historique.

Or, que dit le père Rossi[1], capucin d'Ajaccio, confident de Madame Mère, et à qui l'on doit la chronique circonstanciée de la Corse jusqu'en 1813?

« La maison Bonaparte fut saccagée et ses biens confisqués au profit de la nation. De même celles de Paravicini et de Louis Ornano. » Et il ajoute que même sort ne fut évité à d'autres que par une contribution compensatoire destinée aux bandes paolistes accourues au pillage, récompense de leur dévouement (L. XIV, 335).

Que dit Nasica[2] juge d'instruction à Ajaccio de 1821 à 1829 et narrateur de *l'Enfance et de la jeunesse de Napoléon,* pendant que vivaient les témoins de ces troubles?

« Le jour même, jour de dimanche, la maison Bonaparte fut livrée au pillage. On enleva jusqu'aux gonds des portes et des fenêtres. On

1. Le Père J.-B. Rossi, né à Ajaccio le 18 avril 1754, quelques années après Letizia Ramolino. Prit l'habit des Capucins à seize ans. Professa la théologie et était supérieur du couvent des Capucins d'Ajaccio en 1791.

A écrit en italien : 1° *Mémoires historiques sur le vœu d'Ajaccio,* dédié à S. A. I. Madame, mère de l'Empereur (Ajaccio, 1808) ; 2° *Observations historiques sur la Corse* en 17 volumes, précieux pour l'abondance des faits et la sûreté des recherches : son amitié avec la famille impériale lui ouvrit les Archives d'Etat à Paris et à Gênes.

Mourut en 1820 à Livourne, léguant au Roi de France ses manuscrits des *Osservazione Storiche.*

Ouvrage en cours de publication par les soins de la Société historique de Bastia.

2. Nasica (Toussaint), né à Grato di Giovellina en 1789, mort conseiller à la Cour de Bastia en 1850. Son ouvrage sur Napoléon ne fut imprimé qu'après sa mort.

l'aurait même incendiée, sans la crainte d'endommager les maisons voisines qui appartenaient aux soi-disant patriotes » (p. 362).

Que nous apprend enfin Renucci[1] qui publia une *Storia di Corsica* en 1833 ?

« Les maisons de Bonaparte et de Multedo à Ajaccio furent ouvertes au pillage et au vol ; les maisons de campagne furent incendiées et leurs biens dévastés par les satellites de ce gouvernement appelés *rebelles* par les républicains et *Gouvernement provisoire* par les Corses ? »

Il y a, comme on voit, concordance complète entre historiens qui s'ignoraient, puisque du Père Rossi, mort en 1820 en Italie, le manuscrit n'est à ce jour imprimé qu'en partie, et que Nasica, de son côté, n'a fait aucun emprunt à l'ouvrage de Renucci. Si donc ces témoignages divers par leur origine et par leur nature aboutissent tous à une conclusion identique, comment, par quoi et par qui, a pu se créer la légende d'un incendie ayant détruit la maison Bonaparte ?

Dans ses *Mémoires*, Lucien raconte les dernières épreuves des siens avant leur rentrée en France : la lutte entre les Paolistes et les partisans de Bonaparte, Paoli ordonnant d'amener ces derniers morts ou vifs, Letizia se sauvant dans la nuit, cette mère et ces enfants levés à la hâte et fuyant vers la campagne des Milelli ; puis il ajoute :

« Le même jour, les flammes s'élevant en gros tourbillons du côté de la ville, attirèrent les yeux de nos amis : « Voilà votre maison qui brûle ! » dit l'un d'eux à Madame. Mère — « Eh ! qu'importe, répondit-elle, nous la rebâtirons plus belle. Vive la France ! »

Sur ce trait antique se termine le premier chapitre.

Or, Lucien ne se trouvait pas à côté de sa mère, et c'était de l'incendie de la maison de campagne qu'en réalité il s'agissait. Il a dû mal retenir le récit, ou bien il l'a dramatisé à dessein et à la façon d'un homme de théâtre qui arrange une fin de tableau. L'au-

1. Renucci (F. Octavien), né à Péro, en 1767. Ancien régent de rhétorique, mourut bibliothécaire de la ville de Bastia.

teur de *Charlemagne* et de la *Cirnéide* a fait ici plus de littérature que d'histoire.

M. Frédéric Masson semble cependant s'appuyer sur Lucien en invoquant, au surplus, « certains documents » qu'il indique et qui sont les suivants :

1° Un certificat de Louis Coti[1], procureur syndic du district d'Ajaccio délivré le 5 septembre 1793, et déclarant que les rebelles paolistes, « dévastèrent, pillèrent et incendièrent les biens de la famille Bonaparte ».

Formule générale exacte dans son ensemble, mais ne précisant nullement si l'habitation urbaine est un de ces biens incendiés ;

2° Les lettres de Madame Mère publiées par Larrey. L'on a vu qu'il n'y est question que de réparer et améliorer.

3° Une lettre inédite de Jérôme[2], laquelle est en réalité d'Elisa

1. Publié par Joseph dans ses *Mémoires* (I, 52).

2. Les archives Levie-Ramolino contiennent deux lettres inédites d'Elisa à Joseph, l'une du 18 pluviose, l'autre du 3 prairial annonçant qu'elle ira deux mois à Gênes, puis après à Ajaccio. Celle du 18 pluviose est à tort attribuée à Jérôme par M. Masson (*Napoléon inconnu*, II, 436) erreur qui ne lui est pas imputable.

Au citoyen Joseph Bonaparte, Ajaccio.

Marseille, le 18 pluviose (an V) 6 février 1797.

Je vous envoye 5 tapisseries en papier, les soubassements, bordures et une en damas avec les rideaux des fenêtres ; 3 tapisseries sont de 8 roûleaux, une de 7 et une de 10.

Je vous enverrai les fauteuils, un canapé égal à la tapisserie rouge et blanche, mais ils ne sont pas encore faits.

A la chambre qui sera tapissée en rouge velouté, il y a la corniche en papier et une caisse contenant deux glaces trumeaux, une autre caisse où il y a une table de marbre avec ses pieds dorés, un canapé, 12 fauteuils, 6 baguettes dorées et un écran.

Si vous voulés encore des glaces, envoyés-moi la caisse, car elle me coûte un louis ainsi que les males.

Quand au plâtre, je fais mon possible pour vous en envoyer (c'est une difficulté extraordinaire) par le capitaine Tavera.

Le capitaine Vico m'a remis 3 000 francs et j'en ai dépensé 3 700. Si vous voulés d'autres commissions, il faut envoyer les mesures et l'argent.

Je vous envoye le reçu des briques que le bâtiment porte par l'occasion de Lucien, vous devés avoir reçu les briques, malles, etc.

Nous avons eu des lettres de l'armée d'Italie, je vous envoye celle de Louis ; Fesch et Paulette était à Milan le 7 du courant.

Nous serions enchantés d'aller voir l'Italie. Il paraît par la lettre de Louis que Napolione y consentira avec plaisir. Ecrivés-nous vite afin que nous sachions à quoi nous en tenir.

J'ai reçu hier une lettre de Julie que M. Villeneuve m'a remis, on dit que votre petite est charmante, nous serions charmés de la voir ainsi que la mère.

Selon toutes les apparences, il y aura beaucoup de bruit aux élections, il serait prudent de ne pas s'y trouver.

Je vous embrasse.

(Elisa) Buonaparte.

(plus haut mentionnée). Elisa a eu à s'occuper de briques et de plâtre; cela implique-t-il forcément la reconstruction intégrale de la maison?

A la vérité, nul besoin de la relever puisqu'elle n'avait pas été brûlée et pouvait d'autant moins l'être que le feu, comme le note judicieusement Nasica, aurait mis en danger les demeures du voisinage, appartenant aux patriotes paolistes. L'incendie des Milelli, isolés en pleins champs, ne rencontra par cela même nulle opposition; celui de la rue Malerba fut-il seulement proposé?

Mais outre la correspondance, les modifications de l'immeuble et les auteurs contemporains, il est d'autres preuves, officielles celles-là, et plus concluantes encore : un document français, un document anglais.

* * *

Aussitôt l'ordre rétabli après le départ des Anglais, maîtres de l'île de 1794 à 96, le Directoire qui avait précédemment accordé des secours aux partisans français chassés de Corse, vota une somme de trois millions pour indemniser dans la mesure du possible les habitants des deux départements de la Corse (deux millions pour le Golo, un million pour le Liamone), victimes des déprédations révolutionnaires et de l'occupation étrangère. C'est la loi du 6 pluviose an VI (31 janvier 1797)[1].

Elle portait qu'un mois après la publication de la loi, vérification devait être faite des dommages sur états produits par les intéressés.

Attestation des pertes par la Municipalité et renvoi devant les experts.

Estimation par deux experts, l'un pour les parties, l'autre pour le Commissaire du Pouvoir exécutif; en cas de désaccord partage par l'Administration.

Répartition au sou la livre et paiement 1/3 en bons du tiers consolidé, le surplus en bons de 2/3 employables au paiement des biens nationaux dans les départements du Golo et du Liamone.

1. Le même jour, le *Bulletin* publiait une loi de secours pour le soulagement des citoyens français prisonniers en Angleterre.

Prélèvement de 15 millions sur l'excédent de recettes de l'an VI et, en cas d'insuffisance, sur le produit des dons patriotiques.

Charles Barbaud.

Les pertes étaient divisées en quatre catégories :

1° Récoltes qui existaient sur les héritages ;

2° Maisons, moulins, usines incendiés ou abattus en totalité ou en partie.

3° Meubles ou effets pillés ou brûlés ; bestiaux enlevés ou massacrés, arbres fruitiers ou vignes coupés et arrachés ;

4° Récoltes recueillies et qui ont péri dans les granges et greniers.

Pour la ville d'Ajaccio, sont présentées 101 demandes dont voici les principales, Letizia Bonaparte tenant la tête par importance des dommages :

États des indemnités dues aux réfugiés et détenus du département du Liamone pour cause de pertes souffertes lors de l'invasion des Anglais — et ce, conformément à la loi de Pluviose an VI.

	Estimation des pertes d'après les états produits :	Réduction à raison de 4s 4d 1/2 ou 21 7/8 par livre.
1. Letizia Bonaparte.	124.800	97.500
3. Joseph Fesch.	2.018	1.576,56 1/4
33. André Ramolino	38.896	30.387,50
35. Joseph Ponte.	7.142	5.579,68 3/4
39. Pierre P. Chiappe.	18.000	14.062,50
40. Et. Sam. Meuron	15.000	11.718,75
46. Hilaire Fx Ucciani.	14.000	10.937,50
50. Bte Mario Moltedo.	15.000	11.718,75
85. Nicolo Paravicini.	41.438	32.376,43 3/4
89. Fs Marie Levie.	14.820	11.578,12 1/2
101. Louis Ant. Fournier. . . .	2.448	1.912,50

Ces déclarations de la citoyenne Bonaparte, la municipalité en certifie la légitimité et l'exactitude :

LIBERTÉ — DÉPARTEMENT DU LIAMONE — ÉGALITÉ

COMMUNE D'AJACCIO

Vu l'état des pertes souffertes par la citoyenne Letizia Bonaparte et sa famille en suite de l'invasion du gouvernement rebelle dans le mois de mai 1793, à cause de son attachement au sistème républicain...

Atteste et certifie en foi et vérité, en conformité de la loi du 6 pluviôse dernier, qui accorde des indemnités aux réfugiés et détenus corses, que la dite famille a donné des preuves des plus éclatantes de son dévoûment au sistème républicain, qu'elle a essuyées non seulement la perte, dévastation et pillage de ses maisons et biens, mais qu'elle a manqué plusieurs fois à être massacrée par les satellites de Paoli, à cause de ses principes constants pour la cause de la Liberté et de l'Egalité, et qu'elle s'est réfugiée sur le Continent de la République Française où elle a donné des preuves ininterrompues et des plus brillantes pour la République en donnant un héros qui a terrassé les plus forts ennemis du peuple français.

Déclare en outre que la déclaration qu'elle a faite en indemnité des dévastations de biens est véritable et qu'elle mérite à tous égards les plus grandes marques de la reconnaissance nationale.

Fait en séance publique sous notre signature contresignée par celle de notre secrétaire et sous le sceau de cette commune aujourd'hui le 10 prairial de l'an sixième de la République Française.

Signé :
Pour le Commissaire
du pouvoir exécutif :
F. M. LEVIE.

UCCIANI,
TAGLIAFICO,
FOURNIER.

L'estimation comprend les dommages de la maison de la rue Malerba, de quelques petits immeubles de rapport dans la même rue, de la maison de campagne et attenances, des jardins; la perte du bétail, des récoltes et du matériel agricole, ainsi que la privation de jouissance de tous ces biens, et également la disparition des meubles, linge de corps et de maison, garde-robe, etc.

DÉPARTEMENT DU LIAMONE

COMMUNE D'AJACCIO

Ce jourd'hui dix prairial an 6e de la République Française une et indivisible, au greffe municipal de la commune et canton d'Ajaccio. Par devant nous Louis Ant. Fournier, secrétaire de la ditte administration municipale, se sont présentés les citoyens Baptiste Levie et Hilaire Fx Ucciani, experts publics de cette commune, le premier nommé par le faisant fonction de Commissaire du Directoire exécutif près l'administration municipale de cette commune, et le second par la citoyenne Letizia Bonaparte et sa famille, aux termes de la Loi du 6 pluviose dernier, lesquels experts, dès qu'ils se sont fait présenter l'état nominatif des dittes pertes, et une attestation de l'administration municipale par laquelle il est constaté que les dittes pertes et dommages consistent dans le détail suivant, les ont estimés et évalués tout comme il suit :

Charles Barbaud.

Savoir[1] :

MAISONS DE VILLE.

1. — Une maison située dans la rue Bonaparte (ou Malerba) toute meublée à 4 étages[2] compris le rez-de-chaussée, *dévastée*, à . . . . 16.000 fr.
2. — Une autre maison ditte Badine située dans la rue Malerba, d'un étage, dévastée, à . . . . 2.000 —
3. — Une maison et four dans la ditte rue Malerba, dévastée, à . . . . 1.000 —
4. — Une maison ditte Pietra-Santa située dans la rue Malerba, dévastée, à . . . . 400 —

(Aucune des autres familles ne déclara de maison incendiée en ville.)

MAISONS DE CAMPAGNE. PROPRIÉTÉS.

5. — Une maison du jardin des Salines brûllée avec 300 q^x de fourrage, à . . . . 1.900 —
6. — Une autre maison du jardin des Milelli avec un pressoir d'huile, composée de 2 étages, brûlée, à . . . 1.900 —
7. — Un moulin dit Bruno, dévasté, à . . . . 1.700 —
8. — Un autre jardin des Milelli, dévasté, à . . . . . . 500 —
9. — Un autre jardin des Salines, dévasté, à[3]. . . . . . 500 —

1. Cet état a été signalé par le Lieutenant-Colonel Campi (*Notes et Documents sur Ajaccio*, 1901), et résumé par Marcaggi (*La Genèse de N.*, 1902). Nous le publions intégralement, pour indiquer la situation de fortune de la famille Bonaparte sous la Révolution.

Archives départementales, L. 526, C. 15.

2. La maison n'a aujourd'hui même que trois étages. Si les experts en mentionnent quatre, c'est qu'ils comptent le rez-de-chaussée pour un étage, et les mansardes pour un autre. Ces mansardes surélevées dans la suite à hauteur d'étage forment le troisième de la maison actuelle.

La description exacte aurait dû être : maison à deux étages sur rez-de-chaussée, et avec mansardes.

3. *Moltedo* : maison sise rue Fontanaccia *dégradée* considérablement par les rebelles qui ont également dégradé une autre sise au fond du *faux bourg*.

Maison sise dans un jardin, *brullée* et jardin détruit *Paravicini*, maison d'habitation dévastée. emporté fenêtres, persiennes et portes.

Meuron : les rebelles ont dévasté la maison et enclos de Saint-François : emporté serrures et ferrements des portes, etc.

Chiappe : maison à trois étages, saccagée, vidée et occupée par le gouvernement anglais pendant 17 mois.

Ramolino : maison aux fossés, composée de deux boutiques, 2 étages de 4 pièces et grenier, dévastée.

Bétail.

10. — Les deux cent cinquante vaches avec leurs veaux, à.	18.000	fr.
11. — Les soixante vaches avec leurs veaux, à	5.900	—
12. — Les trente-six bœufs de charrue, à	5.400	—
13. — Les trente-neuf taureaux, à	3.000	—
(La vérité oblige à dire que ces 300 vaches, ces 36 bœufs, cette quarantaine de taureaux, que toute cette quantité de bétail a paru extraordinairement exagérée.)		
14. — Les vingt-six juments, à.	2.600	—
15. — Les deux chevaux de selle, à.	500	—
16. — Les quatre chevaux pour le travail, à.	400	—
17. — Les deux mulets, à.	300	—
18. — Les deux ânes, à	100	—
19. — Un troupeau de chèvres composé de 380, à	4.300	—
20. — Un troupeau de brebis composé de 450, à.	3.600	—
21. — Les cinquante-six moutons, à	300	—

Matériel agricole. Récoltes.

22. — Les vingt tonneaux de chataigner de 7 mezzins [1] l'un, reliés en fer, à	1.030	—
23. — Les huit petits tonneaux de chataigner de 6 mezzins l'un, reliés en fer, à.	200	—
24. — Les deux cuves de chataigner de 6 mezzins l'un, reliés en fer, à	100	—
25. — Les deux petites cuves de chataigner de 4 mezzins l'un, reliés en fer, à.	50	—
26. — Les quatre-vingt-six mezzins de vin existant dans les susdits tonneaux, à.	1.800	—
27. — Les quatre-vingt-six mezzins de bled	800	—
28. — Les douze barrils d'huile, à	700	—
29. — Les trois mille chevrons de sapin ($1^m,50$) de six pans l'un, à	3.000	—
30. — Les deux cents madriers de sapin ($3^m,50$) de 14 francs l'un	200	—

1. Le mezzin, mesure génoise de capacité valant 175 litres. Pour les céréales, le mezzin représente 6 boisseaux ou décalitres.

Ainsi les 86 mezzins de vin = 15.050 litres
et les 86 mezzins de blé = 516 décalitres
soit le prix du vin, évalué à 0,11 centimes le litre et celui du décalitre de blé à 1,55 centimes.

Le pan est une mesure linéaire qui vaut 0,25 centimètres.

Ces diverses mesures sont encore usitées pour les marchés et les évaluations.

Charles Barbaud.

31. — Les ferrements travaillés c'est-à-dire barre, mines, pioches, du poids de dix-huit q^x, à . . . . 500 fr.
32. — Les deux poutres de peuplier, à . . . . 300 —

NON-JOUISSANCE.

61. — La non-jouissance des susdittes maisons et jardins dévastés, ainsi que des vignes de la Sposata, Vitullo, Casetta, Candia, Saline, de l'enclos della Torre Vecchia[1], et terres situées à l'Alatesa (sur le territoire de la commune d'Alata), à . . . . 19.760 —

Portant les dits objets le total de cent vingt-quatre mille et huit cents francs, que nous avons estimé et évalué en notre âme et conscience d'après le prix commun et au cours.

Fait à Ajaccio les jours, mois et an que dessus.

Nous soussignés certifions le présent état véritable montant à la somme de cent vingt-quatre mille et huit cents francs.

Ajaccio, le 12 prairial, an VI.

LEVIE.
UCCIANI.

Certifié véritable le présent état par l'administration municipale de la commune et canton d'Ajaccio.

Le deux pluviôse, an 8e républicain.

P. STÉPHANOPOLI. TAGLIAFICO.
SARI.
J. P. POZZO DI BORGO, président,
FOURNIER.

De cet état énumératif il résulte que seuls les immeubles hors ville reçurent les atteintes du feu. La citoyenne Bonaparte déclare que la maison de la rue Malerba, toute meublée, fut *dévastée* — rien de plus. On peut l'en croire : son intérêt n'était pas d'atténuer ses dommages. Bien au contraire.

Autre preuve. Pendant l'occupation anglaise, les biens des émigrés Bonaparte furent confisqués au profit de la Nation et les autorités militaires anglaises s'en emparèrent. Le 27 février 1796

1. Tous ces biens sont compris dans la donation de l'an XIII.

Sir Sbright Manby, capitaine chargé du casernement, remettait à l'avocat du Roi à Ajaccio, Brandi, réquisition des maisons Bonaparte, Paravicini et d'autres immeubles[1].

Les magasins devinrent dépôt d'armes, et les étages logèrent des officiers, parmi lesquels certain enseigne nommé Hudson Lowe...

II. — MOBILIER

La maison, sans conteste, est authentique; les meubles le sont-ils?

Il n'est pas impossible de les découvrir en partie dans l'estimation de l'an VI et par la comparaison de cette pièce initiale avec les achats postérieurs et les inventaires dressés en 1832 et en 1860.

Voici l'état des indemnités arrêté par les experts concernant le mobilier, les ustensiles de cuisine, la lingerie, les vêtements :

Meubles.

33. — Les deux bibliothèques contenant 1.100 vol., à . .	3.000 fr.
34. — Les six grands miroirs de cristal de France, à . . .	600 —
35. — Les cinq commodes en bois d'acajou avec leurs tables de marbre, à.	1.000 —
36. — Les quatre cheminées de marbre de France, à . .	200 —
37. — Les quatre garde-robbes de noix, à.	400 —

1. Ajaccio, 27 février 1796.

Illustrissime et Honorable Signor,

A la date du 23 courant, sir Sbright Manby, capitaine DBM général, chargé du casernement des troupes de S. M., m'a fait réquisition, étant de passage ici, de la maison d'habitation des émigrés Bonaparte et de l'émigré Paravicino, ainsi que de l'ancien séminaire et du Casone des Jésuites, lequel est situé hors de ville dans une propriété rurale. Le domaine direct du dit relève de l'Economat et le domaine utile de J. Bapt. Tartaroli qui le détient par bail emphythéotique. J'ai pensé devoir accéder à cette réquisition et je m'empresse d'en rendre compte à Votre Seigneurie Illustrissime. Elle verra la décision à prendre sur l'occupation du Casone.

Les maisons indiquées plus haut sont sous la direction de l'Ingénieur, et on les répare.

Je suis avec respect de Votre Illustrissime.
Le très humble et très obéissant serviteur.

L'avocat du Roi à Ajaccio.
Brandi.

A l'Illustrissime S. Frédéric North, Secrétaire d'Etat. (*Inédit.*) (traduit de l'italien). *Archives départementales gouvernementales anglo-corses.* Biens nationaux, L. 396, C. 9.

38. — Les six douzaines de chaises de paille avec leurs coussins de soye, à . . . . 300 fr.
39. — Les deux fauteuils, *idem*, à . . . . 300 —
40. — Les trois canapés de noix couverts de drap verd. . 150 —
47. — Les huit lits garnis composés chacun de trois matelats et une paillace, à. . . . . 2.000 —
48. — L'un *idem* travaillé à la cane avec trois matelats de crin, à . . . . 1.600 —
52. — Les six tables à jeu de noix couverts en drap verd, à. 108 —

Cuisine.

41. — Les cinq chaudrons de cuivre, à . . . . 40 —
42. — Les trois chaudrons grands, à . . . . 60 —
43. — Les vingt-quatre cazerols grands de cuivre, à . . . 300 —
44. — Les huit cazerols petits, à. . . . . 70 —
45. — Les trois poissonniers de cuivre, à. . . . . 36 —
46. — Les quatre tortiers de cuivre, à . . . . 36 —
51. — Des dix douzaines plats d'étain, à . . . . 200 —

On remarquera l'absence de toute espèce d'argenterie, vaisselle, verrerie, de même que pendules, portraits de famille, gravures, armes.

La maison n'était dépourvue ni de literie, ni de linge, ni de vêtements, ainsi qu'en témoigne cette abondante énumération :

Literie.

49. — Les huit couvertures d'indienne, à . . . . 200 fr.
50. — Les six couvertures de laine, à . . . . 120 —
53. — Les trente-six paires de draps de linge, moitié de toile de France et l'autre moitié de toile d'Hollande, à . . . . 1.000 —

Linge de corps et de maison.

54. — Les dix nappes grandes pour douze personnes, et dix-huit douzaines de serviettes de la même qualité que dessus, à. . . . . 1.600 —
55. — Les deux douzaines de chemises pour femme, de toile de Rouen,
Et onze douzaines pour homme, même qualité, à. 3.000 —
56. — Les quinze douzaines de mouchoirs pour le nez, de couleur,
Et six douzaines de toile d'Holande . . . . 1.000 —
57. — Les deux douzaines d'essuye-mains, de toile de France, à . . . . 100 —

58. — Les deux douzaines de coussinières, de toile d'Hollande, à . . . . 100 fr.
59. — Les quinze douzaines de bas de soye, pour homme et femme,
Et quinze douzaines, de fil, à. . . . . 1.000 —
60. — Les dix-huit paires de rideaux pour les fenêtres, de mousseline blanche,
Et six de taffetas rouge, à . . . . 240 —

VÊTEMENTS.

61. — Les treize robbes de soye de diverses couleurs complettes pour femme, à. . . . . 1.900 —
Et sept *idem* de mousseline blanche, à . . . . . 700 —
Et neuf *idem* d'indienne, à . . . . 600 —
62. — Les dix-huit habits de drap complets pour homme, à . . . . 1.800 —
Quinze de soye, à. . . . . 1.400 —

Devant ces chiffres, autant et plus que pour le bétail, c'est l'étonnement et le scepticisme : 36 paires de draps! 18 douzaines de serviettes! 15 douzaines de bas de soie! 13 robes de soie! 18 habits de drap! 15 de soie! 14.000 francs de linge! pour une famille ne passant pas pour riche. Peut-être Madame Letizia, en mère avisée, préparait-elle déjà le trousseau de ses filles, dont l'aînée, Elisa, allait atteindre sa quinzième année. Mais d'où serait venu tout cet argent? Oui, l'on ne peut contester dans les quantités et dans l'estimation des exagérations, tant par l'excessive bonne volonté d'experts qui étaient en même temps des demandeurs pour eux-mêmes, que pour la répartition au prorata des sommes réclamées. Quel que fût le nombre, quel que fût le montant des réclamations, il ne pouvait être distribué qu'un million, d'où réduction au sou la livre, dit la loi, et sans la compensation d'un paiement en monnaie métallique et courante.

Les citoyens économes et prévoyants — Letizia ne l'était pas moins que le plus d'entre eux — prennent leurs précautions et forcent leurs chiffres[1].

1. La Municipalité semble avoir cherché à réduire quelques-unes des estimations, car une lettre de R. Londet, ministre des Finances (12 vendémiaire an VIII) lui interdit de réduire, son seul rôle étant de répartir au marc le franc.
Archives départementales, même dossier.

Que la vertu ne s'effarouche pas au delà de ce qui convient. Ce sont pratiques courantes — de l'antiquité jusqu'à nos jours.

*
* *

Cette énumération de la citoyenne Bonaparte permet de reconstituer en partie les meubles pillés; il suffit pour cela de constater ceux qui existent et ceux qui manquent. Elle permet aussi de faire distinction entre les vieux meubles de la famille et les nouveaux, importés, soit à la période Consulaire, soit par A. Ramolino en 1805, par Napoléon Levie en 1831, et par Napoléon III en 1860; ces derniers indiqués par les deux inventaires dont il a été parlé plus haut.

Voici cet examen pièce par pièce, en même temps que la description intérieure de l'immeuble.

*
* *

REZ-DE-CHAUSSÉE.

Magasins à droite et à gauche du couloir d'entrée, sol en terre battue. Plafond à poutres et planches nues.

En plus de ces magasins, une suite de caveaux sans intérêt, sauf celui autrefois cuisine, en contrebas de 3 marches et très vaste. Cette disposition s'observe dans d'autres maisons de la ville : la cuisine est installée soit au rez-de-chaussée, soit au dernier étage. Même particularité dans les Alpes-Maritimes, dans la Savoie, etc... Ici rien à noter, sinon les débris d'un grand fourneau.

PORTE D'ENTRÉE. ESCALIER.

Porte extérieure massive, à double vantail. Palier étroit. Grattoir[1] intérieur en fer très usagé ; un semblable à chaque palier.

L'escalier est à double volée éclairé sur la rue. La rampe est en fer forgé, avec pomme en cuivre à chaque volée. Certains détails montrent que l'escalier n'est pas celui de jadis.

D'autre part, la transformation est formellement indiquée par ce passage de la lettre déjà citée de Mme Bonaparte à son amie Mme Clary, à Marseille :

1. Les paillassons ne sont pas d'usage en Corse, d'où ces grattoirs à chaque palier.

« En attendant, vous trouverez ci-joint le modèle ou dessin de l'escalier que je vous prie de vouloir bien faire faire au plus tôt et me l'envoyer, si cela se peut, par la présente occasion. »

Le même modèle se retrouve à la cathédrale (escalier de la chaire) et dans les habitations édifiées de 1795 à 1815, ou améliorées depuis : telles les maisons Po, Braccini, Peraldi, Carbone, Colonna, Barberi, etc...

*
* *

PREMIER ÉTAGE.

Le premier étage des demeures bourgeoises était l'étage d'apparat, l'étage noble, « il piano nobile » ; il comprenait les salles de réception et la salle à manger des grands jours.

La première pièce est le « salon d'attente », sans antichambre ; il n'en existait pas au temps jadis, l'entrée était directe.

Murs badigeonnés, carrelage[1] en tonnettes rouges de Marseille. Trois fenêtres à 8 carreaux munies de volets intérieurs. Toute la boiserie (fenêtres, persiennes et portes) a été refaite en 1860. Les primitives fenêtres étaient à petits carreaux, sans persiennes.

L'embrasure des fenêtres, le plafond à deux maîtresses poutres sont ornés de ces peintures à l'italienne, en trompe-l'œil, répandues avec une prodigalité excessive dans le Midi de la France et représentant fleurs, fruits disposés dans des caissons, dans des rosaces.

Mobilier. — Cinq grandes glaces très ordinaires encadrées de bois peint en rouge.

Quinze chaises Louis XVI en bois laqué blanc, recouvertes d'étoffe en très piteux état. Quatre chaises, bois peint en rouge, damas à dessins rouges sur jaune.

Un grand canapé en bois peint en rouge, velours vert côtelé.

Deux grandes bergères Louis XV, velours vert.

Une chaise longue en deux parties tapissée de damas broché : rouge sur jaune, avec ses coussins.

Le clavecin[2], dit de Madame Mère, est en acajou, touches en ivoire ; un cartouche ovale porte la marque de fabrique : *Tibon, rue du Palais-Royal, 13, Paris, Londres.*

1. Dans beaucoup de maisons, non seulement de Corse, mais de Provence, les planchers sont remplacés par des carrelages.

2. La maison Tibon n'a été fondée qu'en 1803. Il est permis de supposer que ce clavecin fut offert par Madame Mère à Ramolino ou, ce qui est plus probable, acheté par celui-ci.

Charles Barbaud.

Vaste cheminée en marbre blanc veiné noir ; dans le foyer une paire de chenets Louis XV en cuivre.

Lustre cristal de Venise à 8 branches.

Au centre, guéridon Louis XV à dessus de marbre blanc encastré octogone.

Deuxième pièce dénommée : « Cabinet de travail de Charles Bonaparte ».

Plafond sans poutres apparentes. Murs et carrelage comme précédemment.

Deux ouvertures sur la terrasse : une fenêtre et une porte-fenêtre.

Cheminée en marbre blanc statuaire finement sculptée (Vénus et l'Amour).

Mobilier. — Cinq fauteuils Louis XV bois couleur rouge, velours jaune côtelé.

Deux encoignures triangulaires à tiroirs qui sont des tables à jeu[1] avec volet se rabattant en carré et pied mobile.

Deux fauteuils Louis XVI, velours vert. Belle console Louis XIV, bois très dédoré, dessus de marbre jaune.

Fin bahut Louis XVI, de fabrication italienne, incrustations en marbres de diverses couleurs ; le cartouche central représente « Le Rêve : un guerrier endormi, un chien couché à ses pieds, dans le lointain, une déesse sortant d'un nuage ».

Un secrétaire assorti au bahut, mais sans dessus de marbre, nombreux casiers ; inférieurement, un placard[2].

Au-dessus de la commode, une glace, et, sur la commode même, une coupe d'albâtre très ordinaire.

Lustre vénitien à 8 branches.

Troisième pièce : « Chambre de la naissance de Napoléon ».

Même carrelage, mêmes murs badigeonnés à la chaux ; deux fenêtres, l'une sur la rue du Poivre, l'autre sur la terrasse, ne donnant qu'un demi-jour.

Cheminée marbre blanc statuaire ; au centre, une sculpture représentant « Diane », armée de l'arc ; rinceaux et colonnes corinthiennes. Devant le foyer, écran en noyer Louis XV recouvert d'étoffe à rayures blanches et rouges.

Mobilier. — Trumeau bois doré Louis XV avec glace.

Poudreuse Louis XV, bois de rose.

Six fauteuils même style.

1. Six de ces tables à jeu sont mentionnées dans l'état des indemnités.

2. D'après un auteur local (Forcioli Conti. *Notre Corse*, 118. Ajaccio, 1897) tous ces meubles italiens auraient été apportés de Florence par l'Archidiacre Lucien et son neveu Charles. Doit-on l'admettre? ils auraient été compris dans l'état des indemnités et évalués superbement.

RUE NOTRE DAME

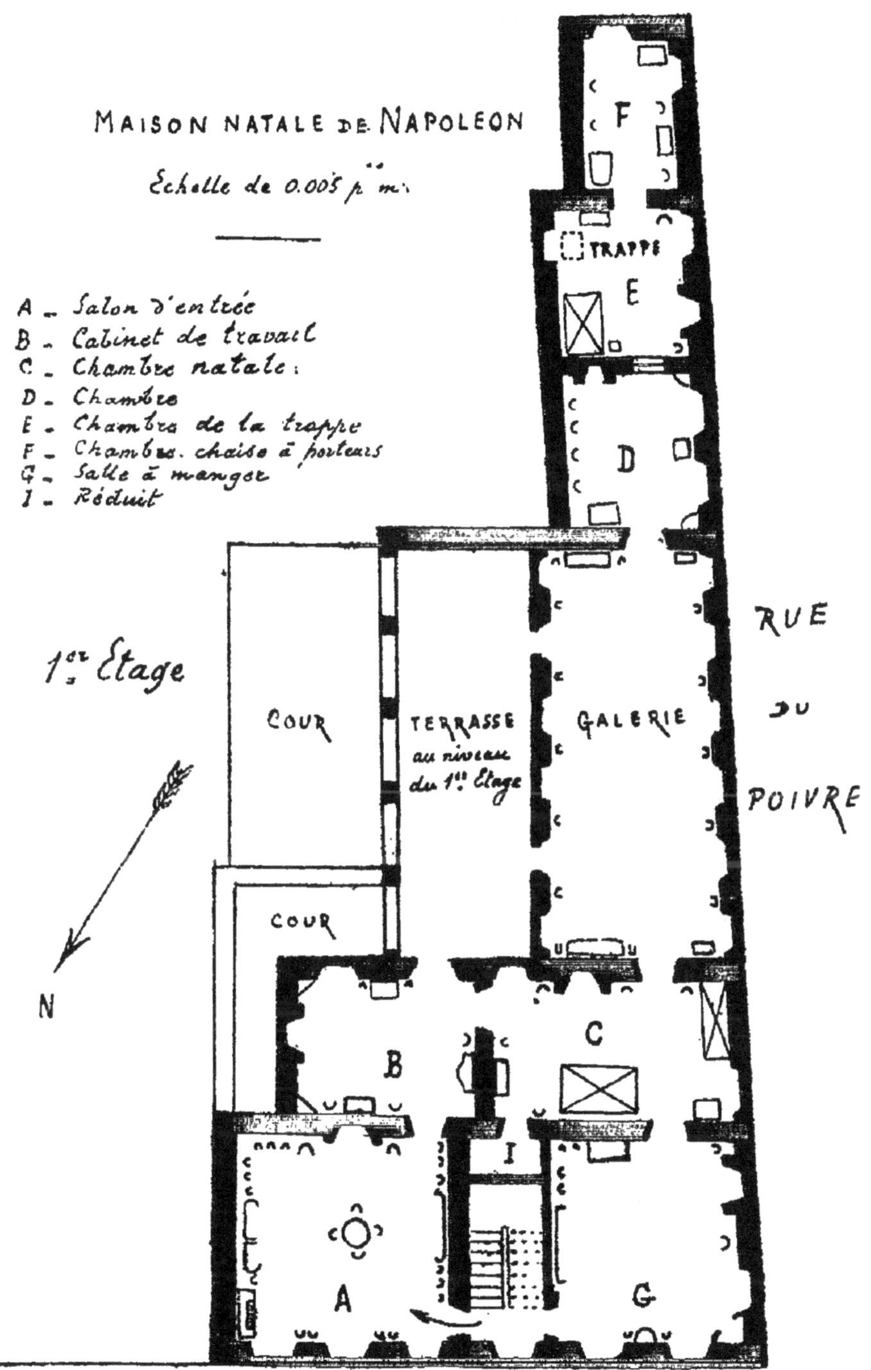

RUE St CHARLES [ancienne rue Malerba
PLACE LETIZIA

Charles Barbaud.

Commode Louis XVI de fabrication italienne, à pans coupés, dessus de marbre blanc, poignées et anneaux de cuivre, cartouche central orné d'une peinture à moitié effacée « Déesse dans un char traîné par deux lions en course ».

La crèche rapportée d'Égypte par Bonaparte à sa mère est placée sous globe ; elle mesure 0,75 × 0,70. D'un bois très ouvragé, elle figure une étable ouverte sur le devant ; sol à damiers noirs et blancs. A gauche un escalier extérieur montant au grenier ; à droite une porte donnant sur la route. Personnages principaux : la Sainte Vierge, saint Joseph et l'Enfant Jésus, couché dans sa crèche ; derrière, l'âne et le bœuf. Personnages secondaires : à gauche un serviteur descendant l'escalier et regardant, penché, à travers le vitrage ; à droite un berger arrivant par la route, un mouton sous le bras. Accessoires : un ange suspendu au plafond et, sur le devant, trois petits pots garnis de fleurs. Personnages et accessoires sont en ivoire, d'un travail soigné[1].

D'un côté de la cheminée, un très médiocre fusain signé « Fouquet » : c'est Louis Bonaparte, l'un des frères de Napoléon. Du côté opposé, un portrait à l'huile, œuvre sans valeur dans un cadre ovale dédoré : c'est Letizia devenue Madame Mère, le front ceint d'un diadème, les épaules couvertes d'un fichu bleu et rouge à bordure grecque, parsemé des abeilles impériales. Pas de signature.

Sur la cheminée un biscuit de Sèvres : le Prince Impérial avec son chien favori. Cette statuette a remplacé le buste de Carpeaux qu'avait déposé l'Impératrice Eugénie elle-même, au cours de son voyage à Ajaccio en 1869, pour le centenaire de la réunion de la Corse à la France. Un étranger déroba le buste, profitant d'une cohue exceptionnelle de visiteurs.

Le même coup fut tenté à l'Hôtel de Ville, sur l'acte de baptême de Napoléon.

On note malheureusement l'absence du *berceau*[2] ; toutefois, celui-ci n'a pas quitté Ajaccio. On peut le voir dans l'un des salons de l'hôtel Sebastiani, Cours Napoléon.

La chambre de la naissance renferme, entre autres meubles, le *lit de Madame Letizia* et le *canapé* sur lequel Napoléon vint au monde.

Canapé fort simple, en bois rouge (cerisier ou noyer) de style Louis XVI, côtés à volute, matelas et coussins recouverts d'étoffe verte.

Le lit Louis XV ($1^m,25 \times 2$) est peint en gris, aux panneaux très

1. Cette crèche resta de longues années, reléguée au grenier, et c'est un heureux hasard qu'elle n'ait pas été détériorée.

2. Nicolas Paravicini, cousin germain de Charles Bonaparte, épousa en secondes noces Rose Pô, d'une famille dévouée aux Bonaparte. Le berceau lui fut prêté à la naissance de sa fille Maria-Antonia-Letizia qui épousa le général Tiburce Sebastiani.

hauts, arrondis, ornés de sculptures (guirlande de fleurs) et gardant les supports du ciel de lit.

Dans l'état des indemnités est mentionné un lit « travaillé à la cane » évalué 1 600 francs (somme considérable pour l'époque). Dans le lit actuel, les panneaux sont en bois plein, mais un examen attentif découvre, tout autour de leur bordure, une série de petits trous destinés à étirer le treillis canné : c'est là, évidemment, ce « travail à la cane ».

Le treillis détérioré ou crevé fut très probablement remplacé par ces panneaux de bois dont le rabotage imparfait jure avec le fini de l'ensemble, et une couche de peinture grise recouvrit le tout.

A la suite de quelles circonstances ce lit, noté dans l'expertise comme disparu peut-il se trouver là? Sans doute fut il retrouvé plus tard chez celui qui l'avait volé et l'obligea-t-on à le restituer.

Il n'avait pas été le seul meuble à changer de propriétaire. Dans ce même dossier des indemnités figure une réclamation du citoyen Fournier pour « une bibliothèque emportée par Charles André Pozzo di Borgo, et qui se trouve présentement chez le citoyen Pietri[1] ». Le pillage était officiellement organisé, et les amis étaient favorisés.

Comme le lit répond bien, sauf pour la réparation relevée, à la description de Madame Bonaparte elle-même, l'authenticité ne saurait faire de doutes.

Quatrième pièce : « salle de réceptions ».

C'est une vaste galerie mesurant 16 × 12, éclairée par 12 fenêtres opposites : 6 sur la terrasse (dont 2 portes-fenêtres) à gauche, et 6 sur la rue du Poivre, à droite. Toiture directement au-dessus du plafond à 5 poutres apparentes. — Murs peints à la colle (raies bleu et jaune clair) avec dessins au pochoir — sol parqueté (l'unique).

Mobilier. — A chaque extrémité de la salle, se faisant vis-à-vis, une console Louis XVI bois sculpté et doré, avec dessus de marbre blanc — trumeau Louis XV doré, finement enguirlandé, orné d'une glace — sur chaque console 2 petits bronzes, patine noire, figurant deux guerriers antiques (envoyés par Lucien).

Aux murs, 16 appliques Louis XV, avec bougeoir et miroir central, en bronze ciselé.

Deux tables à jeu Louis XVI en marqueterie.

Quatorze fauteuils Louis XVI en noyer.

Cinquième pièce : « salle à manger ».

1. « Une grande bibliothèque de 6 pieds de largeur sur 7 environ de hauteur (2 × 2,50) bois de noyer avec ferrements et grands carreaux de cristal, prise par Charles André Pozzo di Borgo, évaluée par des menuisiers à 700 francs et qui, actuellement, se trouve chez le citoyen Pietri, du département, qui se l'est appropriée. » Ch. A. Pozzo di Borgo, ennemi des Bonaparte; futur ambassadeur de Russie.

Pièce d'angle à trois fenêtres : deux sur la rue Saint-Charles, une sur la rue du Poivre.

Mobilier. — Une grande commode massive en marqueterie à dessus de marbre jaune encastré, 3 tiroirs.

Placard moderne faisant corps avec le mur.

Neuf chaises de paille, dossier en noyer, à jour. Un long canapé recouvert de paille avec 4 coussins de soie.

Console demi-lune laquée, sculptée à jour, à ornements dédorés, dessus marbre blanc (sur cette console est déposé le registre des visiteurs).

Glace Louis XVI très ordinaire. — Cheminée en marbre noir, bordure marbre blanc. — Coupe en albâtre sur la cheminée.

Annexe (Ex-maison Courand) : à l'angle de la rue Notre-Dame et de la rue du Poivre. — Seul le premier étage appartient à l'immeuble Bonaparte[1].

Trois pièces en contre-bas de 3 marches.

Première pièce (ou sixième).

Petite chambre. — Plafond à deux poutres apparentes. Murs peints comme ceux de la galerie. — Cheminée marbre blanc.

Mobilier. — Commode italienne en marqueterie avec inscrustations marbres de diverses couleurs et dessus marbre noir encastré, bordure rouge.

Trois glaces quelconques.

Six chaises cannées Louis XVI.

Console Louis XVI bois doré avec dessus marbre gris. Deux encoignures même style.

Sur la cheminée, pendule bronze doré signée « Sirost, à Paris ».

Deuxième pièce (ou septième) dite « chambre de Napoléon enfant »[2].

Petite également. — Plafond bas à poutres apparentes. — Une seule fenêtre sur la rue du Poivre.

Mobilier. — Lit en noyer mesurant 1,90 $\times$ 1,10 très usagé. Table de nuit Louis XVI à coulisses.

Commode acajou Louis XVI, entrées en cuivre et dessus marbre blanc. Ces meubles semblent bien dater de l'enfance de Napoléon, et ce qui permet de le croire, c'est leur grande simplicité.

Trois fauteuils Louis XVI.

Cheminée marbre blanc très ordinaire.

1. Cette annexe fut certainement acquise en l'an VI, mais il nous a été impossible de déterminer la date de l'acquisition. Ni les archivistes, ni les notaires, ni les vieux Ajacciens n'ont pu nous renseigner à ce sujet.

2. Donc c'est à tort que cette chambre est indiquée comme ayant été celle de Napoléon enfant.

Au fond, face à la fenêtre, un placard ; et au pied du placard, la trappe en bois (0,70 × 0,70) par laquelle, à l'escale du retour d'Égypte, le général Bonaparte descendit secrètement pour aller s'embarquer ; il se soustrayait ainsi aux acclamations populaires et à l'attendrissement des adieux.

Troisième pièce (*ou huitième*).

Petite pièce d'angle (2,50 × 4). — Deux fenêtres, l'une rue Notre-Dame, l'autre rue du Poivre.

Mobilier. — Coiffeuse en mauvais état.

Trois chaises recouvertes d'un coussin de paille mobile, dossier acajou découpé. — Un fauteuil Louis XVI.

Une commode Louis XVI en marqueterie, avec tiroirs, rosace marqueterie, dessus marbre gris, poignées en cuivre figurant cols de cygne et queues de paon, et entrées figurant flambeaux et colombes.

Chaise à porteur dite, à tort, de Madame Mère. Elle est peinte en vert avec filets or. On n'en connaît qu'une autre dans l'île : à Bastia. Une légende rapporte qu'elle provient de Marbeuf, gouverneur de la Corse jusqu'en 1786. Ce meuble est dans un pitoyable état de vétusté.

* * *

Deuxième et troisième étages.

Les deuxième et troisième étages sont vides de tout meuble, à part quelques chaises et fauteuils cassés bons à brûler.

Au deuxième, des modifications furent apportées lorsque vint s'y installer, après 1872, la princesse Marianne Bonaparte qui l'habita jusqu'à sa mort.

Le nombre des chambres ou cabinets est présentement de quatre, avec une chambre à alcôve et une cuisine moderne.

Quant au troisième, surmonté d'une terrasse, il semble bien être resté dans son primitif état, avec ses recoins et ses chambres, dont l'une à alcôve.

Partout des cheminées en marbre; partout mêmes peintures à l'italienne exécutées, comme au premier étage.

* * *

En résumé : La maison Bonaparte est bien la maison authentique; pas brûlée, mais dévastée, pillée; pas reconstruite, mais réparée, agrandie, améliorée.

Charles Barbaud.

L'ancienne distribution n'a pas été maintenue dans son intégralité. C'est aux étages supérieurs, vides de tout mobilier, que pourrait se reconstituer la vie familiale, le premier étage ayant été transformé, pour la plus grande partie, en appartements de réception.

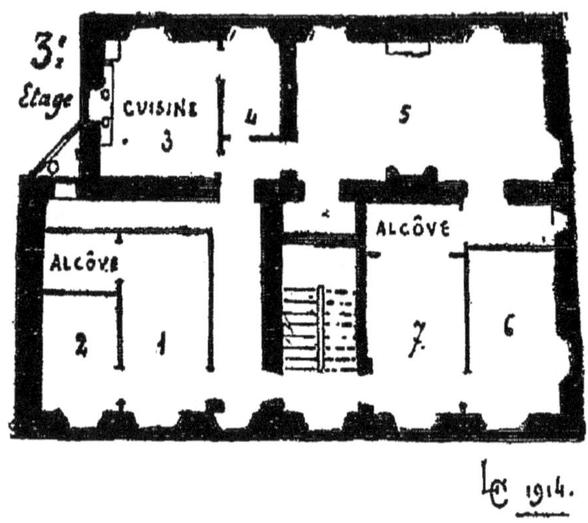

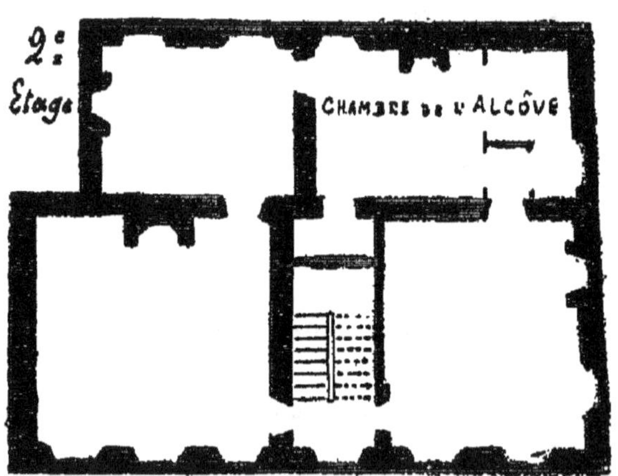

Quant aux meubles d'avant la Révolution, ils ont été pillés et dispersés. Les principaux pour l'histoire ont été retrouvés : le lit de Madame Letizia, le canapé de la naissance, le berceau dans la famille Sebastiani, le mobilier de la chambre de Napoléon enfant ; quelques fauteuils, canapés, tables à jeu.

Les autres meubles, d'un caractère moins simple : commodes,

secrétaires, bahuts en marqueterie, bergères, consoles, appliques, glaces à trumeaux, lustres, pendule, statuettes en bronze — le clavecin et la chaise à porteur, etc... tout cela date du relèvement de la famille et de temps plus modernes.

Dr CHARLES BARBAUD.

Décembre 1912.

P. S. — Depuis la rédaction de cet article, on a découvert, dans des archives privées, le décompte des travaux de la maison en 1797, signé de Fesch et de Braccini, l'homme d'affaires des Bonapartes. Par le nombre des journées d'ouvriers, par la quantité des matériaux employés et le cubage de la maçonnerie, il est aisé de se rendre compte que l'immeuble n'a pas été reconstruit, mais seulement réparé.

Après les arguments exposés plus haut, ce décompte final constitue la preuve la plus convaincante, la preuve matérielle, celle qui clôt toute discussion.

LES ESQUISSES DE GÉRARD

AU MUSÉE DE VERSAILLES

Au cours d'une carrière glorieuse, le baron Gérard ambitionna de jouer un rôle analogue à celui de David, qui fut son maître; mais d'immenses toiles comme la *Bataille d'Austerlitz* ou l'*Entrée d'Henri IV à Paris* ne sauraient le classer parmi les grands peintres d'histoire. Il est surtout assuré de vivre comme portraitiste; car, indépendamment de leurs qualités picturales, ses portraits offriront toujours un extrême intérêt au point de vue historique et social.

Nulle part on ne s'en rend mieux compte qu'à Versailles. Le Musée possède une suite d'*esquisses* qui rappellent les grands portraits d'apparat que, de 1796 à 1836, c'est-à-dire durant près d'un demi-siècle, commandèrent à Gérard nos rois et tous les personnages en vue qui détenaient alors en France la faveur ou le pouvoir.

D'un format à peu près uniforme, ces esquisses s'offrent à nous sous l'aspect tantôt d'une ébauche lestement enlevée, tantôt d'une œuvre beaucoup plus travaillée et qui ne laisse guère désirer un coup de pinceau de plus. Plusieurs ont été vraisemblablement peintes de mémoire, postérieurement à l'œuvre définitive, afin de permettre à l'artiste d'en garder par devers lui le souvenir.

Ces petites toiles — un seul portrait est sur panneau de bois — sont au nombre de quatre-vingts. Demeurées jusqu'à la mort du peintre dans son atelier, elles passèrent directement de là dans nos collections nationales, le Gouvernement d'alors s'en étant porté acquéreur pour le prix global de 11.050 francs, prix infime qui serait pour le moins décuplé s'il fallait aujourd'hui en fixer la valeur. Un pareil ensemble constitue, en effet, une galerie unique au monde. L'élite de la société française, sous le Consulat et le Premier Empire, aussi bien que dans les périodes qui suivirent, revit, dans cette suite d'effigies, avec un relief, une vie, une variété d'allures tout à fait caractéristiques de chaque milieu et de chaque époque.

Au surplus, l'intérêt de ces petites toiles ne réside pas seulement dans leur valeur historique et documentaire, mais aussi dans leur valeur picturale. Elles ont ceci de remarquable, d'être très supérieures aux grands portraits destinés à orner les châteaux ou les palais impériaux et royaux, les demeures princières ou les salons à la mode. Gérard n'est pas un peintre de grande allure : il manque de puissance; il est contraint devant une toile de vastes dimensions; mais il a, par ailleurs, un coup d'œil prompt et sûr, une compréhension rapide des modèles les plus divers, le sens très affiné du décor le plus propre à les faire valoir, une connaissance parfaite et quasi féminine de la toilette, en un mot le goût de toutes les élégances. Son coloris évidemment un peu mince gagne en éclat et en vigueur dans l'étude de premier jet : il est fort agréable; l'influence des maîtres anglais s'y fait sentir, soit dans les fonds où le souvenir de Reynolds est visible, soit dans ses figures surtout féminines où Lawrence marque sa trace. Personne n'a su, comme Gérard — je parle des portraitistes français de son temps — dresser en pied une silhouette d'homme en lui communiquant une élégance qui n'est jamais banale; et il est peu de ses portraits de femmes qui ne joignent au charme personnel émanant du modèle, une grâce particulière inhérente à la peinture même.

C'est que le peintre qu'était Gérard se doublait d'un parfait homme du monde, encore qu'il fût d'origine plébéienne. Mais la vie de cour l'avait façonné. Peu à peu son atelier était devenu le rendez-vous d'une élite : on se disputait l'honneur d'être reçu chez lui, comme l'atteste sa *Correspondance*, malheureusement trop incomplète encore. Trente ans durant, le « Salon » de

Gérard demeura un cercle choisi où se réunirent, outre ceux dont on verra dans ces esquisses les délicieux portraits, nombre d'hommes et de femmes d'esprit, des beautés fameuses, des écrivains et des savants. Ce Salon ne se ferma qu'à la mort de Gérard, qui s'éteignit brusquement, le 11 janvier 1837, le jour même où il avait coutume de recevoir ses amis.

L'Impératrice Joséphine.

« Plus rien ne subsiste d'elle qui instruise de ses goûts et de ses habitudes, des lignes de son corps et de la tournure de son esprit, hormis des portraits disparates, des mots flottants, des anecdotes controuvées, de confus témoignages. » — Nous faut-il accepter d'aussi décevantes constatations, comme les formula naguère Frédéric Masson, en des pages qui lui seront comptées au nombre des plus heureuses qu'il ait écrites par ceux-là mêmes qui l'ont trouvé sévère dans ses jugements?

Nous ne le pensons pas. On pourra toujours se représenter ce que fut la femme d'après les innombrables portraits évidemment « disparates » que nous possédons, si décevante qu'en puisse être l'étude la plus minutieuse et la plus attentive, leur valeur d'art nous est le plus sûr témoignage de leur fidélité émotive.

Prud'hon nous a légué la plus précieuse image de l'impératrice Joséphine, telle qu'on aime à se la représenter à la veille du divorce. Gérard, de son côté, a fixé, dans le portrait de 1802, une image non moins significative de ce que dut être, à l'approche du Sacre, celle qui allait réaliser ce rêve inouï de gravir les marches du trône impérial.

1802. — Dans un boudoir tendu d'une soie aux reflets d'or où, sous un moelleux tapis, s'étouffent les pas et dont la loggia laisse apparaître au dehors la ramure frissonnante des grands arbres, est assise, sur un divan, la femme du Premier Consul. Son attitude, hardie et languissante, nous la montre songeuse, ayant déjà sans doute la divination de son triomphe. Le bouquet odorant, qu'elle tenait tout à l'heure à la main, jeté brusquement loin d'elle, sur le divan, ne trahit-il pas son secret?

Frédéric Masson écrivait encore : « N'est-ce pas ainsi qu'elle voudrait être représentée pour plaire... elle qui tant qu'elle vécut a fait de plaire son unique étude? Plaire! non pas seulement pour un but, pour un intérêt, mais pour rien, pour le plaisir..., plaire d'une phrase, d'un mot, d'un geste, d'un sourire, plaire toujours et plaire à tous comme si la vie en dépendait, c'est elle et c'est tout elle... »

En vérité, le charme opère toujours!

L'Impératrice Joséphine, 1807.

Joséphine en 1802.

Photo Fred Boissonnas
12, rue Boissy d'Anglas, Paris.

1807. — Après Tilsit. Sans espoir désormais de combler les vœux de l'Empereur et d'assurer la perpétuité de sa race, Joséphine pouvait-elle se faire encore illusion sur la durée de son pouvoir? N'importe, elle luttera jusqu'au jour fatal de la déchéance et, au fond du cœur, ne cessera jamais de se considérer comme la femme de l'Empereur.

Sa destinée lui est un jour apparue merveilleuse ; ne peut-elle pas s'imaginer qu'elle continuera à lui être favorable? N'est-elle pas faite pour être adulée, pour recevoir hommages et honneurs ?

Voyez quelle attitude aisée et charmante ! Sous la couronne diamantée son visage, mobile et joli sur son long cou, s'anime de gaieté ; ses yeux rient, quêtant partout les hommages. D'un geste nonchalant, elle se fait accueillante et affable, prête d'instinct à un mot du cœur, un mot gracieux, un mot encourageant et qui console. Chez elle, aucune contrainte ; nulle étiquette et nulle fatigue ne lui pèsent.

Gérard a très bien exprimé tout cela. La grâce est partout répandue sur le visage de la souveraine, qu'éclaire un délicieux sourire : son attitude est vraiment royale. Et comme le luxe qui l'entoure paraît ici naturel, comme la toilette sied à la femme qui sait toujours y mettre le goût le plus raffiné ! La coquette triomphe au milieu de cette harmonie blanc et or, que rehausse ce flot de velours, de pourpre, d'hermine et de soie qui vient se rouler mollement à ses pieds.

* * *

Ne faisons pas fi de pareils « témoignages ! » Et entre tous ceux que nous possédons, ceux-ci sont encore les plus dignes de foi, les plus évocateurs de la personne que nous n'avons pu connaître. Ils ne nous livrent pas, certes, tous les secrets du modèle ; mais ils nous les laissent en partie entrevoir.

Pour Joséphine, nous avons cette chance que les documents qui nous la révèlent se complètent. Par Prud'hon et par Gérard, nous possédons de cette femme attirante trois images successives, tout-à-fait supérieures chacune en leur genre : elles résument pour nous une vie toute entière. Ici, c'est la femme du Premier Consul ; — là, l'Impératrice couronnée ; — et enfin, dans la solitude de ses beaux jardins de Malmaison, l'Épouse répudiée : à Prud'hon revient la gloire d'avoir fixé la dernière image, la moins fastueuse sans doute, mais, en sa mélancolique expression, la plus sympathique de toutes assurément.

Joachim Murat.

Voici deux esquisses qui nous présentent, sous les dehors également fastueux qui s'accordèrent si bien avec son étonnante fortune, un fils aventureux de la terre de Gascogne, qui destiné d'abord à l'Eglise, devint un jour roi. Le voici, en 1801, « général de division », et en 1812 « roi de Naples ». On croirait voir les pages d'une de ces légendes qu'aimaient jadis à répandre à travers la France nos vieilles images d'Epinal.

1801. — Cette première esquisse, demeurée à l'état d'ébauche, mais qu'éclaire un ciel d'apothéose, nous montre le héros au début de sa prodigieuse carrière, superbe de stature, de force et d'audace, le visage épanoui d'un sourire de la plus naïve fatuité, le jarret tendu, cambrant le torse en véritable *comediante*, grisé d'un luxe d'assez mauvais goût. Mais tout cela s'oublie. A cette heure, Murat n'est encore qu'un soldat admirable dont la bravoure n'a point d'égale. « C'est — a-t-on dit — le plus étonnant entraîneur d'hommes, l'officier de cavalerie qui, sur le terrain, a le coup d'œil le plus juste, l'action la plus prompte, une forme d'audace qui n'est qu'à lui, une désinvolture devant la mort, une aisance à l'affronter qui la rendent négligeable pour ceux qu'il emmène après lui... »

Au seuil du Palais où le bonheur lui sourit, Murat a vraiment l'air de ne plus tenir en place. Il a respiré l'odeur de la poudre ; il veut sa part de dangers. Encore un instant et il sera en personne au fort de la mêlée.

1812. — Il est parvenu au faîte. A Naples, depuis 1808, il occupe le trône des Bourbons. La pourpre l'écrase ; mais plus elle pèse sur ses épaules, plus lui-même semble vouloir en accroître le poids. Cet homme de si belle prestance est là contraint, comme gêné sous le fardeau du pouvoir : il étouffe littéralement sous l'hermine, le velours et la soie. On le sent débile à porter le sceptre et la couronne ; peut-être sentait-il déjà la fragilité d'un trône qu'il n'avait les moyens ni d'affermir ni de défendre. Peu d'années le séparent du drame de Pizzo !

*
* *

A chaque étape de son ascension, Murat a éprouvé le désir d'en fixer le souvenir. Il a confié ce soin à Gérard.

A l'artiste, clairvoyant par nature, il n'a pu échapper qu'avec la fortune grandissante de Murat croissait chez lui une vanité presque maladive. D'une esquisse à l'autre, on sent l'intérêt ou plutôt la sympathie de l'artiste décroître pour son modèle. Gérard a commencé par dessiner la superbe silhouette du soldat avec une fermeté de lignes qui en accuse les formes sculpturales. Puis devant le roi de théâtre « qui se forge

MURAT, 1801.

MURAT, ROI DE NAPLES, 1812.

Photo Fred Boissonnas
12, rue Boissy d'Anglas, Paris.

des chimères et se croit un grand homme », l'artiste, retenant un sourire, s'est amusé à le charger des vêtements les plus lourds, les plus riches, les plus voyants, en accumulant sur lui et autour de lui un luxe inimaginable !

Camille Borghèse.

Comme il est bien !... — C'est un Prince ! A peine l'eut-elle vu que la veuve éplorée du général Leclerc s'en amouracha. « La perte d'un époux ne va point sans soupirs : — On fait beaucoup de bruit, et puis on se console. » La divine Paulette épousa le Prince, en eut vite du regret et de nouveau s'en consola : l'Histoire nous l'a dit sans ménagements.

Il n'y a rien de plus à dire du prince Borghèse. Le peintre ne nous en dit pas davantage, mais comme il le dit bien ! De ses pinceaux les plus caressants, il met sous nos yeux un joli brun, bien pris dans sa petite taille, portant à ravir l'habit de cour d'un bleu chaud rehaussé d'or, le grand cordon de l'Ordre, manchettes, collerette et cravate de dentelles, et puis, rejeté sur l'épaule, le manteau court doublé d'hermine et piqueté d'abeilles d'or. A la main, une toque de même couleur empanachée de plumes blanches.

En somme, beaucoup d'allure, une physionomie pleine de promesses. Cet homme élégant se meut avec aisance dans le somptueux décor où il s'est fait peindre, une harmonie en bleu, blanc et rouge, qui est une très charmante flatterie, à la française.

« La jolie figure du futur — dit un contemporain — me frappa. J'ignorais la stagnation complète de pensées qu'il y avait sous cette enveloppe toute méridionale; et cette tête, aux yeux charbonnés, à la chevelure de jais, me semblait devoir contenir des idées non seulement chaleureuses, mais grandes et nobles. Pour dire la vérité, je ne l'avais pas regardé avec attention, car, alors, on trouvait dans ce sourire perpétuel, ce regard hébété, quoique toujours actif, la nullité absolue que ce pauvre prince Camille nous a montrée depuis, et dont alors il donnait, au reste, une preuve par son mariage. »

On ne se serait pas permis une peinture aussi libre, sans consulter les contemporains. Il faut bien croire sur parole une personne aussi avisée que Mme de Rémusat, si à même de bien voir et qui savait voir, puisqu'aussi bien les deux portraits concordent, celui du mémorialiste et celui du peintre.

Ajoutons, pour être complet, qu'on n'en doit pas moins quelque reconnaissance à ce Prince pour avoir doté la France d'inestimables trésors, en lui léguant une grande partie de sa collection de sculpture antique, qui contenait notamment un chef-d'œuvre, le *Gladiateur*, orgueil du musée du Louvre.

Le général Auguste de Colbert.

Tout, dans cette figure, inspire la plus vive sympathie. Et à supposer même qu'on ignorât les étapes d'une carrière militaire qui fut aussi courte que brillante, qu'on ne sût rien de l'homme dont le caractère ne fut pas moins ferme ni d'une trempe moins bonne que ne l'était sa bravoure — qu'atteste cette parole du « brave des braves » : « Je ne dors tranquille que lorsque Colbert commande aux avant-postes. » — on n'en resterait pas moins sous le charme de cette fine et aristocratique figure de soldat.

Une tournure juvénile survécut, en effet, chez lui, à toutes les fatigues de la vie militaire, à une époque où pourtant l'on se reposait d'une campagne par une autre plus rude encore. A cette naturelle distinction s'ajoutait une élégance quasi féminine qui contrastait avec ce que l'on sait de l'énergie de cette âme trempée au feu de toutes les épreuves. De grande famille, Auguste de Colbert avait tous les dehors de l'homme de race : beauté physique, manières courtoises ; et ce galant homme était en même temps le plus fin diplomate.

« Une jeune fille — a-t-on dit — eût envié la blancheur de son teint, la délicatesse de ses traits. Ses cheveux bouclés étaient du blond cendré le plus doux, ses yeux d'un bleu clair ; son regard, habituellement sérieux, devenait, en s'animant, singulièrement fin et spirituel, et répondait alors à l'expression un peu railleuse de sa bouche ; l'élégance, la pureté de la ligne du front et du nez rappelaient les plus beaux profils grecs. »

Le peintre n'a fait ici que transposer cette impression. Entre tant d'esquisses de Gérard — je ne parle que de ses portraits d'hommes — il en est peu d'aussi séduisante. L'heureuse rencontre d'un coloris de la touche la plus délicate et d'un mâle dessin vient justifier l'attrait exceptionnel de ce délicieux portrait, auquel s'applique si bien cet épigraphe : « Auguste Colbert, remarquable entre les plus remarqués, était de ces hommes auxquels la guerre doit les premiers grades ou la mort des héros ».

Madame Tallien.

Les mémorialistes ont loué à l'envi « la beauté animée et charmante » de Mme Tallien, « son air qui réunissait la vivacité française à la volupté espagnole », son amabilité, sa bonté et son esprit, sans se faire faute

Camille Borghèse

Le général Auguste de Colbert

Photo Fred Boissonnas
12, rue Boissy d'Anglas, Paris.

d'ajouter au récit déjà suffisamment romanesque de sa vie réelle mille contes relatifs aux excentricités de sa mise et de son caractère. L'accord n'a pas été aussi parfait parmi les peintres. Laneuville, en l'an V, a fait d'elle un portrait qui nous la montre dans un cachot à la Force plus touchante que belle. David l'a peinte aussi, avec un accent de vérité qui lui laisse peu d'attraits. Gérard, décidément, aura été son meilleur portraitiste. L'esquisse du grand portrait, qu'il peignit en 1804, est une œuvre forte et charmante.

L'air d'une statue antique, mais ayant gardé cette allure de déesse qui s'accuse d'autant plus chez cette belle personne qu'elle porte, à peine retenue sur l'épaule par un camée, une robe des plus molles qui la drape plus qu'elle ne l'habille : telle apparaît Mme Tallien dans cette spirituelle ébauche. On aperçoit un jardin par une porte-fenêtre, dissimulée derrière elle, sous un lourd rideau cramoisi ; et tandis que dans cette clarté elle s'avance d'un pied léger, toute blanche et couronnée de roses, on dirait qu'elle émerge des parterres voisins comme une fleur rare, prête à s'épanouir en beauté dans le salon où elle pénètre à pas mesurés.

Heureuse trouvaille de peintre de l'avoir ainsi mise en lumière dans le cadre qui pouvait le mieux faire valoir sa beauté plantureuse et vive ! Gérard excelle à trouver de ces arrangements pittoresques qui atténuent les imperfections du modèle et laissent deviner, en revanche, ses qualités les plus secrètes. Un marbre vivant qui se détache sur un ciel clair, tel est ce portrait.

Qu'on relise, dans les *Mémoires* de Mme d'Abrantès, la description qu'elle a faite de cette éclatante beauté, puis, qu'on revoie le portrait de Gérard, on s'apercevra que l'écrivain et le peintre ont eu, pour ainsi dire, les mêmes yeux, ce regard charmé qui, une fois tourné vers cette créature d'exception, n'a pu ou n'a pas su refléter autre chose qu'un hommage complet à sa beauté. Seul Napoléon sut résister au charme ; jamais il ne consentit à admettre à sa Cour celle qui avait été l'une des reines de la mode sous le Directoire.

A cette date de 1804, ce n'est déjà plus Thérèse Cabarrus que nous avons sous les yeux, ni même la citoyenne Tallien, mais presque une autre femme, prête à convoler en troisièmes noces avec le prince de Caraman-Chimay.

Comtesse Walewska

« ... Elle était très blonde, avec de grands yeux bleus très naïfs et très tendres... Assez petite de taille, mais merveilleusement prise, si souple et si ondulante qu'elle est la grâce même... » J'avais relu ces lignes. Devant l'esquisse de Gérard, je me trouvai surpris et me permis de penser que la première fois qu'il la vit le général Duroc l'avait regardée avec bienveillance. On s'étonne qu'une personne aussi ordinaire — à en juger par nos yeux — ait été pour l'Empereur l'objet d'une passion si soudaine, irrésistible, et qu'il ait eu pour elle un attachement qui jusqu'à son dernier jour demeura presque sans défaillance?

Peut-on croire qu'à cette date de 1812, Gérard n'eut point le loisir, au milieu de tant de portraits qui l'occupaient alors et, en particulier, celui de l'impératrice Marie-Louise, de faire autre chose qu'une esquisse, remettant à plus tard de déployer tout son talent dans l'achèvement d'un portrait qui devait, pour le moment, passer au second plan.

Mais la vérité, j'imagine, est ailleurs. N'est-elle pas dans le caractère même de la jeune Polonaise? Patriote exaltée et d'une grande ingénuité de cœur, âme simple que troubla la situation imprévue où l'avait jetée cet idéal de liberté qu'elle rêvait pour son pays. La comtesse Walewska ne désira rien tant que se faire oublier, lorsqu'elle eut enfin compris à quel sacrifice inutile l'avait conduite un geste de noble exaltation. Modeste comme elle l'était, elle s'appliqua désormais à s'effacer autant que le lui permettait un maître exigeant et qui voulait à tout instant la voir briller dans des fêtes où sa simplicité de toilettes le choquait. Elles étaient invariablement blanches, grises ou noires ; et comme l'Empereur lui en faisait reproche : « Une Polonaise — répliqua-t-elle — doit porter le deuil de sa patrie. Quand vous l'aurez ressuscitée, je ne quitterai plus le rose. »

On comprend ce qu'il en dut coûter à la comtesse Walewska de se faire peindre. De là, sans doute, cette gaucherie, ce visage contraint, pour ne pas dire ennuyé, qui nous frappe dans ce portrait de Gérard, l'un des rares, sinon l'unique que nous connaissions. En dépit du mystère qui enveloppe cette romanesque aventure, celle qui en fut l'héroïne ne parvient pas à nous charmer, quelque soin qu'ait pris le peintre à nous intéresser à sa personne, en la plaçant dans un décor de nature à nous la rendre plus séduisante[1].

ALBERT FRANCASTEL.

1. Voir en encartage les conditions de la souscription à l'*Album complet des 80 Esquisses* de GÉRARD, à Versailles. Préface de M. André PÉRATÉ, conservateur du Musée de Versailles; notices de M. Albert FRANCASTEL.
Éditions d'art FRED BOISSONNAS, 12, rue Boissy-d'Anglas, Paris (VIIIe).

LA COMTESSE MARIE WALEWSKA, 1812.

MADAME TALLIEN, 1804.

Photo Fred Boissonnas
12, rue Boissy d'Anglas. Paris.

CHRONIQUE NAPOLÉONIENNE

Le livre d'or du centenaire de Napoléon en Pologne[1].

M. le comte Stanislas du Moriez nous a remis un exemplaire de ce Livre d'Or avec cette dédicace :

Le Comité de Rédaction a l'honneur d'offrir à la Direction de la Revue des Etudes Napoléoniennes *ce livre comme symbole de l'affection et de la reconnaissance des Polonais pour la France et ses grands hommes.* Varsovie, le 5 mai 1923.

Ignace Balinski, comte St. du Moriez, Dr Ch. Vacquerет.

Après Iéna et Berlin, Napoléon était arrivé à Posen, le 27 novembre 1806.

Toute la Pologne l'acclama dans un délire d'enthousiasme. Car la Prusse vaincue, c'est la Pologne ressuscitée. *Finis Poloniæ*, avait-on dit au moment du dernier partage, onze ans auparavant : « Non, non, la Pologne n'est pas encore morte ! *Jeszcze Polska nie zginela.* Toute la Pologne se mit à cheval pour suivre le Conquérant, le Libérateur, le Messie, comme dira A. Mickiewicz.

Le 2 décembre, Napoléon entendit à Posen le *Te Deum* célébré pour l'anniversaire de son couronnement et d'Austerlitz. C'est à Posen qu'il signa le décret qui ordonnait la construction du Temple de la Gloire en l'honneur de la Grande Armée.

Il quitta Posen le 17 décembre. Par Lowicz il était à Varsovie le 19. Il ne fit qu'y passer ; car il lui fallut d'abord écarter les armées russes : ce urent les sanglantes batailles de Pultusk, de Golymin et de Soldau.

Le 1er janvier, il put s'installer enfin à Varsovie. Il y resta jusqu'au 29. « Ce fut, dit Savary, un séjour enchanteur. » L'Empereur y connut la jeune comtesse Marie Walewska, la gracieuse image de la Pologne fervente et fidèle.

1. Un très beau volume in-quarto : l'édition française a été établie par M. le comte St. du Moriez ; elle est enrichie de très belles photographies de l'Exposition napoléonienne. On peut se la procurer en s'adressant à lui, *Journal de Pologne,* Varsovie.

Le 30, il dut partir pour repousser l'attaque des Russes. Ce fut Eylau. Il passa le printemps, avec la comtesse, au château de Finkenstein.

Puis ce fut Friedland, et Tilsit. Ce n'était pas encore la renaissance de la Pologne ; ce n'était que le Duché de Varsovie : — du moins une belle promesse.

On revit l'Empereur en 1812 pour « la seconde guerre de Pologne ». Il passa alors par Posen, Thorn, Danzig, Kœnigsberg. Il était à Vilna le 28 juin. Il y resta jusqu'au 16 juillet. Il songea à y construire un puissant camp retranché devant la Russie : c'est la fonction même de la Pologne.

Mais il s'enfonça dans les immenses steppes... jusqu'à Moscou. Il revint par la Bérésina en novembre ; par Vilna et Pultusk, il traversa Varsovie le 10 décembre, et Posen le 12.

Il entraînait la Pologne dans son désastre ; car l'indépendance de la Pologne est fonction de la grandeur de la France.

Sur le champ de bataille de Leipzig, Joseph PONIATOWSKI fut fait Maréchal de France ; au troisième jour de la bataille, il fut tué en traversant à cheval les eaux de l'Elster. Il était mort pour la Pologne..., et pour la France. Son image fut conservée pieusement, « sous le chaume, bien longtemps », par les paysans de France.

Napoléon à Sainte-Hélène, la Pologne au tombeau ?... Non, non, la Pologne n'est pas encore morte.

Et la Pologne, au lendemain de la Victoire qui a repris et achevé l'œuvre de Napoléon, a pu célébrer magnifiquement le Centenaire de la Mort de l'Empereur... Formidable leçon pour les Empires de proie.

*
* *

M. Stanislas DU MORIEZ, en rédigeant le *Livre d'Or*, a repris l'épigraphe que nous avions adoptée en constituant à Paris le 5 mai 1920, le *Comité du Centenaire*, sous la présidence d'honneur du maréchal FOCH.

« Le 5 mai 1821, à 6 heures moins 11 minutes du soir, au milieu des vents, de la pluie et du fracas des flots, Napoléon rendit à Dieu le plus puissant souffle de vie qui jamais anima l'argile humaine. » (Chateaubriand, *Mémoires d'Outre-tombe*).

On se rappelle nos somptueuses fêtes de Paris : la Cérémonie de *Notre-Dame*, présidée par S. E. le cardinal DUBOIS ; — la séance solennelle au *Grand amphithéâtre de la Sorbonne*, pour la clôture de notre Congrès Historique : — la Parade militaire du 5 mai, devant l'*Arc de Triomphe* et le Grand Soldat de France en présence de M. MILLERAND, Président de la République, et de M. BARTHOU, Ministre de la Guerre ; — et surtout l'inoubliable *Commémoration de la Mort de Napoléon en la chapelle du tombeau des Invalides*, l'absoute du cardinal DUBOIS, les chants funéraires, notamment celui de Gabriel FAURÉ, composé pour le Centenaire, l'épée d'Austerlitz remise un moment aux mains du maréchal Foch, et l'hommage du maréchal à l'Empereur au lendemain des Victoires qui ont refait Austerlitz et Iéna.

Quiconque a vu ces fêtes et senti leur signification en gardera toujours la pieuse et patriotique émotion. Il était juste que l'Empereur fût associé à notre immense victoire, puisque notre grand soldat dort son dernier sommeil sous l'Arc de Triomphe impérial.

Cependant en Pologne tous les cœurs vibraient d'une même émotion.

Le 2 mai, le général DU MORIEZ[1], par autorisation spéciale du Ministre de la Guerre, apportait à Varsovie quelques reliques de Napoléon : — le petit chapeau qu'il avait à l'île d'Elbe et pendant les campagnes de 1814 et de 1815 ; son glaive de Premier Consul, qu'il portait à Marengo ; son grand cordon de l'Ordre et le Grand Aigle de la Légion d'honneur ; le masque mortuaire moulé par Antommarchi ; l'aigle du drapeau d'un régiment de la Vieille-Garde ; un obus du champ de bataille de Waterloo, ramassé sur l'emplacement du dernier carré.

Ces reliques furent remises au général SIKORSKI, chef d'Etat-major général, et déposées d'abord à l'Ecole des officiers, confiées à leur garde.

Le 4 mai, les cérémonies commencèrent par une « Académie » solennelle qui fut tenue dans la Salle de la Cour suprême, en présence du chef de l'Etat et du cardinal-archevêque. Le Président de la Cour, M. Fr. NOWODWORSKI célébra Napoléon, le Grand Législateur, le fondateur de la Cour de Cassation de Varsovie, l'homme du Code. Il dit ensuite :

« Nous autres Polonais, nous n'oublierons jamais les belles paroles de Victor Hugo : « Deux nations ont joué dans la civilisation européenne un « rôle désintéressé, la France et la Pologne ; la France dissipait les « ténèbres, la Pologne repoussait la barbarie ; la France répandait les « idées, la Pologne couvrait la frontière. »

« A présent, la Pologne aussi couvre la frontière et repousse la barbarie, et la France, elle, comme à l'époque de Napoléon, non seulement elle répand ses idées, mais elle les défend aussi par ses victoires. »

On entendit ensuite un discours du professeur M. HANDELSMAN, *Les relations de la science polonaise et du problème napoléonien ;* — de M. Ch. LUTOSLAWSKI, *La signification de la législation de Napoléon pour la Pologne ;* « L'essence de ma gloire, disait l'Empereur à Sainte-Hélène, ce n'est pas que j'aie gagné quarante batailles — Waterloo efface le souvenir de mes victoires — ; mais rien ne détruira mon Code, qui vivra éternellement » : — de M. Henri KONIC, *Napoléon constructeur de l'Etat Polonais.*

Le 5 mai, les reliques de Napoléon furent transportées à la place de

1. Il est mort depuis, et sans doute ses derniers jours ont été embellis par la vision des fêtes qu'il avait préparées avec tant de cœur.

Saxe, où avait été dressé un magnifique autel avec l'image si vénérée de la Vierge de Czestochova. L'archevêque de Varsovie, cardinal KAKOWSKI, devant les troupes sous les armes, en présence du corps diplomatique qui avait à sa tête le nonce, cardinal RATTI — qui est devenu depuis le pape PIE XI — conduisit lui-même les cérémonies d'une grandiose *Messe de campagne.*

Au moment de l'élévation, une batterie d'artillerie, établie derrière les jardins de Saxe, commença une salve de 101 coups de canon.

Puis le cortège officiel se transporta à la place Warecki, appelée désormais *Place Napoléon :* le buste de l'Empereur y avait été placé sur une colonne triomphale. M. Arthur OPPMANN (OR-OT) y lut un superbe poème. M. BALINSKI déposa aux pieds de la colonne une couronne au nom de la ville de Varsovie, une autre au nom de Vilno. Le maréchal PILSUDSKI, commandant en chef et premier maréchal de Pologne, se tint avec son état-major devant le buste de Napoléon, pour présider au défilé des troupes.

On procéda alors à l'inauguration du *Musée National,* où avaient été déposées les reliques de l'Empereur : on les trouva couvertes d'une multitude de bouquets de violettes, émouvant hommage des dames de Varsovie.

A 5 heures, il y eut une « Académie » à l'Hôtel de Ville. M. Ignace BALINSKI, Président du Conseil municipal, y reçut une délégation du Conseil municipal de Paris, conduite par le Président, M. LE CORBEILLER. Après lui, le général NIESSEL, chef de la mission française, évoqua en termes vibrants les gloires du premier Empire. Le chef d'état-major, général SIKORSKI, parla ensuite, puis le colonel KUKIEL qui termina ainsi :

« Il perdit la guerre qui décidait du sort de la Pologne, et à ce moment commença la catastrophe qui devait le jeter sur le Rocher de Sainte-Hélène. La Nation polonaise ne l'oublie pas; pour les poètes de chez nous, il fut le créateur d'une nouvelle époque dans les fastes de l'humanité, de l'époque des peuples libres et fraternels. Ils le virent dans sa tombe « couvert du « manteau de soldat et cloué sur son épée comme sur la croix », et ils saluèrent son cercueil revenant dans sa patrie comme « le Cercueil des « Nations ».

« Ainsi, après l'horrible cataclysme de la guerre, pendant lequel la question de la liberté des peuples a progressé de siècles entiers, nous sentons le souffle de l'Esprit de Napoléon passer dans l'Histoire. »

Cette journée si remplie déjà se termina par une brillante réception dans les magnifiques salons du comte Édouard KRASINSKI, et par une représentation de gala au grand théâtre.

*
* *

Toute la Pologne avait acclamé Napoléon vivant, toute la Pologne célébra le Centenaire de sa Mort.

La presse y consacra des numéros spéciaux : la *Semaine illustrée*, le *Monde*, le *Soldat Polonais*. Le colonel KUKIEL publia un petit livre intitulé : *La vie de Napoléon racontée au Soldat Polonais.*

L'*Exposition Napoléonienne* au Musée national dura quatre mois ; on y vit, à côté des reliques, la salle de l'armée du Duché de Varsovie, la tenue et les équipements des régiments polonais des chevau-légers de la Garde Impériale, les souvenirs du général Henri DABROWSKI, ceux du prince Joseph PONIATOWSKI. Des centaines de milliers de Polonais y passèrent, avec la même piété que s'il avaient pu venir aux Invalides.

Des télégrammes arrivèrent de partout au Comité Napoléonien de Varsovie.

Pultusk — qui a son nom sur l'Arc de Triomphe de l'Étoile, — *Cracovie*, *Poznan*, *Lublin*, *Czestochova*, *Kielce*, *Kalisch*, *Radomsk*, *Kutno*, *Wloclawek*, *Zaleszczyki*, organisèrent d'imposantes cérémonies, revues et messes de campagne, à la gloire et en mémoire de l'Empereur.

A *Vilno*, les fêtes eurent un éclat particulier sous la présidence du Gouverneur, le général Lucien ZELIGOWSKI. Une inscription commémorative fut inaugurée au Palais du Gouvernement, où Napoléon avait séjourné en 1812.

Il y eut une grande revue sur la principale place de la ville, qui avait reçu des habitants en 1916, en pleine occupation allemande, le nom de *Place Napoléon*. Les troupes y défilèrent au son des airs napoléoniens, *Veillons au Salut de l'Empire*, de la *Marseillaise*, et du chant national polonais *Jerzcze Polska nie zginela*. Non, la Pologne n'est pas encore morte.

Il y eut une grande « Académie » au théâtre polonais : le buste de Napoléon sur la scène, entre drapeaux français et polonais, et deux tapisseries des Gobelins : *Bonaparte au pont d'Arcole*, et *La charge de Somo-Sierra*. La représentation se termina par la *Symphonie héroïque* de BEETHOVEN...

N'y a-t-il pas là les liens les plus forts qui puissent unir la France et la Pologne, puisqu'elles y communient d'un même cœur?

Solide garantie de la paix qui refit la grandeur de la France et ressuscita la Pologne.

Nous nous étions fait un devoir d'apporter à cette commémoration historique, à Paris comme ailleurs, notre contribution fervente. On nous permettra d'en garder quelque fierté.

EDOUARD DRIAULT.

LECTURES NAPOLÉONIENNES

Comte Boulay de la Meurthe. — **Histoire de la Négociation du Concordat de 1801**; — Tours, 1920, in-8°, VIII-515 p.

Georges Goyau. — **Histoire religieuse**; t. VI de l'*Histoire de la Nation française*, publiée sous la direction de Gabriel Hanotaux; — Paris, s. d. in-4° carré, 639 p.

La publication de l'ouvrage du comte Boulay de la Meurthe a été inspirée, nous dit-on, par le Centenaire de la Mort de Napoléon et par la reprise des relations avec Rome. Il n'était pas besoin de cette double occasion pour qu'il eût un intérêt historique capital.

Il renvoie naturellement aux *Documents sur la Négociation du Concordat et sur les autres rapports de la France avec le Saint-Siège*, 3 volumes publiés de 1891 à 1893, par la *Société d'histoire diplomatique.*

Nous en rappelons brièvement le contenu : — au premier volume, les bases du Concordat, la mission Spina, le projet du Premier Consul; — au tome II, Murat à Rome, la mission Cacault, l'ultimatum de Bonaparte; — au tome III, les négociations de Consalvi, la signature et les ratifications.

Ce tome III est suivi d'une table des noms, d'une table analytique divisée ainsi, pour faciliter les recherches : Nature et forme du Concordat, projets de Concordat, discussion des articles, mesures et questions accessoires.

Ces documents sont aussi complets que possible; car il en manque, non pas seulement les négociations verbales, toujours si essentielles en pareil cas, mais des pièces que l'abbé Bernier a détruites ou gardées par devers lui et qui ont été perdues, des pièces brûlées par Consalvi lors de l'entrée des Français à Rome, notamment la lettre envoyée au pape en juillet 1800 après le premier entretien de Bonaparte avec l'évêque de Verceil, où l'on trouverait la première idée et les formules fondamentales du Concordat.

Les *Archives du Vatican*, d'abord peu exploitées, l'ont été ensuite, aux appendices, — plus de 200 pages au tome III —, grâce aux recherches de l'abbé Rance-Bourrey. On regrette que ce dépouillement n'ait pas été poussé jusqu'au bout, ou qu'il ait été commencé trop tard pour se ranger dans l'ensemble de l'ouvrage à la bonne place.

En tout cas la documentation du récent volume du comte Boulay de la Meurthe se trouvait solidement établie[1]. Dans les quatorze chapitres touffus et copieux qui en résultent, nous avons distingué — et cela en dehors des documents jadis publiés — une première partie sur l'état religieux de la France. Il y faudrait peut-être aussi un état de la papauté; car la « philosophie » du XVIIIe siècle n'avait pas fait de « ravages » qu'en France, et il est vrai que le prestige de la papauté a été refait par le Concordat qui inaugure le grand siècle de la papauté qu'allait être le XIXe siècle.

Quoi qu'il en soit, on note en France l'oubli général des devoirs religieux ; — le clergé constitutionnel, encore fort de ses maximes gallicanes ; — le clergé royaliste, exilé et irréconciliable ; — le peu de succès même de la « promesse de fidélité », parce que reconnaître le Consulat, c'était renier la royauté de droit divin ; — en somme universel désarroi, malgré l'influence reconnue de l'abbé Emery.

La seconde partie, chapitres III à VI, nous conduit jusqu'à la fin de l'année 1800 : — l'ouverture de la négociation et les problèmes qu'elle pose ; l'élection de Pie VII à Venise sous la tutelle autrichienne ; la Papauté doit-elle se détacher de la protection du Saint-Empire et s'en aller vers la Révolution ?

Marengo décide l'orientation nouvelle ; du côté du Premier Consul, la raison d'État : « Comment avoir de l'ordre dans un État, dit-il à Rœderer, sans une religion ? La société ne peut exister sans l'inégalité des fortunes, et celle-ci ne peut subsister sans la religion... » Et ailleurs : « Ma politique est de gouverner les hommes comme le grand nombre veut l'être. C'est là, je crois, la manière de reconnaître la souveraineté du peuple. C'est en me faisant catholique que j'ai fini la guerre de Vendée, en me faisant musulman que je me suis établi en Égypte, en me faisant ultramontain que j'ai gagné les esprits en Italie. Si je gouvernais un peuple juif, je rétablirais le temple de Salomon ».

Les avances du Premier Consul furent naturellement fort bien accueillies à Rome, où l'on s'efforça d'en tirer le plus de profit, même au point de vue territorial. Spina pourtant ne se montra pas d'abord trop pressé, car le régime consulaire, autour de l'attentat de nivôse, lui parut encore mal établi : Bonaparte enregistra ces retards et ces calculs, prêt à agir en conséquence.

Ce fut alors la crise de la négociation jusqu'en mai 1801. Il fallut écarter la question territoriale et rester dans le spirituel. Il fallut renoncer à faire reconnaître la religion catholique pour « dominante ». Il fallut compter avec l'opposition de Talleyrand, d'Hauterive, d'une

1. Nous nous permettons de renvoyer en outre à notre *Napoléon en Italie*, ch. VII, où nous avons dépouillé, au point de vue de l'Italie napoléonienne, la correspondance de Cacault et celle d'Alquier.

bonne partie de l'opinion. Murat entra dans Rome, avec des troupes. Il y eut menace de schisme; la congrégation des cardinaux s'affola de cette « politique infernale ». Là-dessus arriva l'ultimatum consulaire du 28 mai.

Et le dénouement fut lancé, en vitesse, comme une charge de cavalerie, au soir de la journée. Consalvi courut à Paris; il eut de fameuses tribulations à Malmaison. Le soir du 14 juillet : « Quand partez-vous ? » lui dit Bonaparte. — « Après dîner », dit Consalvi. Beau sang-froid qui aida à la conclusion.

On signa le 15, et les ratifications marchèrent rondement.

Et M. Boulay de la Meurthe conclut en caractérisant la part de Bonaparte « dans cette grande œuvre qu'il a conçue hardiment, qu'il a conduite et soutenue avec une connaissance exacte de la réalité, avec ses habitudes de clarté, de persévérance et de décision. Il a fallu à Bonaparte son bon sens pour discerner dans la foule le sentiment religieux qui sommeillait, pour comprendre la nécessité de le réveiller, s'il voulait compléter la réorganisation de la France, en fortifiant par les pratiques du culte demeuré national la famille et les mœurs privées, en redonnant l'ancien appui de la doctrine catholique à la législation et au gouvernement. Les préjugés contraires qu'il rencontrait dans son entourage et dans une partie de la nation, bien qu'appuyés sur les maximes de la Révolution et de la philosophie, ne l'ont jamais détourné de son dessein, parce qu'il avait la certitude d'être engagé dans la voie véritable. »

***

Il faut envelopper ces tractations plus temporelles que spirituelles, peut-être de part et d'autre, dans le pénétrant mysticisme du beau livre qui conduisit d'emblée et tout naturellement M. Georges Goyau à l'Académie Française. Il dépasse le cadre de nos études ; il y appartient pourtant, même en dehors des pages qui sont consacrées à l'histoire religieuse des deux Empires.

Il y a longtemps déjà, une trentaine d'années, M. Georges Goyau avait élevé à la Rome du Christ, sous le titre de *Vatican,* un magnifique monument d'histoire et d'art. Puis sur les traces de saint Boniface il avait entrepris la reconquête catholique de l'Allemagne redevenue barbare sous le chancelier de fer précurseur d' « Attila », et nous le voyons avec émotion y fonder la restauration de l'amitié française dans les pays du Rhin, la « rue aux prêtres », le grand fleuve des évêchés et des monastères chrétiens du moyen âge.

Son *Histoire Religieuse* de la nation française est d'une très forte composition, comme toute sa carrière d'historien. En son premier livre elle va de saint Pothin martyr à saint Boniface martyr : c'est l'évangélisation de la France et l'évangélisation par la France; — au livre II, du Sacre de Pépin le Bref à la canonisation de saint Louis : vers le XIIIe siècle chrétien ; — au livre III, de la guerre contre Boniface VIII à la paix avec Léon X : la crise gallicane; — au livre IV, du Concordat à la Révolution française ; — le livre V étudie au point de vue religieux la France du régime moderne.

Nous ne la suivrons pas dans tous ses développements. Nous en voulons relever seulement les deux idées fondamentales qui valent pour l'époque napoléonienne autant que pour le reste de notre histoire religieuse dont elles définissent la substance morale.

« L'évangélisation de la France » : la France est la fille aînée de l'Eglise. Citons à ce propos cette jolie phrase (p. 19) : « Comme certains vêtements accusent les formes qu'ils ont l'air de recouvrir, ainsi parfois les végétations de la légende, au lieu de cacher sous leur encombrement la vérité de l'histoire, donnent à cette vérité un relief et une vie. » — Comme M. Georges Goyau a raison, contre ces prétendus historiens qui ne cherchent l'histoire que dans les Archives et croient la reconstituer en enfilant des fiches ! C'est que le procédé est facile.

Ce n'est pas une histoire politique que nous a donnée M. Georges Goyau; c'est une histoire religieuse, dans tout le sens et toute la force de l'expression.

« L'évangélisation de la France », c'est-à-dire saint Irénée luttant contre les hérésies et l'esprit spéculatif des Grecs ; — saint Martin et la conversion des campagnes. — Mais aussi la fille aînée de l'Église aida Rome à garder l'unité de sa doctrine, toute la fermeté de la foi, la « porte » sur laquelle les puissances de l'enfer ne prévaudront point. Et ce fut l'action de Cluny, et celle de saint Bernard, et celle du plus grand des rois de la terre, saint Louis, et celle des grands conciles du XVe siècle, où le rôle de la France fut prépondérant, et l'assimilation d'Aristote par la théologie du moyen âge ; puis l'œuvre de saint Ignace et des Jésuites, Marie Alacoque et le culte du Sacré-Cœur; et Montmartre, la colline jumelle de Sainte-Geneviève; et le Concordat de 1801 qui ramène la France à la tradition romaine et prépare la fin du gallicanisme ; et le Concile œcuménique du Vatican, la doctrine de l'infaillibilité pontificale, le roc inébranlable de l'unité catholique.

Plus grand encore peut-être le spectacle de l'évangélisation par la France, de la grande France missionnaire. « Séminaire d'évangélisation » dès les premiers siècles, elle eut ses apôtres dans les pays barbares de la Germanie, comme l'Eglise orthodoxe dans les pays barbares de Slavie, et plus tard, dans les pays neufs d'Amérique et d'Afrique : de saint Boniface au cardinal Lavigerie ; — la France des Croisades; les

Jésuites de France au Canada, au Paraguay, au Japon, en Chine ; — la « grande France de l'au delà », de l'au delà des mers ; la France catholique partout, inlassablement, comme éternellement; vers la fraternité universelle, par la charité chrétienne ; vers une humanité meilleure...

Qui y contredirait ? Qui nierait que l'universalité du catholicisme — on pardonnera ce pléonasme — n'en fasse un instrument puissant, le plus puissant, de la paix entre tous les peuples de bonne volonté ?

Et l'*Histoire religieuse* de Georges Goyau est par là-même une œuvre d'évangélisation, un chapitre émouvant de la mission séculaire de la France, un acte de foi et d'espérance...

ÉDOUARD DRIAULT.

Hector LEFUEL. — **Georges Jacob, ébéniste du XVIIIe siècle (1739-1814).** — 1 vol. in-4° carré de 422 pages. Editions Albert Morancé, 1923.

L'auteur de cette monographie critique très érudite, M. H. LEFUEL, porte un nom plusieurs fois illustré dans le monde des Arts. Il est l'arrière-petit-fils du premier des Jacob, et le petit-fils de l'architecte de Napoléon III à qui l'on doit, pour une grande part, le nouveau Louvre construit entre 1852 et 1868. Il est en outre par sa mère le petit-fils de l'ancien et regretté directeur de l'Ecole de Rome, M. Eugène Guillaume, qui fut sculpteur et membre de l'Académie française. Il a donc de qui tenir et, pour ses débuts, il vient de nous donner un livre excellent comme reproductions (elles sont au nombre de 24) et comme texte. Les deux dernières planches sont particulièrement originales et typiques.

Préparant et méditant son sujet depuis nombre d'années, le dotant au fur et à mesure d'une longue observation journalière et de ses nombreuses lectures, de tous les renseignements sévèrement contrôlés qu'il recueillait, ayant fait non moins de studieuses séances aux Archives nationales, où il relevait tous les comptes de meubles fournis à la dernière Maison royale de l'Ancien Régime, M. Lefuel est arrivé à reconstituer, avec tact et avec mesure, une époque entière.

Son livre, très clairement ordonné, ouvre une série, car l'auteur ne peut se dispenser de continuer l'étude des autres frères, les célèbres ébénistes Jacob-Desmalter, qui furent aussi à leur époque, c'est-à-dire sous Napoléon Ier, les fournisseurs de la Cour.

L'on sait que cette dernière période historique est une des plus brillantes et des plus riches pour l'ébénisterie parisienne. Aussi, et nous le savons de bonne source, ce premier volume si intéressant sera suivi de plusieurs autres non moins recommandables. Ils sont vivement attendus.

Qu'avait-on écrit jusqu'ici sur les Jacob ? Très peu de chose et pas d'ouvrage spécial. D'assez nombreux passages leur étaient consacrés dans les manuels, et la plupart du temps quand ils ne se contredisaient pas, ils se répétaient. Le progrès en ces dernières années sur la matière, avait surtout consisté dans l'édition des photogravures très suggestives (par exemple pour les sièges fabriqués par les Jacob). Le Mobilier national en effet en a conservé un assez grand nombre et, grâce aux marques et signatures ou poinçons, l'erreur n'était pas possible.

Il en paraissait également aux catalogues et dans les expositions des grandes ventes. Les experts ne manquaient jamais de les signaler. La réputation du nom était faite, l'histoire de leur maison demeurait inexistante, parce que le travail à lui consacrer se rattachait à la méthode scientifique, c'est-à-dire à la lente et patiente recherche dans les archives publiques et privées. Personne n'avait le loisir de s'y livrer et de remplir ces conditions, dans un temps surtout où l'on est accoutumé à mener une vie fiévreuse et où l'on veut produire vite et beaucoup sans creuser un sujet.

M. Hector Lefuel avait des raisons contraires pour se faire l'historien des Jacob. Il s'est soumis à toutes les conditions voulues pour épuiser le sujet et en faire sortir de fructueux travaux.

Dans ce volume consacré au premier en date de la lignée des célèbres ébénistes, nous trouvons d'après les archives notariales pieusement fouillées et reproduites, d'inestimables documents biographiques qui permettent d'éclairer et de suivre la filière des diverses générations d'ancêtres ; un développement consacré à une savante iconographie, élément qui n'est plus à négliger par les historiens et qui ajoute beaucoup de saveur à un ouvrage ; de nombreux détails sur l'œuvre, enfin la reproduction d'après les pièces originales des commandes de meubles pour le Roi à Versailles, pour Marie-Antoinette, le comte d'Artois et le comte de Provence, tant à Maisons qu'au Temple, à Brunoy, etc.

L'ouvrage est enrichi de la mention de nombreuses sources et comble enfin un vide très grand dans les bibliothèques.

Paul Marmottan.

T. Lothrop Stoddard, A.-M., Ph. D. (Harv.), **The French Revolution in San Domingo** (Boston and New-York Houghton Mifflin Company, *The Riverside Press Cambridge*, 1914), 1 vol. in-8°, 300 pages.

M. Lothrop Stoddard attribue une importance particulière à la question des races, qui, selon lui, domine l'histoire et fait la philosophie de l'histoire. A ce point de vue l'affaire de Saint-Domingue est d'une gravité exceptionnelle, puisqu'elle fut le premier conflit entre deux doctrines, celle de la suprématie de la race blanche et celle de l'égalité des races, puisqu'elle marqua l'avènement des Noirs à l'indépendance politique et leur première victoire sur les Blancs.

Ce n'est cependant pas « l'un des épisodes les plus caractéristiques de la carrière de Napoléon » ; tout au plus en serait-ce un dè sa politique coloniale, qui n'est qu'une partie de son œuvre, et une partie de bonne heure sacrifiée, dès Saint-Domingue. M. L. Stoddard ne consacre d'ailleurs ici à Bonaparte que quelques pages, qui ne sont pas absolument nouvelles, mais qui s'éclairent d'une vive clarté, à être replacées dans le milieu historique auquel elles appartiennent.

Les premiers chapitres constituent une introduction très précise et expressive, sur l'histoire antérieure de Saint-Domingue, sur son éclatante prospérité au XVIIIe siècle, sur ses populations : les Blancs ; — les Créoles, leur nature spéciale née du climat et de l'habitude du commandement sur les Noirs ; — les Mulâtres et la *color line*, ou la barrière des castes ou des races, qui est la clef de toute cette histoire ; l'énorme population des esclaves Noirs, décimée par une effroyable mortalité, renouvelée par de continuelles importations d'Afrique, Guinée ou Congo ; — les nègres marrons, *outlaws* embusqués dans la montagne, prêts aux pires vengeances ; — un tonneau de poudre où allaient tomber les étincelles de la Révolution : la figure est saisissante de vérité.

La première agitation sérieuse se produisit en effet au sujet de la convocation des États Généraux. Puis la *Déclaration des Droits de l'Homme et du Citoyen* : « Tous les hommes naissent et demeurent libres et égaux en droits », eut une répercussion formidable, et les mulâtres et les noirs aussitôt revendiquèrent leurs droits civils et politiques.

C'est là une histoire très neuve et dramatique, mais qui dépasse le cadre de nos études : l'Assemblée de Saint-Marc ; — le décret du 15 mai 1791 ; — l'insurrection des Noirs du Nord ; — celle des Mulâtres dans l'Ouest ; — la loi du 4 avril 1792 ; — l'émancipation ; — l'intervention anglaise ; — la mission du général Hédouville ; — la guerre entre les castes et le triomphe de Toussaint Louverture.

Ici intervient Bonaparte. Il aurait peut-être fallu rappeler ici tout le programme colonial du Premier Consul, qui embrassait la Louisiane et toutes les « Indes Occidentales », et il y a toute une histoire diplomatique à suivre à cet égard. M. L. Stoddard n'a pas dépouillé là-dessus les Archives de notre *Ministère des Affaires étrangères*. C'est qu'il a voulu se tenir enfermé dans Saint-Domingue, et nous y devons rester avec lui.

Au reste la contribution qu'il apporte à cette histoire spéciale est décisive, et l'intérêt de son récit grandit dans ses derniers chapitres : — les Instructions du Premier Consul à Leclerc, p. 303-307, d'après nos *Archives nationales* et l'ouvrage de G. ROLOFF ; — l'arrivée de Leclerc et ses premiers succès militaires ; — la soumission des Noirs et celle de Toussaint Louverture, jusqu'à son enlèvement ; — mais aussi la fièvre jaune et ses ravages immédiats et effroyables ; — le rétablissement de l'esclavage à la Guadeloupe et ses funestes suites ; — la correspondance très émouvante de Leclerc, très abondamment citée d'après les *Archives de la guerre*, jusqu'à sa mort le 2 novembre 1803 ; — dès lors, la guerre anglaise, la capitulation de Rochambeau et le massacre des Blancs, l'indépendance de Haïti.

Tout cela est fondé sur une bibliographie très abondante et sûre, et surtout sur les documents de nos *Archives nationales*, et *coloniales*, et de celles de la *guerre*. Tout cela est exposé avec la plus grande clarté, une remarquable qualité de M. Lothrop Stoddard que nous avons retrouvée dans son plus récent ouvrage : *The new world of Islam* ; — donc une fort remarquable thèse, solide et sobre, que l'Université de Harvard a accueilli avec une faveur marquée et qui soutiendrait la comparaison avec les plus belles thèses d'histoire sorties de l'Université de Paris.

ÉDOUARD DRIAULT.

Jules DEVAUX. — **Le dernier combat de la campagne de France, Pithiviers,** 4 avril 1814. [*Annales de la Société historique et archéologique du Gâtinais,* 1923, 2e fascicule].

Au lendemain de la bataille de La Rothière, Pithiviers avait été un moment occupé par un parti de Cosaques, des êtres « fort mal vêtus, affreusement sales, de mauvaise mine, mais montés sur des petits chevaux qui couraient comme le vent et grimperaient un escalier » ; ainsi les vit un témoin. Sous une poussée des troupes du général Ismert qui venaient d'Espagne, ces bandes avaient disparu vers Montargis.

De Montmirail à Montereau, Napoléon menait alors sa foudroyante campagne.

L'Empereur vaincu, Paris pris, les Cosaques reparurent, sous le commandement de Tchernitcheff. Ils arrivèrent de Malesherbes et Puiseaux. Ils voulaient enlever un parc d'artillerie de 80 canons qui se retirait sur Orléans et Blois.

Un détachement de 120 hommes du 21e léger, commandé par le major Lebeau, s'y opposa. Il mit Pithiviers en état de défense, barricades dans les rues, retranchement de chariots sur la place du Martroi. Un parlementaire, le neveu de Tchernitcheff, se présenta pour sommer la ville ; il fut abattu d'un coup de fusil. La ville allait le payer cher. Le combat fut rude, il dura toute la journée du 4 avril. Les Cosaques perdirent beaucoup de monde ; Lebeau grièvement blessé fut pris, la plupart des défenseurs s'échappèrent à travers les maisons, les 80 canons furent sauvés.

Mais Tchernitcheff furieux ordonna le pillage de la ville. Ce fut un horrible spectacle, parmi d'affreuses scènes de viol, de meurtre et d'incendie. Et Pithiviers en subit des conséquences durables : par crainte de nouvelles invasions, beaucoup de familles nobles et bourgeoises quittèrent le pays; ce fut « un renouvellement presque complet de la classe dirigeante et le fil des traditions se rompit. ». Par une erreur qui sans cela n'aurait pas pu être commise, la rivière qui passe à Pithiviers et qu'on appelait l'Essonne, fut appelée dès lors l'Œuf, qui n'était qu'un petit ruisseau de la forêt d'Orléans. Quelques mois après, les Enfants-Trouvés de Paris reçurent par un voiturier toute une provision de nouveau-nés, fruit de la nuit tragique, et la « Bourriche de Pithiviers » fut longtemps proverbiale.

E. D.

Benjamin Constant et la Pologne.

Le dernier fascicule du *Przeglad historyczny*, Revue historique polonaise, paraissant sous la direction de MM. Marcel Handelsman et Stanislas Ketrzynski, professeurs à l'Université de Varsovie (1922, t. III, fasc. I) contient une étude intéressante de Mme Braunstein-Wieckowska sur *les deux frères Niemojowski*. Chefs du parti doctrinaire aux diètes du Royaume de Pologne (1818-1830) ils essayaient d'introduire dans la pratique du nouveau parlementarisme polonais les théories de Benjamin Constant. Formés sous l'influence du libéralisme français ils pensaient pouvoir défendre dans les conditions difficiles du régime semi-despotique, fondé par le tsar Alexandre, une doctrine qui devait être celle de la nouvelle France. Partisans acharnés d'un légalisme qui semblait un outrage à la mentalité du grand-duc Constantin, les frères Niemojowski, chassés de la Chambre, commencèrent à propager leurs idées dans des réunions privées et par des publications. La plus célèbre d'entre elles est la traduction du chef-d'œuvre de Benjamin Constant, que Vincent Niemojowski a fait paraître avec des annotations et une introduction lors de la Révolution de 1830. L'essai psychologique donné par Mme Wieckowska nous permet de comprendre une page émouvante de relations très étroites entre la France et la Pologne à l'époque de la Restauration.

NÉCROLOGIE

Jean Sforza.

Le 1er octobre 1922, est mort à Montignoso, près de Massa (Toscane), le comte Jean Sforza, né dans le même endroit en 1845, historien d'une érudition rare, auteur de très nombreuses études bien documentées que sa bibliographie publiée tout récemment porte au chiffre considérable de 353 numéros. Le comte Sforza qui était le père de l'ex-ministre des Affaires étrangères italien, auteur du traité de Rapallo, aujourd'hui chevalier de l'Annonciade et sénateur, avait été successivement archiviste de Massa puis de Turin. On lui doit un classement remarquable du fonds de chacune de ces villes.

Il possédait personnellement une riche bibliothèque napoléonienne dont il aimait à faire les honneurs à ses confrères et il avait publié de précieuses contributions à la biographie de Pauline Borghèse, notamment sur le séjour de cette sœur de Napoléon à Compignano en 1815, sitôt son départ de l'île d'Elbe et sa demi-captivité en cet endroit sous la surveillance d'un officier autrichien, enfin sur le séjour de Pauline, quelques années plus tard à Viareggio et dans le Lucquois. Il avait aussi découvert son testament original dont il a donné le texte avec d'abondantes notes aux *Miscellanea napoléonica* de Rome, en 1898 (série V).

Son principal titre aux yeux de ses compatriotes est son grand ouvrage sur le poète Manzoni.

La mort de Jean Sforza est un véritable deuil pour le monde savant.

Paul Marmottan.

Léonce Pingaud.

Léonce Pingaud est mort à Ornans le 22 septembre 1923; il était né à Dijon le 11 novembre 1841.

Une admirable carrière de professeur et d'historien.

Entré à l'École Normale Supérieure en 1862, il avait été professeur aux lycées de Saint-Brieuc, Châteauroux, Nancy, où il avait fondé à la faculté des lettres le premier cours libre de géographie, qui fut transformé ensuite en une maîtrise de conférences, inaugurée par Vidal-Lablache.

Docteur en 1872, il avait été professeur à la faculté de Clermont, puis dès 1874 à celle de Besançon, chez lui; et il y était resté depuis, de parti pris, bien entendu, attaché à sa petite patrie par un plus grand amour de la grande.

Il nous appartient comme historien napoléonien. Il fut dès l'origine l'un des membres de notre comité de patronage; il donna à nos Études Napoléoniennes des encouragements dont nous lui sommes restés très reconnaissants.

En 1893, Albert Sorel distingua très particulièrement ce livre très neuf qui jette une lumière imprévue sur l'espionnage au temps du Consulat et de l'Empire : *Un agent secret sous la Révolution et l'Empire, le Comte d'Entraigues*. Ce fut un grand succès de curiosité historique, une voie ouverte à d'autres recherches, qui ne sont pas épuisées.

Puis nous avons eu *Jean de Bry* et le *Congrès de Rastadt* : une contribution de premier ordre à l'étude des transformations politiques introduites en Allemagne par la Révolution et par le principe des sécularisations; les origines de l'Allemagne nouvelle; on y trouverait des leçons d'actualité. — En 1901, *Bernadotte, Napoléon et les Bourbons.*

Cependant, Léonce Pingaud consacrait fort souvent son cours public, toujours très suivi, au Consulat et à l'Empire. Il aura été l'un des maîtres d'une école napoléonienne qui a fourni quelques-uns de nos plus grands historiens, Sorel, Vandal, Masson.

Et c'est pourquoi sa plus grande joie, sans doute, aura été de voir son fils, Albert PINGAUD, se consacrer à ce même culte d'histoire. Sa thèse sur *Bonaparte et la République Italienne,* ses études que nous avons publiées, récemment encore, dans la *Revue des Études Napoléoniennes,* et qui ont été très remarquées, conserveront parmi nous de la plus touchante manière la mémoire de Léonce Pingaud.

ÉDOUARD DRIAULT.

Le Gérant : R. LISBONNE.

13e Année. I. 2. Mars-Avril 1924.

REVUE DES ÉTUDES NAPOLÉONIENNES

LES ORIGINES DE L'EUROPE NOUVELLE

NAPOLÉON ÉTAIT-IL D'ORIGINE GRECQUE?

Malgré la doctrine qui fait de Napoléon Bonaparte le descendant d'une famille de notables de Toscane remontant au début du XIIIe siècle, nombreux sont les Grecs qui, au siècle dernier, revendiquèrent l'Empereur comme un des leurs.

Alexandre Soutzo, le poète national grec, a chanté « le grand Corse, qui a le Taygète pour patrie ».

Nicolas Stephanopoli de Comnène dédie son ouvrage : *Génie des Colonies grecques spartiates et peuple indigène de la Corse*, paru à Paris en 1843, aux héros de la Grèce et à Napoléon Bonaparte « héros gréco-corse, dont l'expédition en Égypte seconda la réaction civilisatrice et humanitaire des Hellènes contre l'Asie barbare et idolâtre ».

Cette thèse n'a jamais, nous semble-t-il, été prise au sérieux. D'une part, les travaux des généalogistes italiens ou corses ont paru suffisamment convaincants, et, d'autre part, on a considéré que la courtisanerie seule avait tenté de rattacher la famille Bonaparte aux Comnène, empereurs de Byzance et de Trébizonde.

Estimant de même nature les tentatives de trouver une filiation qui rattacherait l'Empereur à Jules César, aux Bourbons par le Masque de fer, ou aux empereurs de Byzance[1], on n'a pas voulu prêter attention à la thèse des origines grecques.

Il ne faut pourtant pas rejeter sans plus une tradition populaire et, en tous cas, un examen un peu serré des bases sur lesquelles elle s'est appuyée mérite d'être fait, ne serait-ce que par simple curiosité.

La Grèce, à cette époque, était dans un état de sujétion au joug ottoman qui ne lui donnait pas le loisir de discuter académiquement des origines de l'Empereur ni d'en tirer un quelconque profit politique. Les Grecs étaient de pauvres diables qui savaient fort bien que le grand empereur des Français ne serait pas flatté d'avoir d'aussi misérables parents. C'est un point qu'il ne faut pas perdre de vue en commençant cette étude.

Le débat initial semble avoir quelque peu dévié, car il s'est surtout attaché à tourner en ridicule la prétention de rattacher Bonaparte aux Comnène, empereurs de Byzance.

Or, le problème ne doit pas se poser ainsi. Bonaparte peut avoir une origine grecque sans être nécessairement un Comnène.

La question Comnène est une question. La question Bonaparte en est une autre. Elles peuvent être jointes ou ne pas l'être.

Ceci dit, examinons les pièces sur lesquelles on a jusqu'ici travaillé.

En premier lieu, on trouve un passage des *Mémoires* de la duchesse d'Abrantès (tome I, chapitre III), où on lit :

« Lorsque Constantin Comnène aborda en Corse, en 1676, à la tête de la colonie grecque, il avait avec lui plusieurs fils dont l'un s'appelait

1. Il faut signaler qu'une autre piste également *grecque* fut suivie. En 1741, Giuseppe (Joseph) père de Charles, ayant épousé Maria Saveria Paravisino, fit passer à l'historien Canari, oncle de sa femme, une note demandant des recherches généalogiques dans les archives et chez les notaires de Gênes. « Cette lettre, dit M. de Cesari Rocca, servit au commencement du XIXe siècle, d'après les renseignements qu'elle donnait, à échafauder une généalogie qui rattachait les Bonaparte aux Paléologues. » La lettre, dont le texte n'est malheureusement pas donné, appartiendrait aux archives personnelles de M. de Morati-Gentile. Nous n'avons pas pu retrouver les auteurs auxquels M. de Cesari-Rocca fait allusion, ni l'original de la lettre en question. Elle serait pourtant de nature à apporter quelques éléments intéressants dans le problème qui nous occupe, car on peut admettre l'hypothèse que Joseph Bonaparte, croyant à l'origine grecque de sa famille, ayant ouï dire qu'elle descendait de quelque illustre souche byzantine et n'étant point très versé sur ces antiques souverains de Constantinople, ait confondu Paléologue et Comnène. En demandant des recherches dans les archives génoises, Joseph Bonaparte montrait clairement qu'il avait entendu parler de membres de la famille établis sur le continent.

Calomeros. Ce fils fut envoyé par lui à Florence pour remplir auprès du grand-duc de Toscane une mission délicate. Constantin Comnène mourut avant son retour. Le grand-duc garda le jeune Grec auprès de lui et, renonçant à la Corse, Calomeros s'établit en Toscane.

« Calomeros, traduit littéralement, signifie bellaparte ou *buonaparte*. Le nom de ce Calomeros a donc été italianisé. C'est ainsi que de Iatros (mot qui signifie médecin), nom d'une famille considérée de Maïna où elle subsiste encore de nos jours ainsi qu'en Corse, les Italiens ont fait *Medici*.

« Un Calomeros revint d'Italie, de Toscane même et s'établit en Corse où ses descendants se perpétuèrent et formèrent la famille Bonaparte. La question est de savoir si le Calomeros partant et le Calomeros descendant ont une filiation directe. Une particularité singulière, c'est que les Comnène, en parlant des Bonaparte, ne se servent jamais dans leur idiome que du nom grec pour les désigner, *Calomeros*, *Calomeri* ou *Calomeriani*. »

Cette affirmation de la duchesse d'Abrantès a paru une invention de son ingénieux esprit[1]. On y a vu le désir de la femme de Junot d'annexer Bonaparte à sa famille, car la mère de la duchesse, Mme Permon, était une Stephanopoli de Corse et les Stephanopoli revendiquaient le titre de descendants des empereurs Comnène. On a raconté que M. Permon, secrétaire du comte de Narbonne-Fritzlar, étant l'ami de M. Cherin, généalogiste du roi, avait usé de ses bonnes relations pour faire plus facilement endosser par la chancellerie le dossier princier de Demetrius Comnène.

Cela est possible et nous n'avons pas à défendre l'arbre généalogique des Comnène à travers les siècles. Nous n'avons pas à rechercher si la duchesse d'Abrantès eut effectivement des ancêtres sur le trône de Trébizonde. C'est un procès qui n'a rien à voir avec la question en jeu.

Bonaparte pouvait-il appartenir à une famille d'origine grecque, même roturière ? Tel est le problème.

Or, la duchesse d'Abrantès n'a rien inventé quant au fils *Calomeros* (Buona-parte) de Constantin Comnène ou, plus simplement, Constantin Stephanopoli (prétendu Comnène).

1. « Autant de mots, autant d'inventions dont l'invraisemblable n'est pas même à démontrer. » Colonna de Cesari Rocca. *Le nid de l'aigle*.

René Puaux.

Ce renseignement se trouve dans l'ouvrage du chevalier d'Henin : *Coup d'œil historique sur la maison impériale des Comnènes*, imprimé à Venise, chez Formaleoni, en 1789, donc à une époque où le nom de Bonaparte était complètement inconnu.

Le chevalier d'Henin, qui dit avoir eu en mains les papiers des Stephanopoli-Comnène et fouillé des archives, donne, ce faisant, un détail qui ne figure pas dans le mémoire justificatif présenté en 1782 par Demetrius Comnène et publié, en 1784, à Amsterdam sous le titre : « *Précis historique de la maison impériale des Comnènes, où l'on trouve l'origine, les mœurs et les usages des Maniotes*, précédé d'une filiation directe et reconnue par Lettres-patentes du Roi du mois d'avril 1782, depuis David, dernier empereur de Trébizonde, jusqu'à Demetrius Comnène, actuellement capitaine de cavalerie en France. »

Cet ouvrage est orné de l'aigle bicéphale byzantine avec la devise *Fama manet, Fortuna periit.*

D'après l'auteur, les Comnènes, après la destruction de l'Empire, se réfugièrent en Perse, passèrent de là dans le Magne (province méridionale de la Grèce), où ils furent reçus avec distinction et régnèrent, localement, pendant deux siècles. « Mais par suite de nouvelles révolutions et de dissensions internes, contraints de changer encore de climat, ils allèrent se fixer en Corse où ils conservèrent, pendant un siècle, le rang de chef de leur Nation, dans lequel la République de Gênes les avait maintenus et ils ne perdirent cette distinction qu'à l'époque où cette île passa sous la domination de la France. »

Celui auquel les généalogistes de Louis XVI avaient reconnu le droit à se prévaloir d'une ascendance impériale était le petit-fils de Constantin Stephanopoli Comnène qui était venu en Corse en 1676 avec deux autres chefs magniotes : Jean de Polimène, son parent, et Apostolo. Ce dernier n'avait qu'une fille, Théodora, qu'il maria à Théodore, fils de Constantin Stephanopoli. Il se fit ensuite moine du couvent de Saint-Basile, sous le nom d'Athanase et mourut dans le Magne dont il était originaire.

L'auteur du mémoire justificatif, car telle est bien la caractéristique de cet ouvrage, expose ensuite que l'arrière-grand-père

Étienne (car Stephanopoli veut dire fils d'Étienne), donna son nom de baptême non seulement à ses fils et à tous ses collatéraux, mais également aux plus « affidés » de son parti, de sorte que Stephanopoli devint le surnom des uns et des autres : « C'est ce qui fait que l'on trouve tant à Mania (le Magne) qu'en Corse, des Stephanopoli qui ne sont pas Comnène, mais dont les ancêtres avaient suivi seulement leur parti. » Plusieurs des familles qui portent en Corse ce surnom de Stephanopoli ne l'ont jamais porté à Mania avant ni depuis leur émigration. Tous ceux qui étaient attachés au parti des Comnène et désignés par le surnom de Stephanopoli étaient natifs de Vitulo et résidaient près de leur chef.

La République de Gênes avait reconnu la primatie des Stephanopoli Comnène sur la colonie magniote de Paomia, localité voisine d'Ajaccio. Cette dernière ville devint, au début du XVIIe siècle, le principal centre grec de la Corse. Parmi les diverses races de la Grèce, les Maniotes, qui se réclamaient de Sparte, jouirent, sous la domination turque, d'une réputation légitime d'indépendance, et, braves entre les braves, les habitants du cap Matapan, appelés Cacavongni (mauvais montagnards) surent toujours se soustraire au joug ottoman. « Ils se livrèrent entièrement, dit l'auteur, à leur goût pour la piraterie qui est encore leur unique métier, ce qui n'a pas peu contribué à l'opinion injuste que l'on a des Maniotes en général. »

Or, Vitulo, d'où les Stephanopoli-Comnène et leurs « affidés » étaient venus, est précisément voisine du cap Matapan. Cette localité porte sur les cartes également le nom de Grimova que les auteurs appellent tantôt Tzimova (Pouqueville), Tsimova (Gell), Chimova, Limeni (Baedeker), Limeonas et Porto Vitulo.

La marine française avait eu maintes fois maille à partir avec les pirates de Porto-Vitulo Grimova. Avant la révolution française, on citait le combat qu'avait livré M. de Saint-Félix, commandant la frégate du roi *la Pomone* contre les pirates de Grimova. Le combat est rapporté en ces termes par Pouqueville[1].

« M. de Saint-Félix, ne pouvant s'approcher avec sa frégate,

1. *Voyage dans la Grèce*, t. V, 163, n.

ni faire avancer le brick de Gerbeau qui l'accompagnait, ordonna d'armer les embarcations, et chargea M. de Bataille, son premier lieutenant, de les diriger. Le pirate fut abordé par MM. de Montcabriès et de Lagor, officiers en sous-ordre de M. de Bataille, qui n'y trouvèrent que deux Turcs qu'on y avait transportés de la prise française. Ils se préparaient à faire lever l'ancre, lorsqu'une grande quantité de poudre, répandue à dessein sur le pont, prit feu au moyen d'un artifice et s'enflamma sous les pieds de M. de Lagor, qui, se voyant brûler vif, se jeta à la mer, où M. de Montcabriès se précipita pour le sauver, et le reconduisit en nageant jusqu'à la chaloupe. Après avoir mis son ami en sûreté, M. de Montcabriès revint sur le bâtiment ennemi, dont il coupa les amarres, et qu'il fit remorquer jusqu'à la frégate. Il se porta ensuite vers le vaisseau français qu'il délivra ainsi que son équipage. Ce coup de main, exécuté sous le feu roulant de six cents brigands, coûta la vie à M. N. de Saint-Sézaire, de la Touche, au patron de la chaloupe et à plusieurs soldats ; nos blessés furent MM. de Lagor, de Chrom, ainsi que quarante marins. »

S'il y avait des gens pour jouir d'une mauvaise réputation, c'étaient donc bien les « Cacavongni » du cap Matapan. Au XVIIe siècle, le sieur Guillet de Saint-George, qui fabriqua sous le nom de son pseudo-frère la Guilletière, deux ouvrages : *Athènes ancienne et nouvelle* (1675), et *Lacédémone ancienne et nouvelle, où l'on voit les mœurs et les coutumes des Grecs modernes, des mahométans et des Juifs du pays, avec une Relation d'un voyage à Napoli de Malvoisie* (1676), qui apparaissent comme ayant été rédigés d'après les observations des pères capucins Simon et Barnabé, les fondateurs du fameux couvent des capucins d'Athènes, fait le récit suivant d'une visite à Vitulo, par lui ou par les capucins, précisément à l'époque où l'émigration était décidée.

« Notre vaisseau à l'ancre, écrit le sieur Guillet, envoya sa chaloupe faire pavillon blanc à l'entrée du port, ce qui se fait quand on veut avoir pratique avec des gens suspects. Les habitants prirent aussi bannière blanche et quelque temps après deux ou trois de leurs barques vinrent à bord... Nous descendîmes à cent pas de quelques vieilles grottes d'où il sortit cinq ou six grands coquins armés de mousquetons qui donnèrent l'effroi à notre monde. Ils étaient fort noirs de visage, mais leurs habits étaient de la couleur des rochers de ces quartiers là. Non seulement ces gens-là avaient mine de forbans, mais leur langue se ressentait du métier qu'ils pratiquaient.

Ils parlaient un grec fort corrompu, car, ayant à faire trafic de ce qu'ils ont pris en course et traitant tantôt avec une nation tantôt avec une autre, ils se sont attachés à cette langue appelée franque, méchante expression italienne qui n'emploie jamais que l'infinitif de chaque verbe pour tous les temps et les modes de la conjugaison et qui ne laisse pas d'être généralement entendue sur toutes les côtes du Levant. »

Puis, surmontant la répugnance que lui inspiraient ces barbares, il se hasarda à visiter la demeure d'un chef « où il y avait deux grands réduits tous pleins d'habits à la turque et à la française. Les chapeaux étaient pendus à côté des calpajs ou bonnets à la grecque. Les robes y étaient mêlées avec nos couteaux et épées courtes et les souliers avec les papoudies turques. Ces dépouilles étaient autant de trophées et prises faites sur mer où ils prennent à toutes mains ».

Il apprit alors de ces gens « que les mieux intentionnés étaient d'avis de s'établir ailleurs. Ils ont demandé des habitations au Pape et au grand-duc de Toscane et s'en voyant refuser, ils se sont adressés à la République de Gênes qui, faisant réflexion sur les mœurs sauvages de son île de Corse, a mieux écouté leurs propositions. Et les Gênois disent qu'il faudrait que la barbarie des Maniotes fût bien grande si celle des Corses restait incapable d'y mettre un contre-poids ».

De ce qui précède, il faut donc retenir ceci, c'est que les Grecs qui vinrent en Corse à la fin du XVIIe siècle étaient en grande majorité des pirates dont les origines spartiates étaient peut-être ethnographiquement réelles, mais qui ne rappelaient que de loin les héros homériques.

Il fallait la bonne volonté d'un généalogiste amène pour retrouver une descendance impériale parmi ces rudes pêcheurs et Demetrius Comnène jongle un peu avec des qualificatifs pour prouver la noblesse de sa race. Cela n'a qu'une importance relative.

De son précis, si nous laissons de côté la partie « impériale » il faut simplement retenir, comme utilisable pour la thèse que nous développons ici, que tous ceux qui portaient le nom de Stephanopoli n'étaient point forcément des Comnènes, mais pouvaient être des « affidés ». C'était le principe de la *gens* cher aux Romains.

Ce fait qu'un Calomeros (Buonaparte) Stephanopoli ait pu venir du Magne avec les autres Stephanopoli n'est donc pas systématiquement contredit par le précis de Demetrius Comnène. Nous nous heurtons ici à l'objection formulée par M. Patrice Stephanopoli dans son livre : *Histoire des Grecs de Corse*, publié à Paris en 1900.

M. Patrice Stephanopoli publie, dans cet ouvrage, la liste des noms des Maniotes émigrés en Corse à la fin du XVIIe siècle, liste extraite des archives gênoises, en l'ayant contrôlée sur celle dressée par les autorités de Paomia et Cargèse. Or, le nom de Calomeros n'y figure pas. « Parmi les noms et prénoms des Grecs existant au départ de Vitulo, il y en a trois, dit M. Stephanopoli, à qui l'on fait jouer un grand rôle dans certaines familles de la colonie, ce sont Nicephore, Comnène et Calomeros, les seuls qui ne figurent précisément sur aucune des listes dont je suis possesseur et qui sont extraites des archives de Gênes... »

En dehors même du fait qu'un état nominatif complet fait défaut, car les quatre-vingt-dix noms cités par M. Patrice Stephanopoli ne peuvent prétendre à couvrir tout le champ des investigations, l'explication fournie incidemment par le chevalier d'Henin est déjà fort intéressante.

Constantin Stephanopoli (Comnène) quatrième du nom, né le 3 avril 1684, qui organisa l'expédition migrative en Corse, envoya, dit-il, un de ses fils, nommé *Calomeros*, en Toscane d'où il ne revint pas. Ce Calomeros venu en Corse avec son père ne figure pas sur les listes de M. Patrice Stephanopoli. Cela seul suffit à démontrer que ces listes sont incomplètes et ne sont pas par conséquent décisives.

Le chevalier d'Henin, qui fut un esprit curieux, fort averti des choses d'Italie et du Levant où il passa une partie de sa carrière, donne sur les Comnène de nombreux renseignements qui ne figurent pas dans le précis du principal intéressé.

Tour maniote à ARÉOPOLIS,
localité dans les terres desservie par Porto Limeni.

PORTO VITYLO, dans l'angle nord de la baie de Vitylo, vue du sud
(Neon Œtylon).

PORTO VITYLO, vue du côté nord ou Caravostassi.

Monastère du XVIe siècle en ruines sur le rivage de la baie de Vitylo, à proximité de Porto Limeni.

Il raconte, comme lui, que Constantin, quatrième du nom, menacé par les ennemis de sa famille et sentant la situation difficile à Vitulo, forma le projet d'émigrer en Italie avec ses parents et les familles qui lui étaient attachées. Il fit dans ce but un premier voyage à Zante pour traiter avec les Vénitiens. N'y ayant pas réussi, il monta lui-même l'expédition et parvint à appareiller six petits bâtiments qui devaient transporter les quatre mille parents et partisans qu'il avait gagnés à son projet. C'était la presque totalité de la population de Vitulo. « Il resta néanmoins, dit d'Henin, à Mania et Vitulo plusieurs personnes de la famille de Stephanopoli Comnène. »

On profita du premier vent favorable pour mettre à la voile le 16 octobre 1675 (ceci concorde avec la date de la signature du contrat (20 septembre 1675) avec le capitaine Daniel du *Sauveur*). Des six navires affrétés, trois tombèrent entre les mains des Turcs et trois seulement parvinrent à Messine. Après une escale en Sicile on remit à la voile.

« Un des trois bateaux était commandé par un noble Maniote nommé Médicis ; il relâcha en Toscane et fut reçu par Cosme de Médicis, troisième du nom. Ce noble Maniote préféra sans doute se réfugier chez un prince dont il portait le nom et avec lequel il avait, suivant toutes les apparences, des liaisons plus ou moins éloignées de parenté. »

Les deux autres bâtiments abordèrent à Gênes, le 1er janvier 1676.

Avec Constantin IV se trouvaient comme notables : 1° Apostolo Stephanopoli, d'une branche de Stephanopoli Constantin. Il fit plusieurs établissements à Paomia en Corse, mais son fils unique étant mort, il retourna à Vitulo ; 2° un Stephanopoli de la branche de Falzei lequel mourut à Gênes ; 3° Jean Stephanopoli Polimène de la branche de Novacchi lequel mourut également à Gênes.

Après deux mois de négociations avec l'État gênois, les Grecs partirent pour la Corse où ils débarquèrent le 14 mars 1676.

Constantin IV ne fut pas satisfait de la façon dont les Gênois traitaient la colonie grecque de Corse et songea au bout de peu de temps à retourner en Laconie. N'y parvenant pas par ses propres moyens, il eut l'idée de s'adresser à Cosme de Médicis.

« Il envoya dans ce but, à la Cour de Toscane le plus jeune de ses fils *Calomerachi* sous la conduite d'un de ses parents. Il comptait les rejoindre au plus tôt et leur avait donné l'ordre en l'attendant de solliciter de la générosité du grand-duc les moyens de retourner à Vitulo. C'est dans cette circonstance que la mort vint surprendre ce prince infortuné qui fut enlevé à la fleur de son âge, laissant après lui deux fils : Théodore, le quatrième du nom et Calomeros Calomerachi que son père avait envoyé en Toscane. »

C'est à cette époque (celle où Théodore IV devint chef de famille) que les Magniotes du Levant demandèrent aux Grecs de Corse de revenir à Vitulo.

Reprenant un à un les membres de la famille Stephanopoli-Comnène, d'Henin déclare que Calomeros paraissait fixé en Toscane mais qu'il ignorait s'il avait eu des descendants et ce qu'il était devenu.

Dans le récit de Demetrius Comnène on lit : « Il n'était pas plus aisé à Constantin de partir de Mania que de s'y tenir; il manquait de bâtiments et était bloqué par les ennemis ; il parvint cependant à se procurer autant par la force que par argent, six bâtiments qu'il arma le mieux qu'il lui fut possible. Un grand nombre de ses partisans et d'autres, à qui le nom seul des Turcs faisait horreur, le suivirent au nombre d'environ quatre mille, parmi lesquels il y avait un évêque appelé Parthenius, nombre de prêtres et de moines de l'ordre de Saint-Basile et plusieurs autres familles distinguées, indigènes ou originaires des diverses contrées de la Grèce. »

Ce prince infortuné s'embarqua les armes à la main et profita pour mettre à la voile du premier souffle du vent périodique qui règne dans le golfe de Vitulo. Il passa à travers la flotte ottomane ; un de ses bâtiments tomba au pouvoir des Turcs et tout l'équipage fut taillé en pièces. Un autre fut coulé à fond et un troisième, qui s'était séparé du convoi, fut rencontré et pris quelques jours après par les corsaires barbaresques. Constantin aborda, avec les trois qui lui restaient, en Sicile où il avait dessein de s'établir pour ne pas s'éloigner de sa patrie et pour être plus à portée de profiter de quelque favorable révolution. Mais la guerre entre la

France et l'Espagne, source des troubles qui dans ce moment-là agitaient cette île, l'empêcha d'y fixer sa résidence et le força d'aller à Gênes chercher un asile plus assuré. Un des trois bâtiments qui restaient à Constantin se sépara des autres ; des nobles Maniotes, du nom de Médicis, que ce prince avait donnés pour chefs à ceux qui étaient sur ce navire, obligèrent le capitaine à relâcher en Toscane ; ils aimèrent mieux se réfugier chez un prince dont ils portaient le nom, que de suivre le sort d'une famille aussi malheureuse qu'illustre, qui allait se soumettre à une condition privée, sous une domination étrangère. Le mauvais air fit périr une partie de ces Grecs à peine établis en Toscane ; ceux qui échappèrent à l'intempérie du climat, retournèrent dans le Levant, défrayés par le grand-duc.

Constantin aborda à Gênes le 1er janvier de l'an 1676 où il fut accueilli favorablement. Quelques jours après son arrivée, assisté de Jean et d'Apostolo dont nous avons parlé ci-dessus (Demetrius Comnène avait en effet dit précédemment : Deux autres principaux chefs passèrent en Italie avec Constantin : savoir Jean de Polimène son parent et Apostolo. Ce dernier, après son arrivée en Corse, resta sans postérité masculine ; il maria Théodora sa fille unique avec Théodore, fils de Constantin Comnène ; ensuite il se fit moine de l'ordre de Saint-Basile, sous le nom d'Athanase ; il retourna à Mania où il bâtit un couvent à ses dépens et y mourut dans la retraite), il entra en négociations avec la République qui céda aux Grecs le territoire de Paomia en Corse.

Après avoir dit que Constantin ne se plut pas en Corse, Demetrius Comnène ajoute : « Il voulut retourner dans sa patrie et y envoya des émissaires pour ménager son retour et lui amener des bâtiments, mais avant qu'ils revinssent, il mourut à la fleur de son âge, deux ans après son arrivée en Corse, laissant après lui Théodore son fils, âgé d'environ douze ans et quatrième du nom. »

Par certaines divergences de détail, comme en ce qui concerne Apostolo par exemple et d'autres, il apparaît que le livre de d'Henin, publié en 1789 à Venise, n'est pas le simple démarquage de l'ouvrage publié en 1784 à Amsterdam par Demetrius

Comnène. D'Henin a eu des sources supplémentaires d'informations en dehors de celles communes aux deux auteurs.

Les points de similitude nous semblent une présomption en faveur du récit qui appelle les réflexions suivantes :

M. Patrice Stephanopoli base une grande partie de son argumentation sceptique sur les listes de Paomia, celle de Gênes et sur le contrat du capitaine Daniel du *Sauveur*. Or, d'une part, il paraît certain que même si le *Sauveur* avait une jauge suffisante pour embarquer 800 passagers avec leurs bagages, il y eut d'autres vaisseaux affrétés pour l'exode des habitants de Vitulo. De ceux-là il n'est plus question. De même l'arrêt, en Toscane, d'un groupe de Maniotes, ayant à leur tête un ou des Médicis, est un point qui mérite d'être retenu. On peut, en passant, rappeler l'allusion faite par la duchesse d'Abrantès à la famille *Iatros* (Médicis) dans le passage cité plus haut.

M. B. Bareille, dans un article publié en 1909, reproche à la duchesse d'Abrantès de n'avoir appuyé son histoire sur aucune espèce de témoignage. Nous avons celui du chevalier d'Henin qui date de 1789 et ne fut pas fait pour les besoins de la cause.

La duchesse d'Abrantès, fille d'une Stephanopoli, n'a fait que rapporter un fait bien connu dans la famille et qui n'était pas si ancien qu'il pût prendre un caractère légendaire. Quand le chevalier d'Henin publia son livre en 1789 il y avait à peine un peu plus de cent ans que le jeune Calomeros était arrivé en Toscane ; cela faisait trois générations. Or, pour ceux d'entre nous dont les grands-parents sont nés au début du siècle dernier, il est des traditions et des histoires de famille de l'époque du premier Empire que nous avons entendu personnellement raconter. Ces traditions orales sont bien souvent déformées, mais le contrôle historique sur pièces en démontre neuf fois sur dix le bien fondé.

Le triple témoignage de Demetrius Comnène, du chevalier d'Henin et de la duchesse d'Abrantès ne peut pas être dédaigné et rejeté sans plus, uniquement parce qu'il ne rentre pas dans le cadre des choses admises.

Il y a bien, contre l'hypothèse de l'origine grecque de Bonaparte, quelque chose qui devrait être décisif : l'arbre généalogique corse des Bonaparte. M. Frédéric Masson, dans son important volume sur la *Jeunesse de Bonaparte*, ne donne pas de précision à ce sujet. Lui qui a fouillé la vie de l'Empereur dans ses moindres détails, jusqu'à reproduire *in extenso* les cahiers de classe du futur empereur, résumés de ses lectures, d'un intérêt historique minime et qui n'ont que le caractère de reliques, se contente de publier, sans aucun commentaire, pièces justificatives ou annotations, un arbre généalogique sommaire. Jusqu'au milieu du XVIIe siècle, les ancêtres de Napoléon ne sont indiqués que par une seule date qui n'est même pas celle de leur naissance ou de leur mort, mais la date où leur nom figure dans un acte.

M. Frédéric Masson, interrogé il y a quelques années par M. Spiridon Pappas à ce sujet, lui répondit que les travaux du comte de Cesari Rocca lui étaient apparus comme concluants. Le comte de Cesari Rocca, en dehors de son ouvrage *Le Nid de l'aigle* a publié, en 1899, une brochure : *La vérité sur les Bonaparte avant Napoléon* qui donne en effet une filiation complète depuis Giamfardo Bonaparte qui, en 1219, prêta serment à l'évêque de Luni. L'arbre généalogique de M. de Cesari Rocca suit et complète celui-là même que Charles-Marie Bonaparte fit remettre à M. d'Hozier de Sérigny, juge d'armes de la noblesse de France, pour justifier des titres de son fils à être admis à l'école royale militaire de Brienne.

Mais il semble qu'on ne doive accepter que sous réserve cette filiation établie pour les besoins de la cause par un homme qui n'avait pas d'excessifs scrupules d'historien[1]. L'éditeur de la *Revue Rétrospective* indiquait déjà, en 1834, qu'à l'examen de l'inventaire, entièrement écrit de la main[2] de Charles-Marie de Buonaparte, certaines dates avaient paru « peu d'accord ». Cela n'avait pas préoccupé outre mesure M. d'Hozier qui, par lettre du 8 mars 1779, n'avait demandé à Charles-Marie, qui demeurait alors à Versailles, que d'insignifiants détails sur l'orthographe des noms et prénoms et leur traduction française. D'Hozier, en

1. « Quand il s'agit d'héritages, Charles Buonaparte déploie une habileté qui touche au génie. » Césari Rocca.

2. *Revue Rétrospective*, 1834, t. IV, p. 326.

vieux spécialiste, n'avait pu se défendre cependant de marquer quelque étonnement devant le blason qu'on lui présentait et qui s'ornait de barres et étoiles bleues sur fond rouge. Or, couleur sur couleur est une hérésie héraldique qu'un débutant ne commettrait pas. On truqua, pour arranger les choses, en transformant cet azur en or. Ce petit détail suffit à rendre suspect l'arbre généalogique que Charles-Marie de Buonaparte présentait pour assurer, en bon père de famille, l'avenir de son fils.

Les entreprises généalogiques étaient, sous l'ancien régime, une florissante industrie, car la clientèle savait tirer de ces parchemins autre chose qu'une vaine gloriole. Il n'est donc pas exclu qu'on ait fabriqué pour Charles-Marie Buonaparte l'arbre désiré à toutes fins utiles, en récoltant tous les Buonaparte que l'on pouvait découvrir dans les archives corses, et en les classant par ordre de vraisemblance de dates. Buonaparte n'étant pas un nom de terre ou de lieu, mais une sorte de prénom ou surnom, tout comme Espère-en-Dieu, Dieu donné, Dieu lafé, du puits, de la maisonneuve, etc., on pouvait trouver un peu partout des enfants qui, en souvenir sans doute des paroles de Jésus à Marthe [1] avaient reçu ce prénom devenu par la suite leur nom de famille.

Quand Napoléon devint empereur, il sortit des Buonaparte de tous les parchemins d'Italie. L'inventaire fourni par Charles-Marie de Buonaparte en 1779, ne nous paraît donc nullement décisif, et c'est pourtant à lui qu'on s'est attaché jusqu'ici.

Il est certes à prendre en considération que les travaux de M. de Césari Rocca ont pu démontrer le bien-fondé d'une filiation qui, sous la plume de Charles-Marie, n'était que de l'à peu près.

La filiation produite par l'érudit auteur corse est impressionnante dans sa précision. La seule objection que l'on puisse faire — et elle est évidemment fragile — c'est que M. de Cesari Rocca, s'il donne des références d'archives pour les Bonaparte des XIII, XIV, XV et XVIe siècles, n'en donne plus pour les Bonaparte du XVIIe, c'est-à-dire précisément pour la période qui nous

1. Car cette origine du nom nous paraît plus vraisemblable que celle qui l'attribue à l'attachement de ses titulaires à un « bon parti » politique. Le nom grec « Kalomeros » ne peut en effet avoir, lui, une telle origine.

intéresse. Peut-être considère-t-il le problème à ce point résolu que toute référence lui paraît inutile ; mais l'expérience démontre qu'en matière généalogique les présomptions sont très dangereuses. Tant que l'on n'a pas l'acte de naissance avec le nom des parents ou un testament, ou une pièce judiciaire ou notariale on doit observer la plus extrême prudence. Ces pièces existent peut-être et c'est sur elles que M. de Cesari Rocca a travaillé. Dans ce cas il n'y a qu'à s'incliner et à reconnaître comme injustifiée la suspicion dont nous frappions Charles-Marie Bonaparte qui, cela est notoire, savait trop bien jouer des pièces généalogiques.

Mais dans la collection des documents fournis par lui, il y a un cahier, le deuxième, qui contient mention de deux parchemins, ceux-là certainement originaux, car de date récente, qui, pour notre thèse, sont assez suggestifs. Le premier est un acte de reconnaissance de la famille Buonaparte, *de Toscane,* du 28 juin 1759 « qui jouit du patriarcat et par conséquent de la plus grande noblesse, comme il est constaté par un extrait des lettres de noblesse du 28 mai 1757, délivré par *le grand-duc de Toscane* ».

« Plus des lettres patentes de l'archevêque de Pise en Toscane, qui accordent au dit Charles Bonaparte l'exercice du titre de noble et de patrice, du 29 novembre 1769. »

Charles Bonaparte, né le 29 mars 1746, était alors âgé de vingt-trois ans et faisait ses études de droit à Pise. Ce ne sont pas ses mérites personnels qui pouvaient lui valoir cette faveur de l'archevêque de Pise.

Et à qui donc le grand-duc de Toscane adressait-il en 1757, quand Charles avait onze ans, des lettres de noblesse ? Ce n'est pas au père de Charles, Joseph, qu'on nous signale trois ans plus tard, en 1760, simplement élu « ancien » de la ville d'Ajaccio.

Quelle est cette famille Buonaparte *de Toscane*[1] que Charles annexe dans son inventaire ?

Comment ne pas songer à ce jeune Calomeros qui, âgé d'une dizaine d'années au plus (puisqu'il était le cadet et que Théodore l'aîné, avait douze ans environ) vint en 1678, en qualité de

1. « Il (Charles Bonaparte) se croyait en toute bonne foi de la même famille que les Bonaparte de Toscane. » Colonna de Cesari Rocca. *Le nid de l'aigle,* p. 156.

fils du chef, accompagné d'un chaperon, à la cour de Cosme de Médicis, grand-duc de Toscane ?

Le chevalier d'Henin dit qu'il ne sait pas ce qu'il est devenu, mais qu'il ne semble pas être revenu en Corse. Mme d'Abrantès n'a nullement le ton affirmatif, comme ses détracteurs, qui l'accusent de vouloir annexer Napoléon, tendraient à le faire croire. Elle dit au contraire, très modestement : « La question est de savoir si le Calomeros partant et le Calomeros descendant ont une filiation directe. » Elle était, nous le répétons, une Stephanopoli par sa mère, et, si nous mettons de côté la vanité de la filiation impériale des Comnènes, sujette à caution, on ne voit, dans ce fragment de ses mémoires, que l'écho de ce qu'elle avait entendu dire dans la famille.

Le Calomeros de Toscane, devenu Buonaparte en s'y établissant, obtient en 1757, à la première ou à la seconde génération, les lettres de noblesse du grand-duc. Un autre Calomeros, un parent venu de Vitulo, est-il venu rejoindre la colonie grecque de Paomia ? Toujours est-il que Charles, quand il ira faire ses études de droit à Pise, se réclamera de ce parent, son grand-oncle peut-être, pour obtenir de l'archevêque le droit au titre de noble. L'hypothèse n'a-t-elle pas pour elle bien des atouts ? En dehors de ce lien-là, il faut — si l'on s'en tient à la filiation présentée par M. de Cesari Rocca, — remonter à Francesco Bonaparte dit « le Maure de Sarzane », soldat au service de l'office de San Giorgio qui tint garnison à Ajaccio de 1490 à 1544. Cet arbalétrier, donné comme l'ancêtre direct de Napoléon, est d'une noblesse bien douteuse pour appartenir à une famille à laquelle le grand-duc de Toscane reconnaîtra le droit au patriarcat.

Le Calomeros fils d'un chef de magniotes avait certes plus de titres à faire valoir.

Il y a à ajouter que l'émigration grecque en Corse ne s'est pas limitée à celle de 1676. Il y en avait eu une autre en 1663 [1] et,

1. Le territoire de Paormia avait été visité par une commission de quatre Vitylotes en 1663, et un certain nombre de Maniotes quittèrent à cette époque Vitylo pour se rendre à Livourne en Toscane. L'évêque de Maïna écrivit le 28 juin 1665 au gouvernement de la République de Gênes pour le remercier de l'accueil fait à ses ouailles. (Archives de l'Etat de Gênes. Liasse : grecorum).

comme le prouvent d'une part le retour à Vitulo de certains émigrants, comme Apostolo par exemple, qui devint le père Athanase d'un couvent de Saint-Basile, et la lettre adressée entre 1680 et 1700 aux Grecs de Corse par les Maniotes et mentionnée par Demetrius Comnène, il y eut un va-et-vient certain entre Paomia et Vitulo.

Ce premier examen étant fait, il faut aborder une seconde catégorie de faits.

Le Journal des Débats du 11 août 1909 signalait qu'on venait de découvrir dans le Magne une inscription qui mentionne, à la date de 1413, un Calomeros. Ceci démontre l'existence du nom dans la région même d'où les Grecs sont partis pour la Corse.

Cela complète le fait rapporté par le chevalier d'Henin. Nous n'en tirons pas d'autre argument et nous ne faisons pas de ce Calomeros de 1413 un aïeul de Bonaparte.

Mais il y a d'autres documents. Au moment où l'on fêtait en France le centenaire de Napoléon, mon érudit ami athénien, M. Spiridon Pappas, me communiquait l'extrait suivant des mémoires inédits de Mme Aspasie Calimeri (née en 1770), morte à Athènes en 1863.

« Mon grand-père, Agésilas Calimeri, pirate du détroit de Messine jusqu'au cap Matapan, me disait souvent que, lorsque je serais grande, nous irions en Corse où nous avions des biens et que nous nous y installerions, comme s'y était installé son neveu Charles Bonaparte.

« Charles Bonaparte avait étudié le droit à Pise et à Rome aux frais de mon grand-père Agésilas Calimeri.

« Napoléon est né le 15 août 1769. Le jour même de sa naissance, sa mère Lœtitia, s'était rendue à l'église pour prier la Panagia ainsi qu'en avaient l'habitude tous les Grecs de Corse.

« Prise de douleurs à l'église, elle rentra précipitamment chez elle et mit au monde celui qui devint l'Empereur des Français, sur un tapis [1] qui

1. Il faut rapprocher de ce renseignement la légende d'après laquelle le jeune Napoléon fut, à sa naissance, faute de langes, enveloppé dans une tenture où étaient imprimées des scènes de l'Iliade et de l'Odyssée. Interrogée à ce sujet Lætitia répondit : « Dans nos maisons de Corse nous n'avons pas de tapisseries, encore moins en été qu'en hiver ». Ce démenti s'applique normalement à des tentures murales ou à des rideaux, mais non aux tapis. Je vois là un cas typique de déformation des faits : Napoléon venant au monde sur un tapis fabriqué en Grèce et la tradition en arrivant à prétendre qu'il fut enveloppé dans une étoffe représentant des scènes de la plus grande épopée grecque.

lui avait été offert le jour de son mariage par mon grand-père Agésilas Calimeri. Ce tapis était l'œuvre du moine grec Iorotheon, qui avait étudié l'art de la tapisserie à Pise[1] mais qui, ne pouvant subvenir à son existence par son travail se fit moine et fabriquait des tapis qu'il vendait au bénéfice du monastère de Saint-Isidore dans le Magne. C'est là qu'Agésilas Calimeri l'avait commandé pour l'offrir à sa nouvelle nièce Lœtitia Bonaparte. »

Ce qu'il faut noter dans ce récit, c'est d'une part que le pirate (c'était alors une sorte de profession!) Calimeri, opérant dans la région du cap Matapan, était évidemment Maniote. Il y avait donc là un chaînon de vraisemblance dans les liens de famille qui unissaient les Calimeri du Magne avec la colonie magniote de Corse, installée à Ajaccio et dans ses environs.

On peut évidemment objecter que Mme Aspasie Calimeri ayant vécu fort âgée, a pu « adapter » ses mémoires à une légende faite pour séduire une bien naturelle vanité. Le moindre bout de papier contemporain eût beaucoup mieux fait notre affaire. Mais, si l'on fait de bonne foi l'examen critique du témoignage de Mme Aspasie Calimeri, on remarquera tout d'abord que, si la seule vanité l'avait inspirée, elle se fût gardée de donner à son grand-père cette qualité de *pirate* qu'elle eût aisément pu transformer en celle plus honorable de « navigateur ». La duchesse d'Abrantès est suspecte, parce qu'elle se réclame des empereurs Comnène. Ce n'est pas le cas du nouveau témoin.

D'autre part, les rares détails qu'elle donne ne rentrent pas dans le moule des choses connues qu'un simulateur utilise au mieux de la vraisemblance. Il lui eût fallu une connaissance bien approfondie d'une question qui n'avait pas été sérieusement étudiée de son temps et ne l'est pas encore, pour oser rédiger un roman acceptable.

Les Bonaparte semblent bien avoir été très peu fortunés, et le

1. Ce détail est à rapprocher de ce que nous savons de la colonie grecque qui, en 1675, s'établit en Toscane, lorsque le capitaine Médicis (Iatros) faussa compagnie aux Stephanopoli. Comme on l'a vu dans le récit de Demetrius Comnène de nombreux moines grecs étaient partis en 1675 avec les Stephanopoli. Il est naturel que l'ordre de Saint-Basile, après cette première expérience, ait conservé l'habitude des voyages et des séjours en Toscane.

paiement des frais d'études de Charles à Pise par l'oncle ou grand-oncle Agésilas n'a rien d'extraordinaire.

L'histoire du tapis est également bien curieuse, et elle éclaire sous un jour tout nouveau la légende de la tenture dont rien n'expliquait jusqu'ici l'origine.

Mais le témoignage de Mme Aspasie Calimeri n'est pas tout. Je peux verser aujourd'hui au dossier de ce passionnant problème un document inédit aussi intéressant que troublant.

Le 21 octobre 1809, M. Rigaud, officier sur le corsaire français *la Légère*, adressait à M. Jules de Bessières, commissaire impérial dans les Iles Ioniennes, un rapport sur la capture de *la Légère* par la frégate anglaise *le Succès*, son emprisonnement à bord de ce navire, son débarquement à Smyrne et enfin sa libération. En passant à Cérigo, l'administration française de l'île lui avait confié des dépêches confidentielles à destination de Corfou. Le capitaine Rigaud, pour éviter que ces plis ne tombassent entre les mains des Anglais, avait pris la voie de terre et avait ainsi traversé le Magne. Je lui laisse ici la parole.

« A mon arrivée à Grinova[1], petite ville située vis-à-vis de Coron, je fus entouré par nombre d'individus qui me demandèrent des nouvelles de la guerre de l'Empereur Napoléon avec les Autrichiens. Satisfaits d'entendre l'heureux résultat des conquêtes de Sa Majesté, ils me dirent : « *Nous sommes d'autant plus contents de tout ce que vous nous annon-* « *cez, que votre Empereur est originaire de notre ville.* » Ils sont dans cette ferme opinion, et rien ne pourrait la détruire.

« De Grinova, je me rendis à Veitries, lieu de la résidence du bey. Je fus accueilli par ce chef ainsi que par différents capitaines ou primats des magniotes, de la manière la plus amicale.

« En traversant la Morée, je vis les malheureux rajas de cette province, venir vers moi, arrêter mon cheval et me demander l'époque à laquelle l'Empereur Napoléon finirait leurs misères. »

Ce document est, je le répète, extrêmement troublant, car, à étudier la psychologie de ces humbles marins de Grimova, petit port grec, repaire de pirates, on voit mal l'intérêt qui pouvait être à la base de cette revendication en paternité qui parut insen-

1. Autre nom, comme nous l'avons dit, de Vitulo.

sée au capitaine Rigaud, évidemment ignorant des origines maniotes de la colonie grecque de Corse et qui devait avoir adopté, sans la discuter davantage, la thèse florentine des historiens officiels de l'Empire.

Il existe un état dressé à cette même époque par le consul Roussel, de la population du Magne (en vue d'un recrutement éventuel) ; Vitulo (Grimova) y est marquée comme ayant 700 hommes en état de porter les armes. Cela devait faire une population de 3 000 âmes. Dans une aussi petite localité, il est évident que tout le monde se connaissait et que l'histoire des familles n'avait point de secret.

Rapprochez le témoignage de Mme Aspasie Calimeri sur le grand-père pirate du cap Matapan du fait que l'occupation des marins de Grimova (proche du cap Matapan) est la piraterie. Considérez les dates : le grand-père parle de son neveu (ou petit neveu) Charles Bonaparte, à Aspasie quand elle est jeune fille, donc entre 1780 et 1790, à une époque où l'étoile de Napoléon-Bonaparte n'a pas encore illuminé le ciel, et vous serez frappé de la vraisemblance de l'hypothèse. Les deux témoignages ci-dessus sont évidemment les plus importants, et celui du capitaine Rigaud est, à mon sens, digne d'attention. Mais il y a un faisceau de faits secondaires qu'il importe de mentionner.

Napoléon s'intéressa manifestement à la Grèce. On a souvent cité ce passage du *Mémorial de Sainte-Hélène :* « La Grèce attend un libérateur ! Ce serait une belle couronne de gloire ! Il inscrira son nom à jamais avec ceux d'Homère, de Platon, d'Epaminondas ! Je n'en ai peut-être pas été loin. Quand, dans ma campagne d'Italie, j'arrivai sur les bords de l'Adriatique, j'écrivis au Directoire que j'avais sous mes yeux le royaume d'Alexandre. Plus tard, je liais des relations avec Ali Pacha, et quand on a saisi Corfou, on a dû y trouver des munitions et un équipement complet pour une armée de 40 à 50 000 hommes. J'avais fait lever les cartes de la Serbie, de l'Albanie, de la Macédoine... »

Bien des points de ces souvenirs de Napoléon ont été étudiés. L'ouvrage de M. Boppe, sur *Bonaparte et l'Albanie*, est définitif autant que peut l'être un livre d'histoire. En 1826, Mme Louise

S. Belloc publia *Napoléon et les Grecs*, et dans les numéros de juin, juillet et août 1919, des *Études franco-grecques*, M. Costas Kerofilas a donné une étude d'ensemble sur *Napoléon et la Grèce*, qui résume excellemment ce qui était jusqu'ici connu.

S'il est certain que Bonaparte conçut un grand plan de politique orientale dont Constantinople était le but et dont l'Égypte devait être une étape, il est non moins certain que les Grecs, déçus dans les espérances qu'ils avaient fondées depuis un siècle sur la Russie, se tournèrent, après la Révolution française, vers la France. Le grand apôtre de leur régénération intellectuelle, Coraïs, était à Paris. Leur poète national, Rhigas, alors à Vienne où, dans l'ombre, il préparait le mouvement insurrectionnel de l'Hetairie, écrivit à Bonaparte en lui envoyant une tabatière faite du bois d'un laurier qui poussait sur les rives du Pénée, à l'endroit où s'élevait jadis le temple d'Apollon. Son biographe et ami Christos Perraivos affirme que Bonaparte répondit et convoqua plus tard Rhigas à Venise. Cette correspondance de Bonaparte et de Rhigas n'a jamais été retrouvée et son existence demeure douteuse. Pendant la campagne d'Italie et pendant la campagne d'Égypte, il envisagea le soulèvement de l'Albanie et du Péloponèse beaucoup plus sérieusement qu'on ne l'imagine généralement. Dans sa correspondance générale figure, sous le numéro 1056, la fameuse lettre au chef des Maniotes, datée du quartier général de Milan, 30 juillet 1797, dans laquelle Bonaparte écrivait : « Les Français estiment le petit mais brave peuple maniote, qui, seul de l'ancienne Grèce, a su conserver sa liberté. Dans toutes les circonstances qui pourront se présenter, ils lui donneront toujours des marques de leur protection... »

Cette lettre était une réponse à une démarche faite auprès de Bonaparte par le chef des Maniotes Djanim, qui en avait chargé son fils [1].

Rendant compte au Directoire de cette démarche, Bonaparte écrivait : « Le chef des Maniotes, peuple vrai descendant des Spartiates et qui occupe la péninsule où est situé le cap Matapan,

1. Voir Yemeniz : *Le Magne et les Maïnotes*, 1865.

m'a envoyé un des principaux du pays pour me marquer le désir qu'il avait de voir dans son port quelques vaisseaux français et d'être utile en quelque chose au grand peuple. »

La réponse de Bonaparte fut portée aux Maniotes par deux Grecs de Corse, dont je n'ai pas besoin de souligner le nom : Dimo et Nicolo Stephanopoli. Bonaparte leur fit à Milan un accueil affectueux et les convia à sa table. Dans l'ouvrage qu'ils publièrent en 1801, ils ont fait le récit de ce dîner.

« Il y avait ce soir-là une vingtaine de convives entre autres Berthier, Augereau, Mme Bonaparte et le jeune Beauharnais. Celui-ci, étant placé à côté de Dimo Stephanopoli, lui demanda : « Êtes-vous Corse » et, avant qu'il eut ouvert la bouche pour répondre, Bonaparte lui-même prit la parole pour déclarer : « Bien plus que Corse ! Il est spartiate ! »

Il fallait être bien au courant des choses de Grèce et de l'origine des Stephanopoli pour savoir que les Maniotes revendiquaient l'origine spartiate. La chose était certes inconnue de tous les convives de Bonaparte à Milan, et l'exclamation du jeune général en chef de l'armée d'Italie est assez révélatrice.

Les deux lettres de Bonaparte citées plus haut affirment la même idée. Or, si l'on se souvient que Bonaparte quitta la Corse alors qu'il avait à peine dix ans et qu'il n'y avait fait depuis que trois courts séjours en 1788, 89 et 93, il faut que cette identité des Maniotes avec les Spartiates ait été chez lui une sorte de tradition de famille.

L'on considère généralement que la démarche du fils de Djanim en 1797 fut la seule que firent les Maniotes auprès de Bonaparte.

En réalité, les Maniotes recommencèrent en 1809 et envoyèrent au gouvernement français l'un de leurs chefs, le capitaine Pierre Mavromichali (Pietro bey) dont la ville (Acropolis) est à Grimova ce qu'Athènes est au Pirée.

Est-il très audacieux de déduire du choix de cet ambassadeur que les chefs Maniotes avaient peut-être escompté que Bonaparte, descendant des Calimeri de Grimova, lui réserverait un accueil particulièrement favorable ?

Voici le texte, jusqu'ici inédit, de la pétition (en grec) remise en 1809 à Bessières, haut commissaire de France dans les Iles Ioniennes, pour être transmise à l'Empereur.

Par une dépêche en date du 25 août 1809, adressée au ministre des Affaires étrangères, il avait annoncé sa prochaine arrivée à Corfou. Quelques jours plus tard, il mandait : « Par ma dépêche numéro 75, j'avais eu l'honneur d'annoncer à Votre Excellence l'arrivée prochaine d'un capitaine des Maniotes. Il est arrivé en effet ces jours derniers à Corfou. C'est le capitaine Mavromichali qui vient, au nom de tous les autres, implorer la protection de Sa Majesté. »

Et il joignait la traduction suivante à la demande :

« Le bruit des triomphes de la nation française, le nom de l'auguste Empereur Napoléon le Grand, digne de l'admiration et de l'amour de l'univers entier et en particulier de ces malheureux Grecs opprimés sous le joug le plus odieux, ont engagé les habitants du Magne et de Sparte, ma patrie, à mettre sous vos yeux, Monsieur le Commissaire Impérial, le tableau des maux qu'ils souffrent.

« Le soussigné, le plus humble et le plus fidèle serviteur de Votre Excellence, Piétro Mavromichali, commandant en chef les places les plus fortes du pays de Maïna, issu d'une famille des plus distinguées par leur valeur, telle que celle du capitaine Ghiorguchi et capitaine Piétro Mavromichali, comme on le voit par les certificats de nos archevêques et évêques, j'ai été choisi et élu d'un commun accord et d'une voix unanime par tous les évêques, beys, capitaines et enfin tout le peuple de Maïna, leur chargé de pouvoirs.

« Revêtu d'un tel caractère, je viens vous renouveler, Monsieur le Commissaire Impérial, l'assurance de notre dévouement envers la France, comme nous l'avons prouvé depuis trente ans, tant mon père que moi, ainsi qu'il est constaté par les certificats du consul général de France en Morée.

« Les habitants de Maïna et de Sparte, de toutes les conditions et de tous les rangs, animés d'un même zèle, nous venons nous mettre sous la protection du gouvernement français et sous l'égide tutélaire de Sa Majesté l'Empereur Napoléon le Grand, désirant tous verser sous son aigle triomphante jusqu'à la dernière goutte de notre sang ; nous demandons humblement que Sa Majesté daigne nous accorder sa bienveillance, sa protection, ses secours, Sa Majesté ayant toujours tendu une main secourable aux faibles, nous l'implorons aussi en notre faveur.

« Nous avons résolu d'arborer dans nos ports et sur nos tours, l'étendard éclatant de Sa Majesté dès qu'elle daignera nous en donner l'ordre.

« Nous demandons de la clémence de Sa Majesté l'Empereur qu'il veuille bien nous laisser gouverner notre pays en nous dictant les lois et règlements que nous devons suivre.

« L'honneur, les emplois, les pensions, les récompenses méritées par les personnes qui se signaleront par des actions éclatantes, dépendront de la clémence et de la magnanimité de Sa Majesté l'Empereur.

« Nous assurons et nous sommes prêts à donner toutes les garanties que vous désirerez de notre fidélité inviolable envers l'auguste Napoléon notre sauveur.

« Je me félicite, Monsieur le Commissaire Impérial, d'être dans cette circonstance, l'organe et le garant de mes compatriotes ; je vous demande pour eux les secours dont nous avons besoin pour défendre notre liberté contre la rapacité et la tyrannie de Véli pacha.

« Je m'offre, si Votre Excellence le trouve convenable, à entrer au service de l'Empereur Napoléon et je formerai un régiment de Spartiates que l'on soldera chacun suivant son grade.

« Il serait nécessaire que vous nous donnassiez les moyens de bâtir un petit fort dans le port de Cailles qui nous serait d'un grand secours et d'où l'on empêcherait le commerce des Anglais dans le Levant, en ayant soin de stationner dans ce port deux petits bâtiments armés en guerre que je me charge d'équiper d'hommes experts et courageux. »

Napoléon ne donna pas suite à la proposition de Mavromichali; mais celui-ci, considéré comme ami éprouvé de la France, fut, en 1812, le candidat de M. de la Tour-Maubourg, ambassadeur de France à Constantinople, au gouvernement du Magne, en opposition à Yavoug Aga, candidat des Anglais. Il a laissé une descendance qui n'a cessé de jouer un rôle considérable dans la politique grecque. Pour en revenir au problème initial, il n'est pas étonnant que Napoléon n'ait pas tenu à revendiquer ses origines maniotes. N'avoir pour ancêtres que des pirates, fussent-ils descendants des Spartiates, n'était pas fort reluisant.

Qu'il n'ait pas laissé les généalogistes s'aiguiller sur la piste pourtant flatteuse des Empereurs Comnène, ou n'ait pas encouragé ceux qui s'y étaient risqués, est non moins aisément explicable. Le seul héritier direct, reconnu par lettres patentes du roi de 1782, était vivant, et l'Empereur n'avait aucun intérêt à entrer en compétition avec lui sur un terrain aussi dangereux.

Ce Demetrius Comnène sinon authentique, du moins authentifié, avait suivi les Bourbons dans l'exil. Il pouvait, muni de ses parchemins, traiter Napoléon d'imposteur ou lui créer d'inutiles embarras.

Dès lors que l'origine grecque n'offrait que des inconvénients, le fondateur de la dynastie n'avait aucun intérêt à s'en prévaloir, alors que sa politique italienne ne pouvait que gagner à donner aux habitants de la péninsule, d'orgueil fort chatouilleux, l'impression que c'était un des leurs qui s'imposait à eux.

La diplomatie, surtout d'une aussi grande envergure, ne dédaigne pas de tels moyens. Les généalogistes lui offraient de nobles ancêtres florentins et toscans, et jusqu'à un saint dûment canonisé. Il accepta. D'ailleurs, il pouvait difficilement renier les parents italiens que son père avait invoqués lors de son entrée à Brienne. Il eut bien un sursaut de véracité quand, à l'un de ces d'Hozier, il répondit un jour : « Voilà une généalogie aussi plate que ridicule; ces recherches sont puériles. A tous ceux qui demanderont de quel temps date la maison Bonaparte, la réponse est bien simple : elle date du 18 brumaire[1]. »

Certainement le dernier mot n'est pas dit sur cette énigme que nous ne nous flattons pas d'avoir résolue ! Nous avons émis une hypothèse, apporté quelques documents nouveaux, discuté certains textes et certains faits jusqu'ici admis et qui ne me paraissaient pas sans fissure ; mais l'histoire ne peut pas se contenter de si peu, nous sommes les premiers à le reconnaître. Ceci est donc plus une question posée qu'autre chose. Ne serait-ce qu'en réunissant les éléments jusqu'ici épars et dédaignés d'une légende, c'est encore une contribution utile à l'histoire.

René Puaux.

1. *Moniteur* du 25 messidor, an XIII (14 juillet 1805).

LE BUT COLONIAL DE L'EXPÉDITION FRANÇAISE EN EGYPTE

LA FORMATION ET LE DÉPART DE LA « COMMISSION DES SCIENCES ET DES ARTS » (1798)

L'expédition que Bonaparte a dirigée en Egypte a été, pour ce pays, le point de départ d'une ère nouvelle, le principe de sa résurrection. L'honneur d'en avoir donné le signal appartient à la France. Les quatre années pendant lesquelles les Français occupèrent et gouvernèrent ce pays ont vu s'accomplir, dans le domaine politique, administratif et scientifique, un effort dont l'intensité, la méthode et les résultats méritent d'être considérés à part, indépendamment des événements militaires, et d'être mis en lumière[1].

Les 11 et 12 ventôse an VI (1er et 2 mars 1798), au cours de deux séances sur l'objet desquelles les procès-verbaux observent un secret absolu, le Directoire Exécutif de la République Française décida l'ajournement d'un projet de descente sur les côtes d'Angleterre et le principe d'une expédition en Egypte, dont le commandement fut confié au général Bonaparte.

Cette résolution soudaine, inattendue aussi bien des Français que de leurs ennemis, n'était pourtant que la réalisation tardive d'un projet conçu depuis longtemps et mainte fois proposé, tant à la monarchie déchue qu'au gouvernement républicain[2]. Ce pro-

1. Nous nous proposons d'en examiner au moins une partie dans une étude sur *Bonaparte et l'indigène d'Egypte*.

2. Voyez *Les origines de l'expédition d'Egypte*, par François-Charles Roux, Paris, Plon, 1910, et *L'Angleterre, l'isthme de Suez et l'Egypte au XVIIIe siècle*, du même auteur, Paris, Plon, 1922.

jet, qu'un intérêt politique immédiat, pressant, déterminait le Directoire à faire sien et à réaliser, ne consistait pas en une simple opération de guerre, en une sorte de manœuvre stratégique de grande envergure : c'était une entreprise politique et économique autant que militaire, un véritable dessein d'établissement colonial.

Elle lui est parvenue par l'intermédiaire d'un mémoire de Talleyrand, qui était, lui, à n'en pas douter, au courant des principales initiatives dont l'Egypte avait précédemment fait l'objet et profondément imbu de la tradition à laquelle se rattachait le projet de conquérir ce pays. Directement inspiré des propositions, des plans, des correspondances, que Talleyrand avait eus sous les yeux ou dont il avait recueilli les échos[1], ce mémoire présentait l'expédition d'Egypte au Directoire comme un établissement colonial, au double profit du peuple colonisateur et du pays colonisé :

« L'Egypte fut une province de la République Romaine, il faut qu'elle le devienne de la République Française. La conquête des Romains fut l'époque de la décadence de ce beau pays ; la conquête des Français sera celle de sa prospérité. Les Romains ravirent l'Egypte à des rois illustres dans les arts, les sciences, etc. ; les Français l'enlèveront aux plus affreux tyrans qui aient jamais existé[2]. » Ils y feront aussi refleurir l'agriculture, l'industrie, le commerce; rouvriront aux échanges de l'Europe et de l'Inde l'ancienne route de Suez et opéreront ainsi une véritable révolution dans la vie économique des peuples d'Occident; procureront enfin à la France une compensation à la perte tôt ou tard inévitable de ses colonies d'Amérique. Faire de l'Egypte une dépendance de la France; y ranimer le foyer éteint de la civilisation; y ramener la prospérité en y écrasant une tyrannie barbare : ainsi est défini le but de l'expédition d'Egypte dans le document par lequel le Directoire en fut saisi et sur lequel il délibéra.

Quand, après l'évacuation, l'un des collaborateurs civils de

1. Notamment d'un mémoire très documenté que Magallon, consul-général de France en Egypte, lui avait remis quelques jours auparavant.

2. Voyez le texte de ce mémoire dans *L'expédition d'Egypte*, par C. de la Jonquière, t. I, Paris, Charles Lavauzelle.

Bonaparte, Fourier, écrira la préface historique de cette admirable « Description de l'Egypte »[1], qui suffirait seule à immortaliser le souvenir de l'expédition française, c'est dans les mêmes projets de colonisation, de rénovation économique, d'action civilisatrice qu'il montrera le but de l'entreprise à laquelle il a été associé. Aux motifs politiques qui en ont fait décider l'exécution — atteindre l'Angleterre, punir les Beys Mamelouks de leurs vexations contre les négociants français, — « se joignait, dira Fourier, la considération des avantages que promettait un établissement fixe ». Ces avantages, la France les retirerait des cultures déjà pratiquées en Egypte, blé, autres céréales, riz, fruits de toute espèce, et de celles, plus rémunératrices, que permettrait d'introduire une meilleure utilisation des eaux du Nil : canne à sucre, lin, indigo ; de l'exportation des produits que l'Egypte reçoit du dehors, café et parfums d'Arabie, poudre d'or, ivoire et autres articles de provenance africaine, marchandises des Indes ; de l'importation des produits qui font défaut à l'Egypte et que fournit l'industrie française, étoffes, draps, vins, fer, plomb, bois, etc. L'exploitation rationnelle de ces ressources multiples nécessiterait des travaux, par lesquels la richesse du pays serait accrue : travaux d'irrigation pour l'agriculture ; pour le commerce, jonction de la Méditerranée à la mer Rouge par un canal navigable. Des relations commerciales seraient établies ou développées avec l'Arabie, la Perse, l'Hindoustan et l'Afrique. Le continent africain s'ouvrirait à l'exploration. Redevenue prospère, régénérée par un gouvernement sage et éclairé, l'Egypte rayonnerait sur tous les pays circonvoisins.

* * *

Immédiatement commencés et poussés par Bonaparte avec une infatigable activité, les préparatifs de l'expédition, dont la destination est toujours tenue strictement secrète, viennent aussitôt

1. La publication de la *Description de l'Egypte*, a été commencée en 1809 et achevée en 1825. La première édition comprend 9 volumes in-folio de texte et 14 volumes de planches, cartes, plans et gravures.

en affirmer et en préciser le caractère complexe, civil en même temps que militaire, scientifique et colonial à la fois. Pour réaliser le programme économique ébauché par Talleyrand dans son mémoire, des compétences techniques étaient nécessaires, que pouvaient ne pas posséder des officiers, absorbés d'ailleurs par les exigences de la campagne. Aux divers objets indiqués par le ministre des Relations Extérieures s'en ajoutait du reste un autre, d'un ordre encore plus élevé et plus désintéressé.

La grandeur passée de l'Egypte, l'éclat de son ancienne civilisation, la valeur artistique et l'intérêt historique des monuments qui en conservaient le témoignage étaient des matières familières à Bonaparte, dont l'imagination en avait été vivement frappée. Elles n'étaient pas étrangères à l'attrait exercé sur lui par la vallée du Nil ; il y voyait un moyen de rehausser, par des découvertes utiles à l'art et à la science, la gloire d'une conquête, dont l'importance politique s'était imposée à son esprit et que, se rencontrant avec Talleyrand, il avait rêvée et suggérée pendant que s'achevait la campagne d'Italie. Dès cette campagne d'ailleurs, l'idée de faire servir la guerre à enrichir le patrimoine artistique et scientifique de la France avait reçu une première et modeste exécution, par l'institution d'une « Commission des sciences et des arts », dont Monge faisait partie. Chargé de choisir en Italie les objets destinés à orner les musées de Paris, Monge avait certainement reçu la confidence des velléités qu'avait alors éprouvées Bonaparte de diriger ses armes vers l'Egypte ; il avait reçu de lui la mission de réunir des éléments d'information sur ce pays, vers lequel il avait peut-être contribué à orienter les pensées du général, et l'on peut supposer que son érudition avait confirmé Bonaparte dans l'idée qu'il y avait, sur les bords du Nil, des trésors artistiques à découvrir et de grandes œuvres à accomplir. La paix conclue en Italie, Monge était venu à Paris, chargé par Bonaparte de porter, avec Berthier, le traité de Campo-Formio à la ratification du Directoire. Il y était encore lorsque, le 5 décembre 1797, le vainqueur d'Arcole et de Rivoli rentra triomphalement dans sa petite maison de la rue Chantereine, baptisée en son honneur rue de la Victoire, et il fut, avec Berthollet, Laplace et Lagrange, un des savants dont le jeune général se plut alors à s'entourer, pour disserter de mathématiques, de physique et de chimie. Peu de temps après, l'Académie des Sciences recueillait Bonaparte, nommé au siège que laissait vacant l'exil de Carnot, et, très sensible à cet hommage, il alla y prendre séance, revêtu de l'uniforme d'académicien qu'avait dessiné David. Bientôt, nous le verrons signer ses arrêtés en faisant suivre son nom du titre de membre de l'Institut National, précédant celui de général en chef, indice évident du prix qu'il attachait au fait d'avoir acquis droit de cité dans la compagnie des hommes de science.

Ainsi fut-il amené, à mesure qu'il pencha pour une expédition en Égypte et lorsque le principe en eut été décidé, à assigner à cette entreprise un but scientifique et artistique, et à adjoindre à l'armée une « Commission des sciences et des arts », où se trouveraient représentées toutes les spécialités. Quelle serait la tâche de cette Commission? Avant tout, sans doute, venir en aide à l'armée, mettre la science au service de la guerre et du gouvernement, concourir à l'organisation et à l'administration du pays conquis; mais aussi, comme l'a dit un de ceux qui en ont fait partie [1], « porter les arts de l'Europe chez un peuple demi-barbare et demi-civilisé, sans industrie, sans lumières scientifiques »; enfin révéler à l'Europe l'Égypte d'autrefois et l'Égypte d'alors, l'Égypte des Pharaons, des Grecs, des Romains et l'Égypte des Mameluks.

***

Dès le 26 ventôse an VI (16 mars 1798), un arrêté du Directoire prescrivit au ministre de l'Intérieur de « mettre à la disposition du général Bonaparte les ingénieurs, artistes et autres subordonnés de son ministère, ainsi que les différents objets », que le général lui demanderait pour servir à l'expédition dont il était chargé [2]. Bonaparte, à la requête de qui cet arrêté avait été pris,

1. Jomard. *Notice sur Conté*, Paris, 1849.

2. Le texte de cet arrêté a été publié dans *Journal et souvenirs sur l'expédition d'Egypte*, de E. de Villiers du Terrage, Paris, Plon, 1899.

n'avait pas attendu l'accomplissement de cette formalité pour choisir et enrôler lui-même les chefs de son futur état-major scientifique. Monge était d'ores et déjà désigné et requis. Parti pour Rome quelque temps auparavant, il avait été chargé par le général de prendre, au Vatican, les imprimeries grecque, arabe et syriaque de la Propagande, avec leurs presses, leurs caractères et leurs ouvriers, ainsi que les cartes, les livres, les documents relatifs à l'Égypte, s'il s'en trouvait. C'est alors que lui fut rappelée par son impérieux ami une volonté qui lui avait déjà été exprimée. Le 25 ventôse (15 mars), un peu avant que le Directoire signât à Paris l'acte de naissance de la Commission des sciences et des arts, Monge écrivait de Rome à Bonaparte, pour chercher à fléchir l'amicale insistance de celui qui voulait l'entraîner en Égypte :

« Vous voulez absolument, mon cher général, qu'à mon âge je coure les aventures. Si j'étais plus jeune, aucune proposition ne m'aurait été plus agréable que celle de servir sous vos ordres et de contribuer, de tous mes faibles moyens, au bien que vous voulez faire à notre patrie et au monde entier ; mais je suis nécessaire à Paris pour un objet que je puis bien faire et qu'un autre ne fera pas ; mais je laisserais à Paris une femme qui n'est plus jeune, qui sera seule, que je n'ai pas le droit de rendre malheureuse et pour laquelle l'espérance, qui fait supporter tant de maux, n'aura plus de charmes. Laissez-moi parmi les mortels admirer vos talents, apprécier vos services et chanter votre gloire[1]. »

Mais résister à Bonaparte n'était déjà pas chose facile et était-il d'ailleurs possible à Monge, premier confident de ses projets sur l'Égypte, de se refuser à l'y suivre ? Après quelques hésitations, Monge dut promettre de partir au général qui le menaçait de remonter le Tibre pour le prendre[2] !

Inséparable de Monge et, comme lui, habitué de la rue Chantereine, Berthollet avait aussi été de prime abord choisi par Bona-

1. Cité par La Jonquière, *op. citat.*, t. I, p. 322.

2. Bonaparte à Monge, 13 germinal, 2 avril. Cf. La Jonquière, *op. citat.*, t. I, p. 325.

parte, qui l'avait connu et apprécié en Italie et lui avait demandé des leçons de chimie. Rendu célèbre par ses beaux travaux sur le chlore, l'alcali, les teintures, membre de l'Académie des Sciences à trente-trois ans, il avait, comme son confrère Monge, mis sa science au service de la défense nationale pendant les guerres de la Révolution ; pendant que Monge installait des fonderies de canon et écrivait un traité sur l'art de fabriquer ces engins, Berthollet avait alors cherché et trouvé de nouveaux explosifs et dirigé la fabrication de la poudre. Ses services et ses aptitudes le désignaient pour faire partie de l'expédition qui se préparait.

Berthollet et Monge formèrent donc le premier noyau de la future Commission. Autour d'eux fut rapidement groupée une incomparable phalange d'ingénieurs, d'architectes, de mécaniciens, de savants de toute sorte, d'artistes, de littérateurs, d'imprimeurs. Le recrutement, commencé dès l'approbation donnée par le Directoire à l'initiative de Bonaparte, s'opéra sous la direction du général en chef, tantôt par ses soins, tantôt par l'intermédiaire des premières recrues : Berthollet reçut mission d'enrôler une partie des savants ; le général Caffarelli-Dufalga, appartenant à l'arme savante du génie et désigné pour prendre le commandement de la Commission, fut chargé de provoquer, d'examiner et de sélectionner les demandes d'admission[1].

L'un des premiers choisis, Fourier, géomètre renommé, professeur à l'École polytechnique, s'occupa de recruter, parmi ses collègues, ses anciens élèves et ses élèves, un corps d'ingénieurs civils. Bientôt, le bruit s'étant répandu que le Gouvernement cherchait des techniciens pour faire partie d'une expédition lointaine, dont la destination restait cependant mystérieuse, les candidats se présentèrent spontanément : ainsi s'offrirent, d'eux-mêmes, E. de Villiers du Terrage et son ami Du Bois Aymé, tous deux élèves de Polytechnique[2]. La plupart des autres grands établissements de l'État, Centrale, Normale, les Mines, les Ponts et Chaus-

1. Pour tout ce qui concerne la formation et le fonctionnement de la Commission des sciences et des arts, voyez les très intéressants chapitres qu'y a consacrés M. Georges Legrain dans l'ouvrage intitulé : *Aux pays de Napoléon. L'Egypte*. Grenoble, Jules Roy, 1913.

2. Voyez Villiers du Terrage, *op. citat.*

sées, le Conservatoire des arts et métiers, le Parc aérostatique de Meudon, le Museum d'Histoire naturelle, l'Observatoire, furent également mis à contribution et fournirent chacun leur contingent. C'est sans doute à l'instigation de Bonaparte lui-même que fut sollicité le concours de l'illustre minéralogiste Dolomieu, qui, fatigué par les aventures d'une vie déjà passablement agitée, n'accepta de partir que parce que l'expédition, dont le secret lui fut révélé ou bien fut pénétré par lui, devait lui fournir l'occasion de vérifier sur place les conclusions d'un mémoire qu'il avait publié en 1793 sur la formation du Delta du Nil [1]. Berthollet, lui, était allé au jardin des plantes chercher des naturalistes et, s'adressant à deux des plus jeunes professeurs, Cuvier et Geoffroy Saint-Hilaire : « Venez, leur avait-il dit ; Monge et moi serons vos compagnons et Bonaparte sera notre général [2]. » Cuvier ne put, à regret, se rendre à cet appel ; mais Geoffroy Saint-Hilaire accepta.

Dès le 6 germinal (26 mars), Bonaparte, menant de front toutes les besognes, militaires et civiles, demandait au ministre de l'Intérieur qu'un certain nombre de spécialistes, dont le concours était acquis ou escompté, se tinssent prêts à partir pour des destinations de fantaisie, les uns pour Bordeaux, les autres pour Flessingue : c'était les citoyens Dangos et Lachapelle, astronomes ; Costaz, Fourier, Monge et Mollard, géomètres ; Conté, chef de brigade des aérostiers ; Thouin, Geoffroy Saint-Hilaire, Delisle, naturalistes ; Dolomieu, minéralogiste ; Berthollet, chimiste ; Dupuis, antiquaire ; Isnard, Le Pére, Gratien Le Père, Lancret, Lefebvre, ingénieurs des ponts et chaussées ; l'orientaliste Chézy et Panhuzen, interprète [3].

Cette première liste subit, du fait du ministre de l'Intérieur, sans doute d'accord avec Bonaparte, quelques modifications et quelques additions. Le 13 germinal (2 avril), ce ministre, Letourneur, soumit au Directoire les noms des savants choisis par le

1. Cf. Les Souvenirs de Desgenettes.

2. Cf. Etienne Geoffroy Saint-Hilaire, lettres écrites d'Egypte, publiées par M. Hamy, Paris, Hachette, 1901.

3. Cf. La Jonquière, *op. citat.*, t. I, p. 245.

général « pour être employés dans une mission particulière » et ceux des ingénieurs et élèves des ponts et chaussées désignés « pour se rendre à Flessingue ». Sur cette nouvelle liste ont été ajoutés : Nouet, astronome ; Clouet et Richet, mécaniciens ; Milbert, minéralogiste ; Descotils, Samuel Bernard, Regnault, chimistes ; Bodard, ingénieur, et Fèvre, élève des ponts et chaussées. Ont disparu au contraire les noms de Lefebvre et de Chézy[1].

Quelques défections devaient, avant le départ, se produire dans les rangs de ces premières recrues de la Commission[2]. Mais par contre, elle s'accrut entre temps d'un nombre considérable de nouveaux élus. L'exemple des premiers inscrits en entraîna d'autres ; leur propagande détermina des vocations ; chaque membre désigné devint une sorte de recruteur ; les chefs de file choisirent leurs subordonnés. Ainsi la brigade des polytechniciens formée par Fourier en vint-elle à compter 45 membres, élèves, anciens élèves, instructeurs ou professeurs. Geoffroy Saint-Hilaire décida Savigny, qui revenait de Chine, Nectoux, qui arrivait de Saint-Domingue, et le peintre de fleurs Redouté à s'adjoindre au groupe des naturalistes. L'Observatoire donna encore l'astronome Quesnot et l'élève Méchain. Tous les ingénieurs-géographes et les ingénieurs des ponts et chaussées qui étaient en service à l'armée d'Italie reçurent l'ordre de se rendre à Gênes[3], pour y être embarqués avec les troupes du général Baraguey-d'Hilliers ; à la tête des premiers se trouvait l'ingénieur en chef Jacotin. L'imprimerie Nationale[4], dont Bonaparte demande à Letourneur de tancer le directeur, coupable de mauvaise volonté, dut fournir le matériel nécessaire à deux imprimeries, l'une de grec, l'autre d'arabe, et tout un personnel composé d'un sous-prote, de trois correcteurs, de dix-huit imprimeurs-typographes, dirigés par l'orientaliste Marcel, à défaut de Langlès, qui ne voulut pas partir : matériel et personnel étaient,

1. Cf. La Jonquière, *op. citat.*, t. I, p. 246.

2. Clouet, Richer, Dangos, Duc-Lachapelle, Mollard, Isnard et Thouin ne partirent pas.

3. Cf. La Jonquière, *op. citat.*, t. I, p. 310.

4. Cf. La Jonquière, *op. citat.*, t. I, p. 245.

dit l'ordre adressé au ministre compétent, destinés aux îles ci-devant vénitiennes[1]. On s'adressa à l'école des langues orientales et au corps de l'interprétariat pour obtenir des orientalistes, des arabisants, dont fut l'un des meilleurs agents du ministère des Relations extérieures, Venture de Paradis. Des artistes, comme Vivant-Denon, chez qui la passion de l'art n'avait jamais exclu le goût des aventures, demandèrent à faire partie de l'expédition. Bonaparte désirait en effet que, dans la Commission, fussent représentées toutes les spécialités qui pouvaient être utiles aux travaux scientifiques, artistiques, littéraires. Allant encore plus loin, il voulait qu'elle offrît à l'armée, à la colonie qu'il se proposait de fonder, toutes les ressources qui charment et embellissent la vie. Il aurait souhaité emmener le poète Delille, le musicien Mehul et le chanteur Loys. A défaut de Delille, trop vieux, de Mehul, trop casanier, et de Loys, qui eut peur de s'enrhumer, il eut du moins Parseval-Grandmaison, Rigel et Villoteau, qui doublait Loys à l'Opéra. L'académicien Arnault, qui dut s'arrêter à Malte, compensait un peu ce que Parseval avait d'insuffisant pour représenter les lettres.

Lorsque l'approche du départ et l'abondance des enrôlements déterminèrent le Gouvernement à clore les listes, la Commission des Sciences et des Arts ne comptait pas moins de 187 membres, tant civils que militaires[2]. Vingt d'entre eux ne partirent pas ; en les défalquant du total, on obtient le chiffre de 167, qui est celui qu'indique le payeur-général de l'armée, Estève, dans un état dressé pendant la traversée de Toulon à Malte[3]. Deux autres,

1. Cf. La Jonquière, *op. citat.*, t. I, p. 229.

2. Les chiffres que nous donnons diffèrent de ceux qui résultent de la liste publiée à la suite des souvenirs de Villiers du Terrage (*op. citat.*). Cette liste comprend en effet les membres de l'Institut d'Egypte, qui est de fondation ultérieure et où furent appelés à siéger certains généraux et fonctionnaires auxiliaires de l'armée. Nous avons pris pour base d'évaluation le tableau dressé par Estève et reproduit dans la note suivante.

3. Voici cet état, qui a été publié par La Jonquière, *op. citat.*, t. I, p. 510 :
« Savants, artistes, etc., 167 ; 21 mathématiciens, 3 astronomes, 15 naturalistes et ingénieurs des mines, 17 ingénieurs civils, 15 géographes, 4 architectes, 3 élèves ingénieurs-constructeurs, 8 dessinateurs, 1 sculpteur, 10 artistes mécaniciens, 3 poudres et salpêtres, 10 hommes de lettres et secrétaires, 15 consuls et interprètes, 9 officiers de santé, 9 lazarets, 22 imprimeurs, 2 artistes musiciens. »

Arnault et Regnault, de Saint-Jean d'Angély, se séparèrent à Malte de l'expédition ; telle qu'elle fonctionna en Égypte, la Commission aurait donc compris 165 personnes.

Au fur et à mesure de leur enrôlement, les membres de la Commission avaient été répartis en classes, correspondant à leur spécialité et aux services que le général en chef attendait d'eux : astronomes, géomètres, chimistes et physiciens, ingénieurs-mécaniciens et constructeurs, ingénieurs des ponts et chaussées, ingénieurs-géographes, architectes, zoologistes, botanistes, minéralogistes, artistes et compositeurs, littérateurs, économistes et antiquaires, orientalistes, imprimeurs ; enfin, chirurgiens, médecins et pharmaciens.

* * *

Jamais armée partant à la conquête d'un pays n'avait emmené à sa suite pareille encyclopédie vivante. Les cadres de la Commission présentaient le raccourci de tout ce qu'une civilisation avancée produit d'utile ou de beau ; ils constituaient l'embryon, non seulement d'une administration, mais d'une véritable école de progrès matériel et moral. Des noms que contenaient ces cadres, nous avons déjà cité quelques-uns : ce sont ceux de maîtres illustres, enlevés, pour accompagner Bonaparte en Égypte, à l'Académie des Sciences, aux chaires des grandes écoles spéciales, à la direction d'établissements de l'État. A côté d'eux, beaucoup débutaient alors dans les carrières qu'ils avaient embrassées, ou bien même s'y préparaient encore : mais, si l'on doutait qu'ils eussent été bien choisis, on s'en convaincrait en constatant que plusieurs s'y illustrèrent et que la plupart arrivèrent aux plus hautes situations. Parmi eux, combien de futurs ingénieurs en chef et inspecteurs généraux, de futurs professeurs de faculté, de futurs membres de l'Institut de France, de l'Académie des Sciences, de celle des Inscriptions et Belles-Lettres, voire même de l'Académie Française ! « Nous aurons avec nous un tiers de l'Institut », écrivait Bonaparte[1] à Monge. A s'en

1. Le 16 germinal, 5 avril. Cf. La Jonquière. *op. citat.*, t. I, p. 330.

tenir au présent, l'assertion était quelque peu exagérée; mais, songeant à l'avenir, Bonaparte aurait pu dire qu'il partait avec le tiers de l'Institut en herbe.

Pour le moment, ces doctes personnages étaient en majorité des jeunes gens. Partant sous les ordres d'un général de 29 ans, beaucoup étaient ses cadets. Villiers du Terrage et Duchanoy avaient 17 ans; Du Bois Aymé, 19; Jomard, 21; Jollois et Lancret, 22; Malus et Ripault, 23; Descotils, 25; Saint-Genis, 26. Leur doyen, Nouet, approchait seul de la soixantaine; Berthollet et Monge avaient 50 et 52 ans. Jeunes et vieux étaient animés d'un même dévouement à la patrie et à la science, et ce qu'il faudrait dépeindre, après avoir indiqué leurs titres, c'est leur esprit. Bien que ne sachant pas, pour la plupart, où on les conduirait, ils partaient pleins d'entrain et de confiance. « Nous ignorions, écrivait plus tard Du Bois Aymé, où Bonaparte allait porter nos pas. Mais que nous importait. Ce guerrier célèbre inspirait alors un noble enthousiasme, une aveugle confiance. Monge, Berthollet, Caffarelli, Dolomieu l'accompagnaient et voulaient bien nous associer à leurs travaux. Pouvions-nous hésiter un instant [1]? » Bien qu'isolé en Italie, et, qui plus est, sévèrement morigéné par sa femme qui le traitait de vieux fou, Monge avait cependant fini par être, lui aussi, sensible à la gloire d'être associé à une entreprise dont il définissait superbement l'objet :

> « Me voilà donc transformé en argonaute, écrit-il à Bonaparte [2]. C'est un des miracles de notre nouveau Jason, qui ne va pas fatiguer les mers pour la conquête d'une Toison dont la matière ne pourra pas beaucoup augmenter le prix, mais qui va porter le flambeau de la raison dans un pays où, depuis bien longtemps, sa lumière ne parvient plus, qui va étendre le domaine de la philosophie et porter plus loin la gloire nationale. »

Toujours à Rome, qu'il ne devait quitter que pour s'embarquer à Civita-Vecchia avec une partie des troupes de l'expédition,

1. Cité par Georges Legrain, *op. citat.*, p. 81.

2. De Civita-Vecchia, le 6 prairial, an VI, 25 mai 1798. Cité par La Jonquière, t. I, p. 503.

Monge s'était employé de son mieux à satisfaire les demandes réitérées de Bonaparte en matériel et personnel d'imprimerie, livres, cartes, interprètes. Dès le 25 ventôse (15 mars) [1], il annonçait qu'il allait prendre à la Propagande trois presses, avec tous les ustensiles et matières nécessaires à leur fonctionnement, et qu'il y joindrait des caractères latins, arabes et syriaques. Il comptait trouver quelques protes, pas aussi nombreux que le désirait Bonaparte, et faisait chercher des interprètes. Par contre, il n'aurait ni cartes, ni renseignements d'aucune espèce : c'est en vain qu'il avait parcouru la bibliothèque de la Propagande et l'établissement de la Chalcographie ; dans l'une, il n'avait trouvé que de vieux bouquins, ne correspondant plus à l'état actuel des choses ; dans l'autre, un médiocre atlas, où la carte d'Afrique restait à faire ou à compléter [2]. Monge conseillait donc de ne compter, pour les livres et documents, que sur les ressources de Paris, et de faire recueillir là plusieurs exemplaires de chacun des ouvrages que Bonaparte et lui avaient à Passeriano : l'aide de camp Sulkowski devait en avoir la liste. Quant aux interprètes, il n'en pourrait recruter beaucoup, ni de fameux : peu sauraient lire et écrire. On lui avait signalé comme très instruit un pénitencier de Saint-Pierre, resté jusqu'alors inaccessible : « Je suis obligé, écrivait Monge, d'en faire le siège, et j'ouvre la tranchée de loin; j'espère l'emporter. » Enfin, le 15 germinal (4 avril) [3], l'imprimerie était emballée et quatre interprètes prêts à partir. Le 28 du même mois (17 avril), les commissaires du Directoire, Monge, Faipoult, Daunou et Florent, prenaient un arrêté déterminant la composition et les traitements du personnel de l'Imprimerie Orientale, qui comprenait un interprète, deux protes, trois compositeurs et trois imprimeurs. L'interprète était de Diarbékir, l'un des protes de Damas [4].

Bonaparte avait eu soin de suppléer par ses propres moyens à l'absence de livres et de cartes constatée par Monge au Vatican.

1. Cf. La Jonquière, *op. citat.*, t. I, p. 322.
2. Cf. La Jonquière, *op. citat.*, t. I, p. 324.
3. Cf. La Jonquière, *op. citat.*, t. I, p. 330.
4. Cf. La Jonquière, *op. citat.*, t. I, p. 440.

Lui-même avait chargé son secrétaire, Bourrienne, de lui former une petite bibliothèque de camp en volumes in-18, dont il lui remit la liste, comprenant une soixantaine d'ouvrages. Peut-être cette liste forma-t-elle le noyau de la bibliothèque beaucoup plus considérable que le général Caffarelli reçut mission de constituer. Pour l'aider dans cette tâche, Caffarelli eut recours à l'économiste Jean-Baptiste Say, qui le guida dans le choix et l'aida pour l'achat des ouvrages, au nombre d'environ 550. L'Encyclopédie, la collection des Mémoires de l'Académie des Sciences, les œuvres de Voltaire, des études d'art et d'histoire militaires, des volumes d'histoire et de géographie, des récits de voyage, notamment ceux de Savary et de Volney, les principaux auteurs littéraires, beaucoup d'ouvrages techniques sur la médecine, la chirurgie, l'architecture, le génie civil formaient, si l'on peut dire, le bagage intellectuel de l'expédition. Il faut y joindre la série, en sept exemplaires de chaque, des cartes du géographe d'Anville, relatives non seulement à l'Égypte, mais aux régions où l'armée pourrait être amenée à étendre ses opérations : Europe orientale, côtes de Grèce et archipel, Asie, Palestine, Inde, golfe arabique, Phénicie, mer Caspienne, Afrique. Une somme de 25 329 livres avait été consacrée à la formation de cette bibliothèque.

Ce n'avait été d'ailleurs qu'une partie de la tâche confiée à Caffarelli. Dans une de ses lettres à Bonaparte, Monge lui avait conseillé de faire acheter deux ou trois bons niveaux à lunette et de s'adresser pour cela à Prony[1]. Ce conseil avait été prévenu et bien dépassé par le général en chef, qui avait déjà chargé Caffarelli[2] d'acheter, en même temps que les livres, tous les instruments dont la Commission pouvait avoir besoin : instruments d'astronomie, de physique, de chimie, de topographie ; matériel et fournitures d'aérostation, d'histoire naturelle, de chirurgie, de pharmacie, d'imprimerie, machines et outils divers. Les achats de Caffarelli s'élevèrent, en y comprenant la bibliothèque, les

1. 27 mars. Cf. La Jonquière, *op. citat.*, t. I, p. 327.

2. Dès le 2 germinal (22 mars), Bonaparte se préoccupe de savoir si les fonds nécessaires ont été mis à la disposition de Caffarelli. Cf. La Jonquière, t. I, p. 243.

dépenses de transport et d'emballage des objets et les frais de bureau, à la somme de 215.509 livres. A chaque classe de la Commission était destiné un assortiment complet de ses instruments de travail : horloge et lunettes astronomiques pour les astronomes; boussoles, déclinatoires, niveaux pour les topographes; machines pneumatique, électrique, baromètres, thermomètres, hygromètres pour les physiciens, etc., etc. ; les chirurgiens auraient tout ce qu'il leur faudrait pour les amputations et pour les opérations du trépan, de la cataracte, de la taille, etc. Démontés et emballés, un observatoire, un cabinet de physique, un laboratoire de chimie, un équipement topographique, un cabinet d'histoire naturelle, un établissement aéronautique, une pharmacie, un hôpital, une imprimerie allaient être embarqués sur l'escadre avec l'armée [1].

*
* *

Vers la fin de germinal (milieu d'avril), la Commission étant constituée sur le papier et dotée de son arsenal scientifique, Bonaparte donna l'ordre du rassemblement. Tous les savants, artistes, ouvriers, officiers du génie, la plupart à Paris, quelques-uns en province, tous prêts à partir, croyaient-ils, pour Flessingue ou Bordeaux, furent invités par Caffarelli à se rendre à Lyon, où ils devaient être arrivés le 4 floréal (23 avril). L'ordre de départ leur annonçait que le but de leur voyage était Rome. Le chef de l'état-major, Berthier, devait leur délivrer des passeports et Caffarelli les précéder à Lyon. Un officier du génie y louerait une diligence, un coche ou un bateau pour les transporter à Avignon. Ils devaient être rendus, le 8 floréal au soir, à Toulon, où Caffarelli leur aurait fait préparer des logements.

C'est conformément à ce programme, arrêté par Bonaparte, que s'effectua le voyage. Commencée sur les routes de France et sur les flots du Rhône, dans de prosaïques diligences et sur de

1. Voyez, pour ce qui concerne l'achat de la bibliothèque et du matériel destiné à la Commission des sciences et des arts, l'ouvrage cité de La Jonquière, t. I, annexe III, p. 663.

débonnaires coches d'eau, l'odyssée de cette grande armée savante débuta comme une partie de plaisir. La jeunesse l'égaya de ses rires et de son entrain, de sa joie de vivre et de son insouciance du lendemain. Les plus frais émoulus de l'école préludaient à leurs découvertes en découvrant la France : tour à tour caustiques et sérieux, amusés des spectacles de la route ou de la rue, des aspects, des coutumes ou des incommodités de la province, et intéressés par les monuments, les antiquités romaines, les beautés naturelles, voire même, tel Geoffroy Saint-Hilaire, par les écoles, les collections, les industries. L'imprévu et la fantaisie des repas et des gîtes furent juste suffisants pour donner au voyage cette nuance d'équipée, qui est le charme du tourisme.

Entrevu dès le départ, le but de l'expédition n'effrayait personne, et le doute qui continuait à planer sur le terme de celle-ci préoccupait fort peu les esprits, rassurés par la calme contenance des doyens de la Commission. En arrivant à Toulon, Geoffroy Saint-Hilaire apprendra de Kléber que « l'on va dans les Indes » et cette perspective, non plus que celle des « sables brûlants de l'Égypte », ne paraît l'avoir troublé outre mesure [1].

« Tout le monde est rendu ici [2], et notre colonie de savants est en très bonne disposition », écrivait Bonaparte à Monge, le 21 floréal (10 mai) [3]. L'embarquement commença aussitôt. Les membres de la Commission furent répartis entre divers navires de l'escadre ; les plus notables, comme Berthollet et Arnault, à bord du vaisseau-amiral l'*Orient*, les autres à bord de bâtiments de rang plus modeste [4]. Alors s'établit le contact entre les civils, jusqu'alors réunis en groupe homogène, et les militaires au milieu desquels ils allaient vivre : contact plutôt rude et dont l'élément civil fut quelque peu meurtri. Un ordre de Caffarelli, rendu à l'instigation de Bonaparte, avait divisé les membres de la Commission, d'après leur situation en France, en cinq classes [5],

1. Cf. Les lettres écrites d'Egypte, lettre à Cuvier, 24 floréal, 13 mai.
2. A Toulon.
3. Cf. La Jonquière, *op. citat.*, t. I.
4. Geoffroy Saint-Hilaire à bord de *l'Alceste*, Villiers du Terrage à bord du *Franklin*, Savigny et Raffeneau-Delille à bord du *Dubois*, etc.
5. Cf. Lettres de Geoffroy Saint-Hilaire.

comportant chacune un traitement différent et une assimilation déterminée à un grade de la hiérarchie militaire. Ceux qui étaient inscrits dans la première classe étaient assimilés à des officiers supérieurs et ainsi de suite. Le général en chef avait espéré prévenir, par cette mesure, toute contestation entre civils et militaires au sujet de la préséance et de l'installation à bord. Il avait compté sans la morgue de ses officiers, sans leurs préventions et leur défiance à l'égard de ces intrus en habit carré et chapeau haut, de tous ces « pékins » en un mot. Sauf exception, les savants furent mal reçus à bord : tel d'entre eux, et des plus illustres, dut emporter de haute lutte sa cabine et sa couchette. Ils furent généralement vus d'un mauvais œil par les officiers de l'armée, même par certains des généraux de l'entourage immédiat de Bonaparte, qui ne se gênèrent point pour exprimer tout haut leur aversion. Cette disgrâce se prolongea pendant toute la traversée. Le commandant même de la Commission, Caffarelli-Dufalga, ne se fit pas faute de marquer aux ingénieurs militaires la préférence qu'il leur accordait sur les ingénieurs civils. Les égards, les prévenances que, sur l'*Orient*, Bonaparte prodiguait aux savants embarqués avec lui, ne firent que stimuler, par la jalousie, le mépris affecté par la majorité des gens d'épée pour les barbouilleurs de papier. Junot bâillait aux conférences où le général en chef réunissait Berthollet, Venture, Arnault, Desgenettes, Larrey, et il proposait qu'à cause de son nom Lannes fût admis dans la Commission. Lannes aurait cependant pu se croire à l'abri de cette insulte, lui qui avait regretté de ne pouvoir faire jeter Arnault à la mer par cinquante grenadiers ! Bien entendu, tous les officiers ne tombèrent pas dans ces travers et plus d'un tint à honneur de faire bon accueil à ses auxiliaires civils : tel le général Reynier, qui entoura de soins Geoffroy Saint-Hilaire et parvint à faire partager par tous ses subordonnés sa déférente sympathie pour le jeune savant. Mais, dans l'ensemble, le premier contact de l'élément civil et de l'élément militaire fut dépourvu de cordialité. L'antipathie des militaires ne devait désarmer qu'assez longtemps après.

Laissons pour le moment savants et soldats voguer vers Malte, puis vers Alexandrie, et arrêtons-nous un instant devant les préparatifs scientifiques dont nous venons de rendre compte. Peu de chose par rapport aux énormes préparatifs militaires et maritimes, qui furent poursuivis simultanément, ils représentent cependant un effort considérable et aboutirent à un résultat unique dans l'histoire : à la constitution d'un organisme tel qu'aucun corps expéditionnaire n'en a jamais eu à sa disposition. S'il est vrai que la fonction crée l'organe, à l'instrument créé on peut mesurer la tâche à laquelle il était destiné.

Pendant que l'expédition s'organisait, mais plus d'un mois après que les préparatifs scientifiques et militaires en avaient été entamés, le Directoire s'était décidé à consigner dans un arrêté[1], encore strictement secret, le but et l'objet de l'entreprise confiée à Bonaparte. Le général en chef de l'armée d'Orient, disait l'article 3 de cet arrêté, « fera couper l'isthme de Suez et prendra toutes les mesures nécessaires pour assurer la libre possession de la mer Rouge à la République Française » ; et à l'article suivant on lit : « il améliorera par tous les moyens qui sont en son pouvoir le sort des naturels de l'Égypte ». C'était l'indication, précise sur un seul point, générale quant au reste, de la tâche politique, civile, à laquelle la Commission des Sciences et des Arts était destinée à collaborer.

F. Charles-Roux.

1. Arrêté du 23 germinal an VI, 12 avril 1798. Cité par La Jonquière, *op. citat.*, t. I.

LA GRANDE-DUCHESSE ÉLISA A MONTPELLIER

(MARS-AVRIL 1814.)

Par suite de la triple invasion des armées anglaise, napolitaine et autrichienne qui envahissaient peu à peu l'Italie centrale, la grande-duchesse de Toscane Élisa Bonaparte et son mari le prince de Lucques Félix Baciocchi durent abandonner le siège de leurs gouvernements [1].

De Florence, Élisa se retira à Lucques, le 1er février 1814, y resta jusqu'au 13 mars, puis ce jour même par Massa et Sarzane [2] rentra dans l'Empire, pendant que son mari comme général de division commandant les troupes de la 29e division militaire (les trois départements du grand-duché et l'île d'Elbe), et en conformité des ordres de l'Empereur finissait de faire évacuer toutes les places et garnisons de son ressort par Pise sur Gênes, puis par le mont Cenis et surtout le mont Genèvre sur le territoire de la vieille France.

La résistance étant jugée impossible en Toscane avec le peu de troupes dont on disposait, mieux valait se diriger vers l'Empereur pour lui apporter du renfort si l'on pouvait le joindre à temps. C'était du reste un mot d'ordre donné par lui-même, témoin ses instructions apportées par d'Anthouard au Vice-Roi.

Après leur éloignement de Florence et de Lucques les États que les Baciocchi avaient dirigés tant d'années furent soumis les uns aux Napolitains, les autres aux Autrichiens et l'administration

1. Florence et Lucques.

2. Sarzane sur les frontières de la Principauté de Lucques était la première ville de l'Empire français sur son chemin. Sous-préfecture du département des Apennins.

impériale, déjà très affaiblie par les départs de fonctionnaires français et de leurs familles, devint la proie de la Révolution et des réactionnaires.

Mais qu'était-il arrivé personnellement aux Princes pendant que ces États livrés à l'anarchie devenaient une province autrichienne et où avaient-ils trouvé refuge?

Élisa et sa fille entraient à Gênes le 15 mars 1814 dans la soirée. Il est vraisemblable que la princesse eut le temps de voir en cette ville quelques amis particuliers pour s'entendre sur différentes questions financières demeurées pendantes dans sa principauté et auxquelles elle était mêlée personnellement.

Elle ou Kleiber[1] en son nom ou plutôt encore Eynard[2] s'entendirent avec le sénateur Balbi et surtout avec J. Foignet, ingénieur en chef du cadastre de Gênes, qu'ils chargèrent de les représenter en cas de poursuite. C'est ce qui se réalisa précisément à la fin de l'année 1814.

Nous reparlerons un jour de ce procès.

Le 25 mars 1814 pendant que la Grande-Duchesse s'éloignait de l'Italie, étrange contraste des événements et ironie du sort ! un illustre captif de Napoléon, — qu'elle connaissait bien puisqu'en 1809 elle avait facilité son expatriement forcé — le Pape..., y rentrait.

Parti de Fontainebleau le 28 janvier, Pie VII parvint sans être attendu, au bord du Taro, torrent situé à 5 milles de Parme. C'est là que ses deux berlines de voyage s'arrêtèrent et que l'officier de gendarmerie française qui était commis à sa garde, remit le Saint-Père et sa petite suite, aux avant-postes de l'armée austro-napolitaine. Pie VII continua sa route; le 27 mars il passait à Modène, où il était presque témoin du renversement des autorités italiennes. L'Histoire présente de ces rapprochements. Le vaincu d'hier devient le triomphateur de demain alors que le triompha-

1. Fondé de pouvoirs d'Eynard, attaché en outre à la banque Elisienne de Carrare.

2. Fermier général des jeux à Lucques et l'un des banquiers de la Princesse.

teur est perdu à son tour; c'est un peu le recommencement de Pharsale.

Le Pape restait encore à Modène le 28, jour où la célèbre musique militaire des vélites royaux napolitains lui donna une aubade. La foule se pressait pour y recevoir sa bénédiction qu'il renouvelait souvent [1].

Après deux jours de résidence à Gênes, le 18 mars [2], ne se sentant pas en sûreté, les Baciocchi gagnèrent Turin par Alexandrie; Félix avait rejoint la princesse à Gênes, jugeant en un pareil moment devoir l'accompagner. Il envoyait en même temps un de ses aides de camp au ministre de la Guerre pour solliciter de nouveau ses ordres.

Entre Alexandrie et Chambéry par où ils passèrent pour gagner Paris, où ils désiraient se rendre, ils rencontrèrent une division de 6 000 hommes se dirigeant sur le corps du maréchal Augereau; 3 000 hommes de la division de Toscane en faisaient partie [3].

Élisa personnellement voulut alors rejoindre Napoléon à Paris [4] ou tout au moins des amis puissants pour plaider sa cause c'est-à-dire la conservation de la principauté de Lucques.

Elle était demeurée deux jours à Turin et y avait écrit le 19 à l'Empereur.

Le même jour elle part pour Chambéry par le Mont-Cenis. Là elle apprend par un courrier que les Autrichiens occupent Lyon. Elle se dirige alors par nécessité de sûreté sur Grenoble, puis par Valence, en faisant un grand détour, sur Montpellier. Elle avait l'intention de continuer sa route sur Limoges par Toulouse.

A Montpellier, le jour de son arrivée le 23, elle se rencontre avec son oncle le cardinal Fesch, fugitif aussi, qui reste deux jours et demi avec elle (il repart le 26 de grand matin pour Mende) et voulant joindre l'Empereur ou Paris, prend la route de Clermont.

1. Manuscrit Rovatti. *Arch. Modène*, 1814, 1re partie, 230. — *Inédit.*

2. Elisa au prince Camille à Turin. Gênes, 16 mars 1814. (*Arch. Turin*, secret. III lettre citée par Roberti.

3. Voyez lettre d'Elisa à Napoléon, Montpellier, 26 mars 1814.

4. Elisa au prince Camille à Turin (lettre déjà citée) du 16 mars 1814.

Élisa n'a pas eu la même chance, sa santé ne le lui permet pas : en outre, elle vient d'apprendre le mouvement rétrograde vers Toulouse du corps d'armée aux ordres du duc de Dalmatie (Soult). Elle est donc contrainte de s'arrêter à Montpellier : elle a d'autant plus besoin de repos au milieu de ces traverses qu'elle est enceinte et très agitée.

Elle décide en conséquence d'attendre en cette ville ou dans ses alentours les nouvelles des armées qui l'environnent pour prendre un parti sur son itinéraire. Son mari et sa fille l'accompagnent ainsi que la gouvernante de cette dernière, Mme de Finguerlin.

Elle a en outre avec elle (son train de princesse n'a pas eu le temps de changer) le grand écuyer Cénami, son intendant Rielle, sa lectrice Mme Ida de Sainte-Elme, l'aide de camp du prince, chef de bataillon, Jean Mesnil. Peut-être y avait-il aussi avec elle Lucchésini fils et M. de Scitivaux, sans compter les gens de son service particulier.

Élisa écrit à l'Empereur le 26 mars, de Montpellier, que le prince brûle de lui offrir ses services dans n'importe quel grade. Elle lui donne ses impressions des départements qu'elle a traversés ; ses observations seront, dit-elle, superficielles, car son voyage s'est fait très rapidement...

... « Les habitants de la Savoie, mande-t-elle, montrent peu d'énergie. La portion de leur pays qui a été occupée par les Autrichiens n'ayant pas souffert de leur présence, on montre moins d'empressement à se défendre. J'ai été plus contente des habitants de Grenoble et de toute la partie du Dauphiné jusqu'à Valence. J'y ai reconnu de véritables Français. Cette population ne demandait que des armes et appelait de tous ses vœux le retour de l'armée d'Italie.

« Le quartier général du maréchal Augereau arrivait en même temps que moi à Valence. On parlait diversement des événements dont le résultat a été l'occupation de Lyon. Il paraît que deux généraux se sont fort mal conduits. Le corps d'armée du maréchal Augereau qui se compose en grande partie de vieilles troupes venues d'Espagne, regrette son ancien général.

« L'esprit public est faible dans les départements de Nîmes et de Montpellier, parce que jusqu'à présent on n'a vu que de loin les dangers de la patrie.

« A Nîmes cette indifférence va jusqu'à l'opposition et j'apprends qu'on y a refusé de marcher.

« Dans ces départements on ne parle que de la paix. La prise de Lyon y a produit une consternation difficile à exprimer. Je me suis mise en correspondance avec le duc de Dalmatie, pour être au courant des nouvelles qui peuvent influer sur la résolution que j'aurais à prendre. La continuation de mon voyage sera réglée sur ce que j'apprendrai des opérations du corps d'armée du Midi.

(*On lit ensuite d'une autre écriture, la sienne*) :

« Je suis avec un très profond respect, Sire, de Votre Majesté Impériale et Royale,

« La plus dévouée et soumise sœur et sujette.

« Elisa[1]. »

Montpellier le 26 mars 1814.

A Montpellier, son mari avait, comme on sait, un sien cousin inspecteur aux revues[2]. En outre, Élisa se rappelle les services rendus à son père et aux siens par un autre citoyen de la ville, le sieur J. Bimar, très ami de Louis et de Joseph pour avoir assisté Charles Bonaparte à ses derniers moments, en 1786, et avoir aidé Louis en l'an XI à retrouver ses restes mortuaires au couvent des Cordeliers.

Descendus d'abord à l'auberge principale de Montpellier où ils arrivèrent le 23 mars 1814, à une heure, *incognito*, les Baciocchi font prévenir Bimar par courrier, il accourt bientôt vers eux. Et, apprenant que la Princesse qui a une suite et tout un train d'équipages, va séjourner quelque temps dans la ville pour y attendre les événements, il loue à sa demande et moyennant 30 francs par jour une propriété aux environs, le château de la Piscine, sis à 3 kilomètres.

Cette maison aristocratique existe encore. C'est une construction carrée Louis XV appartenant alors à une dame de Cayla, précédée d'une grille en fer forgé avec écusson et entourée de futaies, restes d'un beau parc en partie détruit aujourd'hui, mais qui a bien 15 hectares d'étendue. On la voit à gauche de la

1. *Revue Napoléonienne* de Rome, page 98. IIIe année (1903).

2. Il y était encore en juin 1814 où il a l'occasion de recevoir les régiments désignés pour y tenir garnison. (D'Espinchal, *Souvenirs militaires*, II, 306.

route de Paris par Lodève et l'Aveyron [1]. Le panorama qu'on découvre de ses fenêtres sur les montagnes du Vigan, les Cévennes et parfois, quand le temps est clair, jusqu'aux Pyrénées, est fort beau.

La partie du parc entourant ce petit château renferme un bassin octogone et quatre statues en pierre du temps de Louis XIV, lesquelles sont aujourd'hui assez effritées. Elles sont aussi sur leurs piédestaux anciens : on y voit entre autres une Cérès. Il s'y rencontre aussi, datant de la fondation, des vases décoratifs en pierre, auxquels sont venus s'ajouter pour les orangers, nombre de vases en terre cuite signés de Jean Gautier, potier à Anduze, 1805.

En 1814, les communs avaient à la Piscine plus d'importance qu'aujourd'hui. Ils semblent avoir été simplifiés, ils l'ont certainement été. J'y ai reconnu par exemple un vieil abreuvoir comblé. En somme, ce château, qui ne manque pas d'agréments, et qui était alors assez isolé, était bien la maison rêvée pour une Altesse déchue, désemparée, et qui avait besoin de reprendre haleine avant de poursuivre sa course désordonnée soit vers un frère malheureux qu'on voulait encore croire puissant, soit, s'il était trop tard, vers les routes de l'exil. On se contentera après maint conseil agité et dans une sorte de détresse morale, de rétrograder vers l'Italie, et en laissant à Montpellier tout ce qui pourrait attirer l'attention, voitures trop luxueuses et fourgons.

Outre le témoignage très authentique de la lettre d'Elisa citée plus haut, il y a deux autres documents sur le séjour de la princesse à Montpellier en 1814; tout d'abord deux relations, l'une assez courte, écrite par la personne qui loua aux portes de la ville le château de la Piscine et l'autre, celle du journal tenu par le Conseiller à la cour de Montpellier, Etienne Sicard, témoin oculaire [2]. Je parlerai dans un instant d'autres lettres que de cette

1. Elle est aujourd'hui exactement sur le territoire de Montpellier, avenue de Lodève. Le tramway qui part de la place de la Comédie et qui dessert la commune de Celleneuve, y conduit.

2. M. Grasset-Morel à l'auteur, Montpellier, 21 novembre 1899 et sa brochure. *Les Bonapartes à Montpellier*, in-12°, 1903, pages 42 et suivantes, à laquelle nous devons de bons détails.

ville data Élisa et d'un dessin contemporain de ce séjour que j'ai retrouvé dans un de ses albums. Nous le reproduisons.

Le 28 mars apparut le duc d'Otrante avec sa famille. Il arrivait également d'Italie. Il partit deux jours après pour Paris ayant passé presque tout son temps avec la Grande-Duchesse. Les mauvaises nouvelles se succédaient à Montpellier du 1er au 25 avril.

Le préfet dut prendre des mesures contre leurs propagateurs. Le 28, on eut la nouvelle de la déchéance de Napoléon suivie de celle du rappel de Louis XVIII. Mais Élisa l'avait su le 25, et déjà prévenue par son ami Bimar qui recevait des nouvelles du nouveau maire de la Restauration, le marquis Dax d'Axat, elle ordonna son départ de la Piscine pour le lendemain. Les royalistes se remuaient déjà dans tout le Midi, et à Montpellier ils se livraient à certaines manifestations non équivoques de leur zèle. Un esprit anti-bonapartiste se déclarait partout dans la région.

Élisa quitta donc précipitamment de grand matin la Piscine, laissant la plupart de ses bagages et objets précieux à M. Bimar, avec prière de les lui faire parvenir un peu plus tard, pour ne pas éveiller l'attention. Ses équipages, qui l'avaient rejointe quelques jours auparavant, se composaient de voitures, de fourgons et de trente-deux superbes chevaux. Toutefois elle y laissa une belle voiture qui l'eût trop dénoncée [1].

Pendant son séjour à Montpellier, elle vit aussi Mme de Frégeville, femme d'un général qui avait donné des gages à son frère dès le 18 Brumaire et qui était de cette contrée où il avait également commandé la division.

Depuis que le relevé de ces preuves sur le passage à Montpellier de la Grande Duchesse Élisa a été fait, un nouveau document récemment découvert les corrobore. C'est dans un album de dessins ayant appartenu à la princesse Élisa [2] qu'on le trouve sous la

1. En mai 1816 on séquestre à Montpellier une belle voiture appartenant à Elisa Baciocchi. Elle fut, par la suite, rendue. G. Vauthier. « Voitures et chevaux de Napoléon » *Revue des Etudes Napoléoniennes* de mars-avril 1917, page 241.

2. Album aujourd'hui en possession de l'auteur.

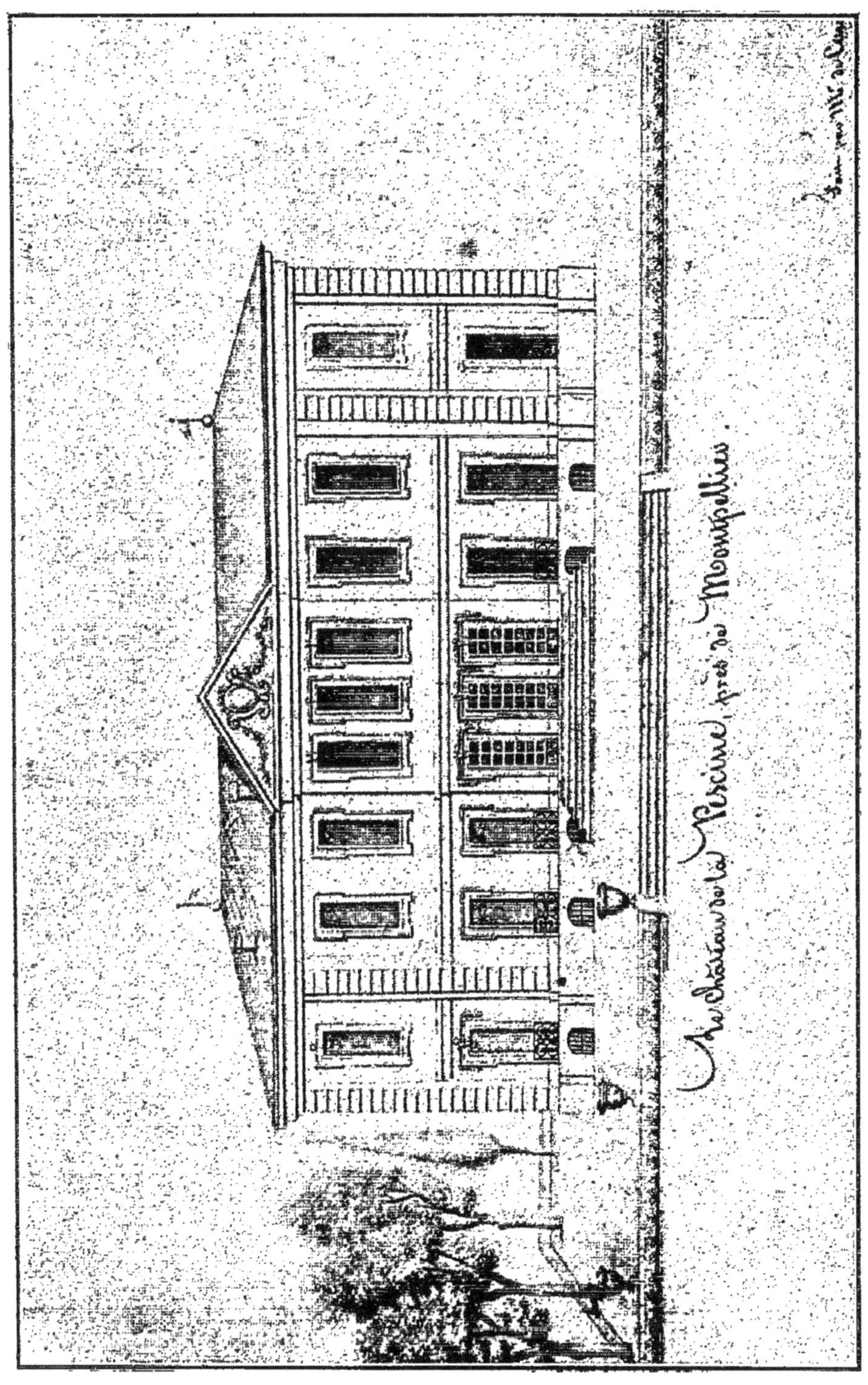

LE CHATEAU DE LA PESCINE, près de Montpellier.
Dessin de M. de Cénami. — Collection PAUL MARMOTTAN.

forme d'une sépia du temps portant cette mention : *Le château de la Piscine, près de Montpellier*, « fait par M. de Cénami ». Témoignage certain que son grand écuyer était de la suite de la princesse.

La veille de ce départ, Élisa accepta à déjeuner chez M. le premier président Duvergier. Ce même jour elle avait visité le célèbre Jardin Botanique [1].

Le souvenir de cette promenade nous a été aussi conservé par le célèbre de Candolle [2] alors professeur honoraire de l'académie de Genève et directeur depuis 1810, du jardin botanique local. Les événements militaires avaient en ce moment interrompu une grande partie des communications, l'inquiétude était générale.

« Ce fut dans ce moment de crise, écrit Candolle, que nous vîmes arriver à Montpellier, Mme Baciocchi, ou pour parler plus officiellement, la princesse Élisa, sœur de l'Empereur et Grande Duchesse de Toscane. Elle avait pour dame d'honneur Mme Finguerlin, qui se trouvait parente de ma tante, logée chez moi.

« Je ne sais si ce fut à cette occasion, ou par simple curiosité, mais la Princesse me fit dire qu'elle viendrait voir le jardin à une heure qu'elle fixa. Je dus la recevoir, et connaissant les dispositions hostiles du bas peuple, je fis, sous prétexte de lui faire honneur, fermer le jardin pour le public. Elle fut très aimable dans sa visite, et un incident curieux me donna une idée de son caractère.

« Pendant qu'elle était dans la serre, on lui apporta une lettre arrivée par estafette (car depuis dix à douze jours nous n'avions plus de nouvelles par la poste) elle la lut devant nous, se retourna d'un air très calme, en nous disant : « Messieurs, l'Empereur se porte très bien. » C'était la nouvelle de la prise de Paris qu'elle venait de recevoir avec ce sang-froid.

« Elle continua sa visite en détail, me consulta longuement sur la manière d'inspirer le goût de la botanique à sa fille, me promit à son retour en Toscane (ce sur quoi je ne comptais guère) de m'envoyer des plantes, puis rentra chez elle et partit dans la nuit. Cette visite de la princesse Elisa, que certes je n'avais pas provoquée et que je ne pouvais

1. Millin le décrit en 1810. Voyez : *Voyage dans les départements du Midi*, 4e partie, 305, 306.

2. Ancien membre de la commission des savants de l'expédition d'Egypte, élu correspondant de l'Institut le 7 décembre 1807 pour la 1re classe, Aug. Pyr. de Candolle venait de publier en 1813, sa *Botanique* et sa *Nouvelle flore française. Description des végétaux*, ouvrage resté classique.

éviter, contribua plus tard à me donner dans le peuple de Montpellier la réputation de Bonapartiste, lorsqu'on eut envie de me noircir comme homme de parti [1] .»

Voulant mettre à profit l'influence de ses relations auprès des souverains alliés, afin de tenter de conserver pour le moins sa chère Principauté de Lucques, Élisa, de Montpellier, écrivit à son ami de Ségur pour lui demander de faire une démarche auprès des puissants de la Coalition. Elle le prie de lui garder son dévouement dans ces jours d'épreuve et lui demande des nouvelles de sa famille. « Que je sois rassurée sur le sort des personnes que j'aime et le mien me paraîtra moins rigoureux. »

Ségur, malgré sa répugnance à s'adresser aux ennemis de son pays, fit une démarche auprès du prince de Metternich en mai. Ce ministre était alors à Paris.

« M. de Metternich, écrit-il à Élisa le 13 mai 1814, en vous appréciant et vous plaignant comme il le devait et en louant votre administration et votre esprit ainsi que vos sentiments, m'a dit que vous ne pouvez garder Lucques, que les traités étaient faits sans retour, que vous aviez un revenu séparé et indépendant et que malgré son désir de servir Votre Altesse, il ne pouvait rien obtenir de plus. Vous voyez que mon succès a été aussi nul que mon désir d'en obtenir était sincère. »

Élisa ne reçut cette triste fin de non-recevoir qu'après son départ de Montpellier.

Quant à la date exacte de ce départ elle est déterminée par une lettre qu'Élisa date de cette ville le 15 avril 1814, au duc *** [2]. Mais comme ce même jour, de Marseille, elle a envoyé de ses nouvelles à Fontanes [3], l'arrivée à Marseille eut lieu dans la soirée de ce jour, la distance entre les deux villes n'étant que de vingt-quatre postes par Nîmes, Beaucaire, Tarascon et Aix.

1. *Mémoires et souvenirs de A. P. de Candolle*, 1 vol. gr. in-8°, Genève, Cherbuliez, 1862, pages 245 et 246.

2. Cette lettre est visée avec sa date et mention de son point de départ par *l'Amateur d'autographes* du 1er avril 1863. Elle avait passé sous le n° 110 en 1844, à la vente Lalande. Les termes que nous en produisons sont empruntés à Jung.

3. Lettre portée à sa date au catalogue d'autographes, de la succession Fontanes dont la vente eut lieu à Genève aux enchères publiques, le 16 janvier 1875. Les termes de cette lettre nous sont inconnus.

Élisa demeura vingt-trois jours exactement à Montpellier.

Dans sa lettre du 15 au duc de *** la princesse disait :

« Voilà donc cette catastrophe affreuse arrivée, tout est perdu..... Je me décide à partir pour Naples. Je ne résiderai jamais à l'île d'Elbe, je veux me fixer à Rome si le gouvernement français n'y trouve pas d'obstacles et si le Pape le veut..... Travaillez pour moi auprès du prince de Bénévent. Nous sommes proscrits. Tout le monde nous accable. »

La princesse venait d'être mise au courant des intentions hostiles de la Coalition envers sa famille et de l'assignation faite de l'île d'Elbe à l'Empereur par le traité du 11 avril.

Sa position est des plus cruelles.

Le 18, de Marseille (car elle a rétrogradé sur la Provence, toujours *incognito*) elle s'adresse au prince de Bénévent dont elle a appris l'influence au sein de la commission provisoire du gouvernement qui vient d'être nommée par le Sénat.

Elle lui mande que les Anglais l'ont forcée de quitter Lucques, qu'elle s'est retirée à Montpellier pour attendre les événements, mais qu'à la nouvelle de l'occupation de Paris, craignant les premiers moments d'une révolution, elle s'est sauvée déguisée et sans suite, pour se rendre à Naples et y faire ses couches. Elle demande qu'on lui laisse la principauté de Lucques, petit pays dont les revenus sont si modiques, que l'Empereur son frère n'en a jamais tiré ni un homme, ni un écu...

«... Vous me connaissez et savez qu'avec quelque moyen, ma philosophie et mon peu d'ambition ont été par tous mes amis regardés comme mon plus grand défaut..... Je me regarderais comme trop heureuse si je pouvais finir ma vie dans ce pays-là. J'ignore le sort qu'on destine à ma malheureuse famille, mais dans tous les cas, j'ai besoin pour mon existence de mon indépendance. On n'a rien à redouter de mon influence ; je désire vivre en paix et tranquille en Italie, et si je jette un regard sur le passé ce ne sera que pour gémir sur le sort de mon infortunée mère, de mes frères et de mes sœurs et non pas pour moi..... Si les événements n'ont pas chassé de votre âme notre ancienne amitié, tâchez de me faire jouir d'un sort indépendant. »[1]

1. Catalogue de vente d'autographes, novembre 1853 in-8°, n° 312 et *l'Amateur d'autographes* du 1er avril 1863. (Lettre autographe signée.)

Croyant pouvoir compter sur un restant de fidélité, Élisa lui écrit de nouveau le lendemain 19 avril, d'Aix, lui recommandant ses intérêts auprès des souverains alliés — qui occupent Paris depuis le 31 mars, — et lui donnant communication des lettres qu'elle a envoyées à l'empereur Alexandre et au prince de Metternich[1].

Elle s'illusionne sur l'amitié puissante de ce courtisan de la prospérité, voulant ignorer encore tout le mal qu'il a fait à l'Empereur, son maître, loin de soupçonner également quels actes de trahison ce chambellan, comblé de faveurs par l'Empereur et par elle, prépare dans l'ombre.

A Aix où elle passe le 19 avril — la lettre signalée ci-dessus de Marseille le 18 fait supposer qu'elle l'a fait partir de cette ville à la hâte en se trompant de date — Élisa descend dans une auberge du Cours.

Un compte détaillé inédit de ses frais de route allant du 19 avril 1814 au 23 mai inclus[2] apporte sur les péripéties de ce curieux épisode de la vie de la Princesse, des précisions. Il est de la main de son intendant Mesnil qui l'accompagne alors *incognito* et en cabriolet de Montpellier à Bologne. Elle vivra ce mois là dissimulée, déguisée presque, pour échapper à la réaction partout menaçante.

Ce document très précieux nous apprend que les Princes séjournèrent à Marseille à l'auberge de la Croix de Malte du 19 avril au 14 mai 1814. Mesnil paya pour le loyer et la nourriture à cette dernière date 507 francs.

On se remet en route le 14. L'état des dépenses faites pour la table de S. A. I., transcrit ici, sera plus éloquent que les commentaires.

1. *Ibidem.*

2. Découvert par nous seulement le 1er novembre 1909 en feuilletant dans les liasses d'archives de la famille Baciocchi mises à notre disposition, les comptes de l'intendance de Mesnil de l'année 1820. Nous étions loin de nous attendre que sur le verso d'un grand papier in-4° relatant un état de dépenses de juin 1820 se trouveraient ceux du voyage de fuite d'Elisa en France interrompu à Montpellier et brusquement repris pour rétrograder sur l'Italie (Bologne, *Archivio Baciocchi* filza 69).
Mesnil était l'ancien aide de camp du Prince qui, démissionnaire sous la Restauration, avait été attaché à la maison du prince et de la princesse.

Les Baciocchi retournent en Italie par Briançon. La première poste est Aix.

14	mai,	payé pour un pâté pour le voyage	16 fr.
15	—	payé à l'aubergiste d'Aix pour dîner, logement et provisions pour la route[1]	36 fr. 50
15	—	donné aux domestiques de l'auberge du Cours d'Aix	8 fr. 50
15	—	payé pour le déjeuner en route	2 fr. 50
16	—	payé pour le dîner à Manosque, domestiques compris	9 fr. 25
16	—	pour le déjeuner à Sisteron	3 fr. 75
16	—	pour limonade, pain, vin, etc., pris à Gap	1 fr. 75
17	—	pour vin, pain et provisions à Sezanne (*sic*)[2]. . .	3 fr. 45
18	—	pour déjeuner de Charles à Fenestrelle[3].	2 fr. 20
19	—	pour dîner de trois personnes à Alexandrie	9 fr. 75
19	—	pour le déjeuner de Charles à Asti	1 fr. 50
20	—	pour provisions à Parme	2 fr. 75

Avec les 507 francs plus haut rapportés et la journée du 19 avril dans l'auberge du Cours à Aix portée à 56 fr. 75 le total est de 669 fr. 65

Un complément de comptes allant jusqu'au 23 mai porte encore ceci, toujours de la main de Mesnil :

Dépense pour frais de poste dans mon voyage au Luc, loyer des cabriolets compris	198 fr. 90
Payé pour une lanterne, de la bougie et cartes à jouer à Montpellier.	12 fr. 20
Dépense pour le voyage de Montpellier à Aix avec S. A. I.	188 fr. 80
— pour un voyage d'Aix à Toulon et retour, compris le loyer du cabriolet	145 fr.
— pour le voyage de S. A. d'Aix à Montpellier, compris le loyer du cabriolet	43 fr.
— pour le voyage de Charles d'Aix à Marseille. . .	15 fr.
— pour le voyage d'Aix à Bologne	757 fr. 70
— pour la table du prince depuis le départ de Montpellier jusqu'à l'arrivée à Bologne.	659 fr. 65
	2 689 fr. 90
23 mai, payé au tailleur Maggio pour une redingote . . .	120 fr.

1. Trois semaines plus tôt l'Empereur était passé dans ce pays conduit à l'île d'Elbe.

2. Cézane, pays au bas du Mont-Genèvre sur la frontière du Piémont.

3. Il ne nous a pas été possible d'identifier quel individu est ce Charles ; c'est peut-être une personne de service.

En vain l'Empereur a-t-il stipulé dans le traité du 11 avril signé à Fontainebleau et ratifié à Paris qu'une indemnité sera inscrite sur le Grand-Livre de France pour chacun des princes dépossédés de sa famille, acte de haute prévoyance de sa part, mesure de non moins haute décence pour les Alliés, clause acceptée en outre par eux et par le gouvernement provisoire ; cette indemnité ne sera pas payée[1].

L'Empereur accompagné des commissaires étrangers des diverses puissances, quitta le 20 avril Fontainebleau, et le 28 il s'embarqua pour l'île d'Elbe où il arriva le 4 mai.

Quant à Talleyrand, il a vite oublié son amitié pour Élisa et d'ailleurs qu'y peut-il ? La force des choses l'emporte, la réaction l'environne et de peur d'en être une des victimes il se hâte de la diriger : diplomatie astucieuse et perfide mais qui devait le faire survivre au naufrage.

PAUL MARMOTTAN.

1. Deux millions cinq cent mille francs devaient leur être assurés. Pauline et Elisa inscrites pour environ 300.000 francs chacune, exactement pour chacune 291.666 fr. 67.

Voyez le tableau publié par Wouters, page 889, dans son *Histoire chronologique de la république et de l'Empire*, Bruxelles, in-4°. un vol., 1847 et art. VI dudit traité de Paris.

L'Empereur à l'île d'Elbe fit réclamer par Bertrand, mais Talleyrand répondit de Vienne au grand maréchal que *Louis XVIII ne reconnaissait pas le traité de Fontainebleau.* (Peyrusse, *Son Mémorial*, Carcassonne, 1869, page 262.)

PHOTOGRAPHIE D'UN TABLEAU SATIRIQUE SUR NAPOLÉON.
On nous prie d'en demander à nos lecteurs l'auteur, l'origine et le sens.

CHRONIQUE NAPOLÉONIENNE

Notes sur la question rhénane.

[*Notre collaborateur M. Pingaud ayant publié dans la* Revue des Deux Mondes *du 1*[er] *octobre (sous le pseudonyme d'Albert Perraud) un intéressant article sur* La question rhénane et la politique française au XIXe siècle, *nous lui avons demandé de compléter par quelques développements nouveaux, pour les lecteurs de la* Revue, *les parties de son étude qui touchent plus spécialement à l'histoire napoléonienne, et sur lesquelles il avait dû se borner à de brèves indications. Il nous a répondu par la note suivante.*] E. D.

I. — C'est, comme on le sait, au Congrès de Vienne que la question rhénane s'est posée dans les mêmes termes où elle continue de se présenter à nous. Lors de la répartition de territoires à laquelle donna lieu la défaite de Napoléon, les représentants de la Prusse ne reçurent qu'à contre-cœur le cadeau de la rive gauche du Rhin, à laquelle ils préféraient de beaucoup l'acquisition de la Saxe, moins excentrique, plus facile à défendre et mieux faite pour arrondir leur monarchie. Cette répugnance peut surprendre de leur part en raison du contraste qu'elle présente avec l'attitude actuelle de leurs descendants ; elle répondait en réalité à une théorie que professait au début du XIXe siècle toute une école d'hommes d'État, et qui comptait dans leurs rangs de nombreux adeptes. D'après cette doctrine, la contiguité immédiate des grands États ne représentait pour eux qu'une cause permanente de conflits avec leurs rivaux et qu'un péril pour la paix de l'Europe; leur intérêt bien entendu leur commandait au contraire de se trouver séparés de leurs plus puissants voisins par de petites souverainetés soumises à leur influence, propres à leur servir d'avant-postes ou de boulevards, et dont l'interposition serait la meilleure sauvegarde de leur sécurité. Ce fut de cette thèse que s'inspirèrent, aussitôt après la guerre de délivrance, les hommes d'État prussiens : et en premier lieu le plus illustre d'entre eux, le baron de Stein, dans lequel la reconnaissance populaire s'est complue à saluer l'ancêtre et l'apôtre du patriotisme germanique. Dans le mémoire qu'il rédigeait à Prague, dès le mois d'août 1813, sur la future « constitution allemande », il préconisait une alliance étroite de la Prusse et de l'Autriche « afin de reprendre à la France, si les circonstances le permettaient, les territoires situés entre le Rhin et l'Escaut, et destinés à former un État intermédiaire (*Zwischenstaat*) entre l'Allemagne et la France, bastion naturel (*Vormauer*) de l'une contre l'autre ». Quatre mois plus tard (décembre), lorsque la victoire a conduit les armées de la coalition sur le Rhin, un autre personnage représentatif de la monarchie prussienne, Guillaume de Humboldt, reprend la même idée dans un travail rédigé à Francfort, et où il recommande en termes généraux l'établissement d'états-tampons sur le Rhin, entre la Suisse et la Hollande. Après la victoire enfin, ces vues se précisent et reçoivent une consécration officielle quand les hommes d'État et généraux prussiens venus à Paris avec leur armée (Hardenberg, Humboldt, Gneisenau, Knesebeck, Boyen) s'y réunissent, le 29 mai 1814, pour arrêter en commun le programme de leurs exigences territoriales. Ils annoncent cette fois l'intention de prendre pied sur la rive gauche du Rhin ; mais, partant de ce principe « qu'il est préférable de ne pas mettre en contact immédiat la France et la Prusse », ils déclarent se contenter de la partie Nord des provinces rhénanes, entre l'Escaut et la Moselle, et proposent de constituer avec la partie Sud, entre la Moselle et le Rhin, un État indépendant pour un prince de la maison d'Orange. On sait comment plus tard cette conception fut reprise au Congrès par Hardenberg et accordée avec son grand projet d'échange, qui transportait le Roi de Saxe sur la rive gauche du Rhin, lui en attribuait la plus grande partie et réservait le reste à la maison de Nassau. La combinaison échoua devant la résistance de Talleyrand. Il n'en est pas moins piquant de constater que la création d'une Rhénanie indépendante, dénoncée en 1924 comme une prétention de l'impérialisme français, a été représentée en 1815 comme une précaution du nationalisme prussien [1].

II. — Sous le Second Empire, la question rhénane devait passer en 1866 par une crise décisive, lors des demandes de compensation auxquelles donnèrent lieu, de la part de Napoléon III, les agrandissements démesurés de la Prusse. Pendant la première partie du règne, elle parut reléguée au second plan par la guerre de Crimée, puis par les affaires italiennes. Eclipse d'ailleurs plus apparente que réelle, car si elle sembla pour un

1. On trouvera sur ce point une démonstration complète, avec citations à l'appui, dans un ouvrage allemand d'avant-guerre : *Das Zeitalter der Revolution, des Kaiserreichs und der Befreiungskriege*, par W. Oncken, t. II, pp. 864-865.

temps disparaître des événements, elle ne cessa point de préoccuper les esprits, ainsi que le prouve toute une série d'illustres témoignages, impressionnants par leur concordance. En 1852, c'est Guizot qui se fait l'interprète de l'opinion commune en appréciant en ces termes, dans une lettre à Lord Aberdeen, les conséquences probables du 2 décembre : « Le Président est très secret et très persévérant au milieu d'un peuple très indiscret et très mobile. Il appliquera ces deux qualités à la politique extérieure. *Il ne renoncera pas plus à la frontière du Rhin* qu'il n'a renoncé au coup d'État[1]. » En 1856, c'est Victor Cousin qui, au cours d'une conversation avec l'économiste anglais Senior, se lance dans un brillant développement sur l'impossibilité pour la France d'accepter ses frontières actuelles, placées à trois jours de marche de sa capitale, et sur la nécessité de les reculer, soit jusqu'au milieu de la Belgique, soit plutôt jusqu'au cours du Rhin. En mai 1859, à la veille de la guerre d'Italie, c'est Thiers, qui, dans un entretien avec le même personnage, semble prévoir, avec l'annexion de la Savoie, celle du Palatinat, de Bonn et de Cologne[2]. En 1861, enfin, ce sera à Lamartine de dire aussi son mot sur la question. Dans un de ces *Entretiens* familiers de littérature où sa fantaisie s'égare sur tant de sujets, il esquissera pour la France, à propos de Talleyrand, tout un plan de politique extérieure, dont il cherchera le fondement dans une alliance intime avec l'Autriche, conclue sur la base d'une liberté réciproque d'action en Orient d'une part et sur la rive gauche du Rhin d'autre part. Il n'est pas enfin inopportun de rappeler, pour souligner le contraste avec la situation actuelle, qu'à cette époque le parti démocratique allemand ne semble point rebelle à ces conceptions. Dans la correspondance qu'il envoyait de Londres au *New York Tribune*, Karl Marx écrit (à la date du 19 mai 1854) : « Il n'est pas douteux que les intérêts de la rive gauche du Rhin ne gravitent vers l'union avec la France[3]. »

Ces aspirations n'auraient pu se perpétuer et se renouveler si elles étaient restées toujours platoniques. En 1860, l'occasion parut propice

1. Guizot, *Lettres à sa famille et à ses amis*, p. 338.

2. Senior (N.-W), *Conversations with Thiers, Guizot, and other distinguished persons...*, t. II, pp. 94 et 241.

3, Seize années plus tard, Karl Marx devait se montrer plus affirmatif encore sur ce point. En septembre 1870 la protestation du *Conseil général de l'Internationale* contre une guerre de conquête allemande, protestation dont il était l'auteur, contenait ce passage : « Si cette guerre-ci prouve une chose, c'est bien la facilité avec laquelle on peut envahir la France du côté de l'Allemagne. La France a droit à la ligne du Rhin, qui est certainement plus exposée à une attaque venant du Nord-Est que Berlin ne l'est à une agression venant du Sud-Ouest. » Jamais la conception française de la question rhénane n'a été mieux comprise et exposée avec plus de netteté que dans ces lignes, et sous une plume allemande.

(*Gazette de Lausanne*, 28 nov. 1923).

et le moment venu de les faire passer dans le domaine des faits. L'annexion de la Savoie, première satisfaction matérielle donnée par l'Empire au sentiment national, était représentée par lui, non seulement comme une mesure de sécurité, mais aussi comme un hommage au principe des frontières naturelles. La logique simpliste du public la considérait comme le signal d'une ère nouvelle d'agrandissements et le prélude d'une acquisition de territoire, du côté où la France avait le plus d'intérêt à rejoindre sa limite historique. Pendant tout l'été de 1860, la marche vers le Rhin, vœu commun de tous les militaires, défraya les conversations de beaucoup de milieux auxquels elle apparaissait comme une éventualité aussi prochaine qu'inévitable. Au début, elle n'était pas sans éveiller certaines appréhensions, car elle ne semblait possible qu'au prix d'une guerre. Plus tard, l'habitude venant en aide à l'illusion, on se berça de l'espoir qu'elle s'accomplirait pacifiquement, et que l'Europe mise en présence d'un fait accompli, s'y résignerait comme à une nécessité [1]. Une évolution analogue se dessinait au même moment dans les pays mêmes qui étaient l'enjeu de ces convoitises. Après avoir visité deux fois Cologne, un ami de Montalembert lui racontait qu'à son premier voyage, accompli aussitôt après l'annexion de la Savoie, il avait trouvé ses interlocuteurs résolus à rester Allemands; au second, six semaines après, il constatait dans les esprits une transformation complète et entendait partout autour de lui ce raisonnement : « Si nous devons changer de maître, mieux vaut accepter ce changement pour éviter une guerre. D'ailleurs l'Europe ne proteste pas, à quoi bon nous sacrifier pour elle? Après tout, la France est une grande nation et peut ouvrir de larges débouchés à notre commerce. » La propagande officieuse du Gouvernement impérial n'était peut-être pas étrangère à ce revirement. On lui attribuait l'inspiration d'une feuille de circonstance, la *Correspondance de Strasbourg* imprimée en allemand dans la ville de ce nom, tirée à 15 000 exemplaires et répandue à profusion dans les pays de Bade et du Wurtemberg, où avait fini par se former un parti français [2]. Il serait intéressant à l'heure actuelle de retrouver et de reproduire des spécimens de cette curieuse publication.

Cette recherche fournirait peut-être des éléments nouveaux à l'étude d'un problème qui n'a jamais été complètement élucidé. Quelles étaient, sur la question rhénane, les idées personnelles de Napoléon III? Elles sont naturellement difficiles à préciser chez un souverain qui avait fait

1. Senior, t. II, pp. 323, 334, 349. Cf. Barante, *Souvenirs*, t. VIII, p. 278 : « Un certain besoin pour la France de retrouver ses frontières naturelles circule de toutes parts. »

2. Senior, t. II, pp. 295 et 312.

du mystère le principal ressort de sa politique. Son dernier collaborateur, devenu son indulgent historien, M. Emile Ollivier, s'est porté garant de son désintéressement, mais sans en donner d'autre preuve que ce raisonnement assez peu convaincant : « S'il avait convoité le Rhin, pourquoi le nierions-nous ? Il ne l'aurait pas pris pour le faire couler dans son parc de Saint-Cloud [1]. » En admettant même sa sincérité lorsqu'il protestait de son aversion pour la politique de conquête, il paraît difficile qu'il ait pu se soustraire à l'influence des idées de réparation territoriale que symbolisait son nom et qui étaient la raison de sa popularité. Et certains témoignages tendent à établir qu'il les partageait lui-même. Au dire du plus pénétrant des observateurs, Tocqueville, qui avait été son ministre des Affaires étrangères en 1849, « l'une de ses chimères était une alliance contractée avec l'une des deux grandes puissances de l'Allemagne pour refaire la carte de l'Europe et y effacer les limites que les traités de 1815 avaient tracées à la France [2] ». Un de ses confidents italiens, entré assez avant dans sa familiarité pour pouvoir annoncer la guerre d'Italie au lendemain même de la guerre de Crimée, se montrait plus explicite encore en parlant de ses projets. Au début de 1859, il déclarait au général du Barail : « L'Empereur Napoléon a un programme en deux chapitres. Premier chapitre : l'Italie libre des Alpes à l'Adriatique. Deuxième chapitre : la rive gauche du Rhin restituée à la France » [3]. Le souverain lui-même n'a-t-il pas enfin découvert ses intentions dans cette période d'intense activité diplomatique qui précède la guerre de 1866, et sur laquelle la lumière n'a été faite que par des documents tout récemment publiés ? On a pu lire dans les colonnes mêmes de cette *Revue* le résumé d'un rapport envoyé à sa cour par le prince de Metternich, au mois de février 1863, c'est-à-dire au moment où l'Empereur cherchait à faire d'une alliance intime avec l'Autriche la base de sa politique extérieure. L'auteur y raconte comment l'Impératrice le prit un soir à part, l'atlas en main, et lui soumit, pour être transmis à Vienne, tout un plan de réorganisation de l'Europe ; elle y attribuait toute la rive gauche du Rhin à la France [4]. Il est invraisemblable qu'elle ait pu formuler ces propositions sans l'assentiment de son époux. Celui-ci à son tour devait trahir ses convoitises au cours d'une conversation avec Metternich, quelques jours avant le début de la campagne de 1866 (9 juin). Il lui disait pour lui expliquer son attitude incertaine entre la Prusse et l'Autriche : « Les provinces du Rhin en perspective m'ont longtemps fait

1. Ollivier, *L'Empire libéral*, t. III, p. 101.
2. Tocqueville, *Souvenirs*, p. 364.
3. Du Barail, *Souvenirs*, t. II, p. 228.
4. *Revue des Etudes Napoléoniennes*, sept.-oct. 1922, p. 253.

hésiter à faire un choix[1]. » Les demandes de compensation présentées à la Prusse en août 1866 semblent donc l'aboutissement de desseins longuement médités bien plus qu'un expédient imposé par les circonstances pour satisfaire l'opinion publique.

ALBERT PINGAUD.

Le précepteur du Prince Impérial.

L'autre jour, dans des papiers de famille, parmi les lettres précieusement conservées par mon grand-père Victor Duruy[2], ministre de l'Instruction publique pendant six années consécutives (1863-1869), sous le Second Empire, j'ai retrouvé par hasard une intéressante épître, assez agréablement tournée, — deux grandes pages in-8° couvertes d'une jolie petite écriture presque féminine, fine et très nette, n'annonçant rien de martial, quoique l'auteur soit un militaire, — et qu'il me semble opportun de publier. Il s'agit, dans cette correspondance d'il y a cinquante-six ans, de la nomination d'un précepteur pour le Prince Impérial, fils unique de Napoléon III (1867).

Le choix du personnage méritait mûre réflexion. Tâche délicate entre toutes, en effet, que celle d'un maître chargé de *former* véritablement le caractère et l'esprit des rejetons de sang royal ! Des prélats éminents, sous l'ancien régime, un Bossuet, un Fénelon, se sont acquittés d'un tel office à leur honneur, non toutefois sans connaître les difficultés et entraves qu'aisément on devine : je renvoie, au surplus, sur ce thème, aux judicieuses analyses et remarques présentées par M. Gustave Lanson dans son étude sur Bossuet (publiée chez Lecène) à propos de l'éducation du Grand Dauphin, fils de Louis XIV.

La lettre qu'on va lire émane d'un soldat aujourd'hui trop oublié, dont je crois bon de résumer d'abord les distingués états de service : *Charles-Auguste Frossard.* Ce général français, né le 26 avril 1807, un an avant l'empereur Napoléon III, mourut deux ans après lui, à Château-Villain (Haute-Marne), le 25 août 1875.

Sorti (en 1827) de l'École polytechnique, Frossard servit avec distinction dans le génie, prit part, comme lieutenant-colonel de cette arme, au siège de Rome (1849), et, comme colonel, à celui de Sébastopol, d'où il revint général de brigade (1855). Général de division le 24 décembre 1858, il fit, en 1859, la campagne d'Italie aux côtés de Napoléon, qui se

1. Stern (Alfred), *Geschichte Europas seit 1848 bis 1871*, t. III, p. 483.

2. Né en 1811, Victor Duruy est mort en 1894, membre de trois académies (Française, Inscriptions, Sciences morales et grand-officier de la Légion d'Honneur).

l'était attaché comme aide de camp dès 1857, « et dont l'amitié pour lui, dit A. Debidour, finit par devenir un véritable engouement. »

Le général Frossard fut élu, le 15 mars 1867, chef de la maison militaire et gouverneur du petit Prince Impérial, qui, le lendemain de cette nomination, eut précisément onze ans. En juillet 1870, lors de la déclaration de guerre à la Prusse, il commandait le camp de Châlons. Mis à la tête du 2e corps de l'armée du Rhin, battu à Forbach (6 août), replié sous Metz, il prit part aux combats de Gravelotte et de Saint-Privat, opina pour la capitulation (octobre) dans le conseil de guerre tenu par Bazaine, fut emmené prisonnier en Allemagne, où il alla rejoindre Napoléon III, et, de retour en France (1871), publia peu après (1872) un rapport sur les opérations auxquelles il avait été mêlé. Il fut appelé à présider le comité des fortifications, le 28 janvier 1874, et mourut l'année suivante, âgé d'un peu plus de soixante-huit ans.

Il avait donc soixante ans à la date qui nous occupe ; et, comme le résumé qui précède en fait foi, sa carrière, sans rien attester de spécialement glorieux, apparaît fort honorable. De façons courtoises et liantes, il entretenait d'aimables relations avec les ministres de l'Empereur, en particulier avec Duruy. Le ton de sa lettre — qu'il est temps à présent de reproduire — le prouve :

MAISON DU PRINCE IMPÉRIAL

—

LE GOUVERNEUR

—

Luchon, 19 juillet 1867.

« Cher Ministre,

« Notre jeune Prince[1] est dans un état de santé et de force qui ne laisse rien à désirer. Nous pourrons donc, aux premiers jours d'octobre, au renouvellement de l'année scolaire, commencer le nouveau régime d'instruction dont j'ai eu l'honneur de vous entretenir, et dont vous avez bien voulu, de concert avec moi, préparer les éléments, quant au choix du personnel. — Mais je ne vous ai pas encore dit tout. Peut-être savez-vous déjà que M. Mounier, précepteur de S. A., et que je devais conserver comme répétiteur général et professeur d'histoire du Prince, ne reste pas dans ces fonctions ; il n'était pas possible, en effet, de le conserver. Il me faut quelqu'un pour le remplacer. Je voudrais un jeune homme de vingt-quatre à vingt-huit ans, ancien élève de l'École normale, bien élevé, distingué de sa personne, d'attitude et de manières

1. Né le 16 mars 1856, Louis avait donc, à cette date, exactement onze ans et quatre mois. On sait qu'il devait mourir à un peu plus de vingt-trois ans, tragiquement, le 1er juin 1879. C'était alors un petit garçon simple et gai.

convenables, de conduite parfaite, intelligent et travailleur, en état d'être le répétiteur du Prince en toutes matières (moins, toutefois, les langues étrangères et les mathématiques), ayant un caractère digne et ferme, de la tenue, du tact, en un mot, une sorte de phénix. Il doit bien se trouver deux ou trois jeunes hommes de ce mérite dans nos établissements universitaires, parmi les dernières promotions sorties de l'École normale, ou peut-être parmi les élèves que vous venez de licencier [1].

« Ne pourriez-vous, cher Ministre, jeter un coup d'œil rétrospectif sur cette jeunesse, et y rencontrer quelques individualités s'approchant du type que j'essaie de vous décrire ? Cette recherche devrait être faite avec beaucoup de discrétion, et sans rien engager, parce que d'abord je voudrais voir par moi-même les personnes, et ensuite faire agréer un choix par l'Empereur, avant d'arrêter ce choix ; car il est de toute rigueur que le jeune homme que je voudrai placer près de son fils, et qui y sera constamment, convienne bien à Sa Majesté.

« Je vous demande pardon de vous donner autant de souci ; mais l'importance du but justifiera, à vos yeux, mes demandes.

« Il est toujours entendu que le Prince Impérial assistera, cette année, à votre grande solennité de la Sorbonne [2]. Il est tems, en effet, de le présenter à la jeunesse française.

« Son Altesse sera de retour à Paris à la fin de ce mois.

« Veuillez, cher Ministre, agréer l'expression de mes sentiments dévoués et très affectueux.

« Général Ch. Frossard. »

Le *phénix*, l'oiseau rare, unique, que sollicitait cette jolie épître d'un officier général qui passait à bon droit pour fort cultivé, ce fut le jeune Augustin Filon, âgé de vingt-six ans [3] (quinze ans seulement de plus que son élève). Il fut désigné au choix du ministre par mon père, Charles Glachant, gendre et chef de cabinet de Victor Duruy, puis inspecteur général de l'Université (Enseignement secondaire). Filon, doué d'une figure charmante, d'un esprit alerte et solide, qu'il montra plus tard

1. Une manifestation politique jugée intempestive (une adresse à Sainte-Beuve, qui ne fut pas du goût du gouvernement) avait fait licencier l'École normale supérieure, une semaine auparavant (le 10 juillet 1867). Ce licenciement amena la retraite de l'administration (le directeur Nisard, les sous-directeurs Pasteur et Jacquinet). De plus, un nouvel article du règlement, motivé par la démarche des élèves, leur interdit de faire à l'avenir, collectivement ou au nom de l'École, aucune lettre, démarche ou souscription non autorisée.

2. La distribution des prix du Concours général, 7 août 1867.

3. Né en 1841, décédé en 1916.

dans de délicieuses *Nouvelles* et de substantiels essais critiques sur la littérature anglaise, était alors un *scholar* de premier ordre. Ancien brillant lauréat, au Concours général, comme élève du lycée Napoléon (Henri IV), du prix d'honneur de discours latin et du grand prix d'histoire en Rhétorique, chef de la section littéraire de 1861 à l'Ecole normale supérieure, il marquait déjà par ses succès et son talent précoce parmi des promotions où il eut pour camarades des jeunes gens qui ont bien fait leur chemin par la suite, dans les sciences ou les lettres : Decharme, Duclaux, Foncin, Alb. Dumont, Alf. Rambaud, Edg. Zévort, Petit de Julleville, Compayré, Ern. Lavisse, Gab. Monod, Théod. Ribot, Alb. Duruy, An. Feugère, Vidal de la Blache, Tisserand, etc., aujourd'hui tous disparus.

Pour ma part, je n'ai connu Augustin Filon qu'à son déclin : infirme, presque aveugle. Je le rencontrais chez mon grand-père, rue de Médicis, il y a une trentaine d'années, — en 1892, je crois, — donc vingt-cinq ans après cette nomination de précepteur qui l'avait soudain mis en vue, treize ans après le trépas dramatique de son élève, à qui il a consacré des conférences et un livre où s'affirme pieusement son tendre souvenir : car ce *courtisan du malheur* est resté constamment fidèle à l'Impératrice et à la mémoire de son enfant. En 1892, Filon résidait depuis plus de vingt ans en Angleterre, où son fils venait de se faire naturaliser citoyen anglais : ce qui, par parenthèse, peinait fort le père. Il ne faisait à Paris que de rares apparitions, pour surveiller, à la maison Hachette, l'impression de ces études dont j'ai parlé : petits romans dans des cadres britanniques, articles de critique (il en donna beaucoup aux *Débats*), monographie sur Mérimée, essais de littérature anglo-saxonne.

Il me reste à dire deux mots du vœu que Frossard exprimait, au terme de sa requête : la présentation du Prince Impérial à la jeunesse française. Napoléon semble avoir tenu expressément à ce point, sans doute dans l'intérêt de sa propre popularité. Il se souvenait que les fils de Louis-Philippe avaient été envoyés par le roi leur père au collège Henri IV, afin d'y étudier comme de simples petits bourgeois[1]. Napoléon III, pourtant, n'osa pas faire asseoir le sien sur les bancs scolaires : il se contenta de lui faire visiter les classes, les études et le parc du lycée de Vanves, fondé en 1864 pour les enfants (jusqu'à la quatrième), et qui portait le nom de *Lycée du Prince Impérial*[2], administré par un bon pédagogue, Jullien, ancien proviseur de Louis-le-Grand, commandeur de la Légion d'Honneur. Je possède une amusante relation manuscrite de cette visite (adressée au ministre Duruy), empreinte d'un enthou-

1. D'Aumale, surtout, s'y distingua : élève de Rhétorique il obtint même, en 1840, un prix de discours français (*nouveaux*) au Concours général.

2. Aujourd'hui *Michelet*, lycée de plein exercice.

siasme de commande. Plus tard encore, toujours sous le ministère Duruy, en 1868, on fit distribuer par l'enfant des couronnes, au Concours général. J'ai conté jadis ailleurs, dans le *Journal de l'Enseignement secondaire,* et avec tous les détails, l'incident fameux, — et fâcheux, — qui signala la cérémonie : un jeune élève de seconde de Charlemagne refusa de recevoir des mains du Prince son premier prix de version grecque. Il s'appelait Cavaignac, futur polytechnicien et ingénieur, futur ministre de la guerre lors de la revision de l'affaire Dreyfus, fils de l'ancien concurrent malheureux de Louis-Napoléon à la Présidence de la République, en 1848. Le fait fit scandale.

Pour conclure, sur la valeur morale et les capacités d'écolier du Prince Impérial, je ne saurais rien affirmer avec compétence, sinon — le fait est notoire — que ses maîtres s'étaient sincèrement attachés à lui. J'ai rappelé que le dévouement d'Augustin Filon ne s'est jamais démenti. Je sais en outre, ayant intimement connu Lavisse, qu'il a *beaucoup aimé* (c'est sa propre expression) l'enfant à qui ce maître historien a enseigné un peu d'histoire. Et comment ne pas plaindre, même sans l'avoir aimé ni connu, ce fils infortuné du vaincu de 1870, ce proscrit innocent qui fut pendant quatorze ans l'idole de la France, et qui périt, moins de deux lustres après son départ pour l'exil, massacré à vingt-trois ans (1er juin 1879) par des sauvages, au Zoulouland, sous l'uniforme anglais !

Victor Glachant.

Les deux Empires dans l'Histoire de France contemporaine de Lavisse (1789-1919)[1].

Une œuvre magistrale qui, au lendemain de la guerre, fait le plus grand honneur à la librairie Hachette. M. Lavisse en a écrit la conclusion générale, et ce sont sans doute les dernières pages qui soient sorties de sa plume : il le fallait pour couronner un pareil monument.

Les coupures qui partagent ces 9 volumes sont évidemment de lui : I. 1789-1792 ; — II. 1792-1799 ; — III. 1799-1814 ; — IV. 1814-1830 ; — V. 1830-1848 ; — VI. 1848-1859 ; — VII. 1859-1875 ; — VIII. 1875-1914 ; — IX. 1914-1919.

Il y aurait beaucoup à dire sur ces coupures, qui n'ont pas donné à tous les auteurs la même aisance ni la même unité de composition. Ainsi M. Sagnac, ayant la période 1789-1792, n'eut pas à se plaindre.

1. Neuf volumes illustrés, plus un volume de tables générales pour ces 9 volumes et pour les 18 volumes de l'Histoire de France. — Librairie Hachette.

Mais M. PARISET a eu d'abord 1792-1799, on pourrait dire : la Grandeur et la Décadence de la première République, et ensuite il a été obligé de faire tenir le Consulat et l'Empire dans un volume. M. CHARLÉTY, avec les tomes IV et V, a eu assez de chance en ce partage. — Les tomes VI, VII et VIII, sont partagés par les dates de 1859 et de 1875 : pourquoi? Pour couper le deuxième Empire en deux et l'écraser entre les deux Républiques? Le fait est qu'il s'en trouve assez maltraité.

A part pour 1914, et peut-être 1814, toutes ces coupures sont inspirées d'événements intérieurs plus ou moins décisifs. Peut-on faire l'histoire de la France contemporaine sans attacher autant d'importance à l'histoire extérieure qu'à l'histoire intérieure ? Non. On l'a pensé même ici puisqu'on a consacré tout un volume à l'histoire de la guerre de 1914-1919.

On notera donc d'abord que la politique extérieure de la France a été sacrifiée, reléguée au moins au second plan. C'est dommage : la France contemporaine a joué et joue un si grand rôle dans le monde ! Et l'on serait tenté de dire que cette Histoire de France contemporaine — sauf quelques aperçus économiques ici ou là —, devrait s'intituler Histoire politique de la France contemporaine : — elle est donc prise d'un point de vue étroit, ou au moins très spécial.

*
* *

M. Philippe SAGNAC a été le mieux partagé, de beaucoup, et il a pu ainsi écrire un très beau volume.

Après Michelet, Jaurès, Aulard, etc., au milieu de toute l'activité scientifique aujourd'hui consacrée à renouveler l'histoire de la Révolution, ce livre est une mise au point précise et impartiale des résultats acquis à ce jour.

Il y a là des choses très nouvelles sur l'esprit public à divers moments de ces quatre grandes années, — sur la révolution rurale, où d'ailleurs il y aura encore à dire ; car l'enquête n'a fait que commencer, comme aussi sur les caractères économiques de la Révolution.

Il y a là des récits très vivants qui sont, par l'exactitude scrupuleuse, par la couleur réaliste, par la sobriété, de vrais modèles de narration historique : tels, les journées d'octobre 1789, la fuite du roi, le 20 juin 1792, les massacres de Septembre.

Et par là M. Sagnac a réussi une œuvre très difficile, une histoire de la Révolution qui sans doute n'est pas définitive, mais qui tient le lecteur au courant de l'état actuel de la connaissance scientifique à cet égard : — solides assises à l'ouverture de l'enseignement de Sorbonne où M. Sagnac vient de prendre la chaire de M. Aulard.

*
* *

M. Pariset était déjà plus embarrassé avec le second volume, intitulé aussi *la Révolution, 1792-1799*. Il l'a divisé en quatre livres : la Convention Girondine, — la Convention Montagnarde ; — la Convention Thermidorienne et le premier Directoire ; — les Secousses Directoriales (ce dernier titre est pittoresque).

Il ne s'y rencontre pas de révélations, à proprement parler, mais des études particulières serrées et solides sur le procès du roi et les votes, la question économique au printemps de 1793, la politique du blé, — la dictature Montagnarde de l'an II ; — le gouvernement révolutionnaire, qui constitue le plus important chapitre du livre, pour ainsi dire, le joint central : on y distingue la théorie (quoiqu'il soit difficile de définir la théorie d'un gouvernement qui par définition n'est pas régulier), et le « mécanisme » c'est-à-dire « le bilan de la guillotine », à Paris, en province ; — enfin la religion révolutionnaire qui n'est pas, quoi qu'on en dise ici, une laïcisation, puisqu'il s'agit d'une autre religion, sans beaucoup de tolérance.

Aux chapitres de la Réaction Thermidorienne et du Directoire, il est fait peu de place à la politique extérieure : à la question du Rhin, et il semble que ce soit de parti pris ; — à la campagne d'Italie, qui tient en quelques pages et qui n'apparaît que comme « l'émancipation politique de Bonaparte » ; — on voit le point de vue, et comme il est oblique.

Par contre — et c'est par là que ce volume est le plus neuf — il y a d'excellentes pages sur Babeuf, sur la renaissance du catholicisme, sur Fructidor, le travail et les réformes, la restauration économique de la France. Avec les coups d'État, on retombe naturellement dans la politicaillerie ; mais on tirerait de ce volume une sorte de réhabilitation du Directoire, et on verrait dans l'œuvre accomplie en ces quatre années si troublées, les préliminaires de l'œuvre constructive du Consulat.

Car il n'est pas nécessaire d'accabler toujours le Directoire par la comparaison avec la Convention ou avec le Consulat, et la France a poursuivi de l'une à l'autre, même à travers le Directoire, son prodigieux effort d'organisation démocratique.

Mais que dire d'une *Histoire du Consulat et de l'Empire* qui sacrifie délibérément, impitoyablement, la politique extérieure, c'est-à-dire l'œuvre essentielle de l'Empire, et en quelque sorte sa raison d'être.

M. Pariset a partagé ce volume en quatre livres : 1° les Pacifications Consulaires, c'est-à-dire la pacification continentale, la pacification intérieure, la pacification religieuse, la pacification maritime où je relève ce paragraphe « Albion victorieuse et pacifique » — n'est-ce pas touchant? — la paix en France; — 2° l'Établissement de l'Empire; — 3° le Régime impérial, où nous allons revenir; — enfin 4° où il ne reste plus que 67 pages pour faire toute la politique extérieure de Napoléon, sous ce titre le Système Continental.

Il est donc manifeste que M. Pariset a voulu s'enfermer dans le cadre territorial de la France.

Il nous faut aussi nous tenir sur ce terrain, où il y a des chapitres tout à fait remarquables; on s'y attendait : M. Pariset est actuellement l'historien de France qui connaît le mieux *la France* du Consulat et de l'Empire.

Il est puissamment documenté sur les complots, la machine infernale, Moreau, Cadoudal, Mehée, le duc d'Enghien, la police de Fouché ou de Dubois; c'est à travers ces intrigues qu'on arrive à l'avènement; on dirait une comédie, et que la nation n'y a nulle part. Il ne faut pourtant pas oublier que Napoléon fut très populaire et le resta, même au temps de Béranger ; toute l'histoire, même intérieure, n'est pas dans les intrigues des policiers, pas plus que dans les intrigues de cour.

Les affaires religieuses sont ici abondamment traitées. A propos du Concordat, nous avons un excellent morceau de discussion critique autour des 21 rédactions successives qui ont circulé entre Rome et Paris; — plus loin la loge et la synagogue, les intimes relations de la famille impériale avec la maçonnerie; — mais aussi le duel avec le pape; on y passe un peu vite sur le sénatus-consulte du 17 février 1810 dont pourtant on dit avec raison qu'il est « l'acte le plus éclatant de la deuxième partie du règne ». Mais on y sort largement du cadre de la France, où il faut vite rentrer.

Quelques pages sur le Code, présenté comme le Code de la classe possédante, l'État « enregistrant les naissances pour savoir où trouver ses conscrits ». On note pourtant, page 168, que le Code est devenu européen parce qu'il portait avec lui les principes fondamentaux de la Révolution, et qu'il fut ainsi son meilleur agent de propagande pratique... Mais nous voici encore partis hors du cadre de la France.

Les chapitres les plus nouveaux sont ceux qui sont consacrés à l'organisation sociale : les ouvriers, le compagnonnage, les réglementations corporatives, les salaires, le prix de la vie; — l'activité productrice, le sucre, le bétail, les casimirs et les serges, le coton et la soie, la papeterie, la loi minière de 1810, les industries chimiques, le savon qui remplace la poudre; « La France se met à se laver plus qu'à se poudrer » (p. 278); — l'action de l'État sur les transformations économiques.

On lira avec le même intérêt les chapitres qui traitent de l'enseignement : le régime de l'instruction publique, les lycées, le militarisme au lycée, les écoles spéciales, la création de l'université, son régime, son personnel, son budget, son plan d'études; — le mouvement intellectuel et artistique, la police des lettres, la direction générale de l'imprimerie, la censure, la situation sociale des écrivains, l'administration des arts et le style Empire.

Par là, ce livre aura apporté d'importantes contributions particulières à l'histoire du premier Empire.

Quant à la politique extérieure, impériale, il vaut mieux que nous n'en parlions pas; car elle n'est pas traitée, sous prétexte, nous dit-on, « qu'elle dépasse le cadre de l'histoire de France », que « Napoléon est un Européen » — espérons qu'il reste quand même Français, la France étant en Europe, — et qu'on n'a à s'occuper ici « que des faits de l'histoire de France »!! La victoire d'Austerlitz ne serait-elle pas un fait de l'histoire de France?

Mais passons, comme M. Pariset, en cueillant quelques feuilles : — Que l'histoire du monde a été pendant dix ans un duel entre Napoléon et Alexandre : cela nous change de Sorel; nous sommes d'ailleurs ici personnellement de l'avis de M. Pariset; — dans l'histoire de la troisième coalition, l'affaire des négociants réunis et la crise financière paraissent en ce livre beaucoup plus importants qu'Austerlitz; — Galopons à travers la quatrième coalition : Iéna? quelques lignes; Tilsit? deux mots; Wagram? un souffle, l'Autriche « à bout de souffle »... Pressons, nous sommes à la page 407. Ce sont pourtant les « années tournantes, » et il faut parler de la conspiration républicaine de 1808, et de la disgrâce de Talleyrand, et des manœuvres de Fouché... une page sur la campagne de Russie, mais deux sur l'affaire Malet de 1812; — 1813, la « libération des peuples »... qui, on ne le dit pas, allaient tomber sous le joug de la Sainte-Alliance et célébrer Napoléon à Sainte-Hélène comme leur libérateur et le prophète de leurs aspirations nationales...

Quelques lignes sur la campagne de France..., et l'on finit au bas de la page 438, limite extrême que sans doute il ne fallait pas dépasser, par cette conclusion : « La bataille de Paris, la plus sanglante de la campagne, avait fait au total 18.000 hommes de pertes, égales de part et d'autre »... Pas même un trait : j'ai cru qu'il me manquait quelques feuilles... Mais non! Il fallait finir...

Nous estimons qu'il aurait mieux valu ne pas traiter du tout de la politique extérieure du premier Empire et intituler ce volume : — La France à l'intérieur sous le Consulat et l'Empire. On a voulu coucher Napoléon sur un lit de Procuste... Ce n'est pas lui qui a souffert le plus de l'opération.

*
* *

M. Charléty, comme M. Sagnac, était bien plus à son aise, avec les deux volumes qui lui étaient confiés, l'un sur la *Restauration*, l'autre sur la *Monarchie de Juillet*.

Nous n'avons pas ici à nous y attarder. Parmi les quatre livres de l'Histoire de la Restauration : 1° l'établissement du régime parlementaire ; 2° le gouvernement parlementaire, 1816-1828 ; 3° les partis et la politique économique de 1814 à 1829 ; 4° la chute des Bourbons, 1828-1830 ; — c'est le troisième qui est le plus nouveau ; il constitue le centre de l'ouvrage et lui donne une très forte et belle unité.

M. Charléty s'y élève au-dessus de la petite politique des partis ; il nous apparaît avec lui que la politique n'y a été — comme en d'autres moments — que le fait de quelques milliers de Français ; que la Restauration n'a été qu'un accident superficiel ; que cependant se développait un grand mouvement d'idées, de doctrines, de paroles et de sentiments grandiloquents, expression d'une génération nouvelle, la génération romantique : un volcan où la monarchie dansait et politiquait avant de sauter.

Là est le lien avec le volume suivant ; car tout cet enthousiasme romantique a abouti en 1830 à un médiocre compromis sous lequel l'idée démocratique se préparait à d'autres manifestations.

On y étudie l'installation du nouveau régime, la conquête du pouvoir personnel, la vie économique ; l'expansion coloniale ; le pouvoir personnel, 1840-1848. On sent que les chapitres essentiels sont ceux de la vie économique : le régime douanier, la production, le commerce, la condition des personnes ; un régime organisé pour le profit d'une classe, celle des grands industriels ; plus loin, le réveil du catholicisme, — et des pages remarquables sur la Révolution de Février, d'une narration solide et dramatique en même temps, vers une conclusion qui ramasse tout le sens de cette histoire : — c'est-à-dire que la Révolution fut accaparée par la bourgeoisie, le pouvoir accaparé par le roi et ses « fonctionnaires » ; qu'ainsi le gouvernement et les classes dirigeantes se séparèrent et se distinguèrent de la nation ; même erreur que celle de Louis XVI en 1789, pour aboutir aux mêmes conséquences, l'avènement de la démocratie.

Tout ce deuxième volume de la Monarchie de Juillet constitue avec le précédent un ensemble qui nous paraît constituer à tous égards la meilleure partie de toute cette *Histoire de France contemporaine*. Ce sont les parties centrales du monument : par elles, il tiendra.

*
* *

Avec les trois volumes de M. Seignobos, 1848-1914, nous sommes en plein dans l'histoire politique, où il est un maître reconnu. Nous ne reviendrons pas sur les coupures de 1859 et de 1875, et nous essaierons de considérer ces trois volumes comme un tout.

Le premier, 1849-1859, est consacré pour une moitié à la période 1848-1851, ce qui marque une certaine disproportion. Et d'abord il y aura naturellement peu de chose sur la politique extérieure et coloniale, seulement quelques formules rapides qui prêteraient beaucoup à la discussion. M. Seignobos était le mieux du monde préparé à écrire l'histoire de la deuxième République; il l'a encore renouvelée ici par des chapitres remarquables sur les suites immédiates de la Révolution de 1848, sur la distribution régionale des partis en France à l'époque de la Législative : — mais pourquoi cette étude minutieuse à cette date plutôt qu'à une autre? De tels tableaux sont infiniment changeants, insaisissable poussière d'histoire. Et les rapports des procureurs-généraux y peuvent-ils suffire? Ils ont leur point de vue spécial et leur ton.

A partir de 1851, M. Seignobos a fait de Napoléon III un portrait simple et sobre, avec ses défauts et ses qualités combinés en un caractère de grande séduction. Et son livre VI, quoiqu'il n'ait pas pour les faits économiques la solidité des deux volumes de Charléty, donne un tableau fort intéressant de la société française, population agricole ou industrielle, classes moyennes et classes supérieures, mouvement intellectuel... Mais ce tableau vaut-il pour tout l'Empire? Sans doute, ou à peu près, puisqu'il n'y a rien de semblable dans le volume suivant, pour la période 1859-1875. Et cela révèle une méthode assez flottante[1].

Le deuxième volume, 1859-1875, encadre son livre II, de la Politique extérieure de Napoléon III, et son livre III, de la Guerre, entre le livre Ier, Évolution de l'Empire vers le régime parlementaire, et le livre IV, Etablissement de la République Parlementaire.

Il y a encore quelques hésitations dans le plan, surtout en ce qui concerne la politique extérieure : — Comment distinguer la politique impériale hors d'Europe, Chine, Syrie, Mexique, de la politique coloniale, Algérie, Sénégal, Cochinchine? Il semble qu'on ne puisse guère séparer la Chine et la Cochinchine,... à moins qu'il ne faille appeler politique impériale une politique coloniale qui a échoué. — A propos des tentatives d'alliance contre la Prusse avant 1870, n'y avait-il pas quelque

1. Est-il possible de dire que Napoléon III était « indifférent à la question d'Orient » ? (p. 325). Alors? La guerre de Crimée? L'expédition de Syrie ? La naissance de la Roumanie ? Le canal de Suez ? — Nous dirions volontiers que la politique de Napoléon III était dominée par la Question d'Orient, ou par la question de la Méditerranée. Il est vrai que M. Seignobos ne dit pas un mot de l'œuvre de Ferdinand de Lesseps et du canal de Suez : une lacune d'importance.

Il y a page 130 une gravure représentant Louis-Napoléon au moment de sa prestation de serment comme Président de la République, et M. Seignobos nous signale en avant de la gravure ses trois *neveux*, le prince Jérôme, le prince Murat. et le prince Louis-Napoléon, tous trois représentants du peuple : — une parenté à revoir.

chose à dire des négociations avec la Bavière, et des papiers de Cerçay et du livre de Ruville. — Par contre, il y a un excellent récit de la rupture avec la Prusse en 1870 et de la mission Benedetti, avec une mise au point de la plus grande précision sur « la falsification de la dépêche d'Ems » (p. 219). — De même, pour « l'alerte de 1875 ».

Mais les morceaux les plus parfaits sont ceux qui traitent de l'histoire politique proprement dite : le relâchement du régime autoritaire à partir de 1859, sa décomposition à partir de 1866, l'institution de l'Empire parlementaire; — puis, après la guerre, l'avènement de l'Assemblée Nationale, la Commune de Paris, la réorganisation du pays, les conflits entre l'Assemblée et le Président, l'échec de la restauration monarchique, l'organisation de la République.

On ne retrouve plus ici les tableaux régionaux des partis, sauf une rapide esquisse à la date de 1870 ; on aimerait une situation de cette sorte à la date de 1875. De même, pour l'état économique. Mais il faut se reporter pour cela à la fin du volume suivant.

Quoi qu'il en soit, toute cette histoire politique est traitée magistralement. de la façon la plus impartiale et la plus hautement scientifique, parmi des événements où il était difficile d'éviter l'émotion patriotique ou libérale[1].

Le troisième volume de M. Seignobos sort tout à fait de notre cadre. Disons seulement, pour donner une idée à peu près exacte de l'ensemble, que ce troisième volume comprend essentiellement une histoire politique en deux livres : l'avènement du parti républicain ; — la scission et les luttes entre les républicains ; — puis une vue rapide de la politique extérieure et coloniale de 1878 à 1914 ; — enfin un livre IV sur les transformations de la France de 1861 à 1914 : vie sociale, classes dirigeantes, population agricole et industrielle; mouvement intellectuel. On verra dans ce tableau la suite de celui que nous avons trouvé au début du second Empire. Et il permet de donner à cette œuvre de M. Seignobos son unité de composition : — on rapprocherait les chapitres par lui consacrés à la seconde République, à la décomposition du second Empire, à la fondation et à l'évolution de la République jusqu'en 1914, en une remarquable synthèse de l'évolution politique et sociale, surtout politique, de la France depuis la Révolution de Février.

*
* *

Il ne nous appartient pas de parler ici du dernier volume de l'*Histoire*

1. Signalons quelques lapsus : p. 308-309, les troupes de la Commune sortent de Paris le 3 avril en trois colonnes, l'une sous Duval, la 2e sous Eudes, la 3e sous Duval (?). — Au portrait de Thiers par Bonnat, p. 358, on nous dit que Thiers était né en *1822*. — P. 411, les derniers milliards de l'emprunt payables en mars *1871*, pour 1873.

de France Contemporaine, dû à M. A. Gauvain pour les négociations de la guerre, à M. H. Bidou pour les opérations militaires, à M. Seignobos pour l'action de la guerre sur la vie française : — pour cela, vingt pages, sur la politique intérieure, les effets politiques et sociaux de la guerre... Que dire en vingt pages ?

Ce dernier volume ne prétend donc ni à l'unité de conception, ni à l'unité de composition. Même en ce qui concerne la guerre, comment séparer les opérations militaires des opérations diplomatiques ? Quel dommage de n'avoir pas mené d'un seul mouvement du récit cette grande histoire !

Mais il faut insister sur les dernières pages, la conclusion générale de M. E. Lavisse : cinquante pages, qui sont comme le testament du grand historien. Il y dit ses raisons de confiance en l'avenir, et tout de suite donc se place hors du terrain proprement historique. Il est vrai que ses raisons de confiance, il les cherche dans le passé, dans la situation géographique de la France, dans l'unité par la monarchie, dans l'unité par la nation, dans la solidité française.

Il est étrange que, dans cette vue générale, M. Lavisse, qui trouve quelques pages à consacrer à Colbert et à son « offre », ne trouve que trois ou quatre lignes sévères pour Napoléon, qui tout de même occupe une place au moins égale à celle de Colbert dans l'histoire de la France, dans l'œuvre de la solidité française, dans le prestige de la France au dehors. — Pourquoi cette lacune ? Pour expliquer celles du volume de M. Pariset ? Alors M. Pariset n'en serait pas le plus responsable.

Et de ce passé M. Lavisse tire un programme qu'il offre à notre méditation : refaire la fortune de la France, réaliser l'harmonie sociale, lutter contre la guerre, organiser la propagande pacifique. — Sages conseils. On eût trouvé plus de raisons de confiance encore à constater que le XIXe siècle, qui fut à beaucoup d'égards le siècle de Napoléon, a annoncé le triomphe des aspirations nationales que la grande guerre a réalisées, et que les deux Napoléons, l'un pour avoir fondé le premier royaume d'Italie et libéré une première fois la Pologne, l'autre pour avoir fait l'Italie et la Roumanie, ont été tous deux des agents remarquables de la grandeur française. Il y a grave mutilation de l'histoire de la France, à en distraire son immense rayonnement extérieur.

Il faut ouvrir les fenêtres sur le monde. Ainsi seulement on définira la France en sa vraie figure, la Semeuse, une Démocratie qui a le privilège redoutable et glorieux d'agir tout autour d'elle, pour le plus grand bien de l'humanité. Et nous aimons cette formule de Michelet : « Si l'on voulait entasser ce que chaque nation a dépensé de sang et d'or et d'efforts de toute sorte qui ne devaient profiter qu'au monde, la pyramide de la France irait montant jusqu'au ciel... »

C'est la conclusion même de la grande guerre, et la condition de la paix que nous voulons fonder.

Édouard Driault.

Note sur l'administration du département de l'Hérault après le 4 septembre et à l'automne 1870[1].

Dans la période confuse et chargée d'événements que constitue, pour notre histoire, de septembre 1870 à la fin de la lutte contre l'envahisseur, le Gouvernement de la Défense Nationale, il ne semble pas exclu que certaines personnalités politiques de premier plan se soient parfois laissées aller, aux immédiats lendemains de la chute de l'Empire, à redouter quelque initiative ou quelque mouvement, se produisant dans la région méridionale du territoire et risquant d'y compromettre la parfaite unité d'impulsion gouvernementale, voire même la stricte et complète solidarité de l'effort national.

Que de telles appréhensions fussent chimériques et vaines, l'événement le prouva surabondamment ; mais peut-être, l'hypothèse ne serait point trop hasardeuse qui, pour en expliquer, au moins en une certaine mesure, la naissance et la formation, invoquerait certaines difficultés administratives surgies précisément dans cette région et pouvant, de loin, apparaître comme des essais accentués de décentralisation par le fait. Ce semble bien, en réalité, avoir été le cas pour un département languedocien, celui de l'Hérault, département où les passions politiques, de tout temps en éveil, s'étaient tout spécialement donné carrière dans les dernières années du régime impérial sous l'influence à la fois de la renaissance des libertés publiques et de l'enrichissement du pays en suite de la prospérité du vignoble[2].

1. Sources : Papiers personnels d'Eugène Lisbonne, actuellement propriété du professeur Marcel Lisbonne, de l'Université de Montpellier, qui a bien voulu, avec le plus large libéralisme, en autoriser le dépouillement. Toutes les références données ici se rapportent à ce fonds privé.

2. Rapport politique du sous-préfet de Saint-Pons au préfet de l'Hérault, 14 janvier 1866 : « Dans la partie basse de mon arrondissement où la culture de la vigne est venue transformer brusquement en bourgeois des cultivateurs sans instruction ni éducation, on rencontre beaucoup d'orgueil et d'indépendance. Les partis locaux y comptent moins de déserteurs et se maintiennent plus longtemps dans la même composition. Il y a plus de passion, mais aussi plus de franchise, plus de fortune et par conséquent plus de désintéressement ». Cette exaspération des luttes locales par la richesse accrue se marquait en réalité dans toute la plaine viticole, et, plus spécialement, dans le Biterrois.

*
* *

Porté le 4 septembre à la préfecture de Montpellier à la fois par le vœu unanime de l'opinion républicaine locale et le tacite assentiment de l'opinion tout entière, confirmé dès le 5 dans ses fonctions par la confiance de ses amis parisiens, Eugène Lisbonne, chef incontesté du parti dans le département, n'eut point pourtant l'aveu de Paris, encore qu'il l'eût immédiatement recherché, de recruter à son choix son personnel de sous-préfets. Il eut même le déplaisir de voir appeler à la tête de l'arrondissement de Béziers, région fort passionnée et plus que remuante, le Dr Vernhes [1], l'un des plus actifs lutteurs de la campagne électorale de 1869, ami personnel de Floquet, et d'un zèle fougueux légendaire parmi les républicains héraultais [2], mais que son âpreté de caractère, son outrance de pensée, sa liberté de propos semblaient à Lisbonne bien peu qualifier pour un poste administratif délicat entre tous.

De fait, entre le Préfet et son subalterne ne tardèrent pas à surgir de fort graves difficultés.

Assumant vis-à-vis du Gouvernement central la responsabilité de son département tout entier, Lisbonne s'estimait fondé à réclamer de son collaborateur subordonné un minimum de déférence et une docilité — au moins relative — à l'impulsion venue du chef-lieu; Vernhes, dès l'abord, affirma sa prétention de s'ériger, dans son arrondissement, en maître et en maître unique, différence radicale de point de vue qu'exaspéra encore l'irrémédiable opposition des tempéraments et des méthodes.

Lisbonne en effet — s'il gardait intactes autant que quiconque ses

1. Lisbonne à Intérieur, 10 septembre : « J'ai reçu cette nuit la dépêche nommant Vernhes sous-préfet à Béziers. Je m'y suis conformé, bien que... j'eusse nommé Perreal, sous-préfet intérimaire. Je désirerais tout au moins que M. Vernhes restât dans la limite des pouvoirs que lui confèrent ses fonctions pour qu'il n'y ait pas entre lui et moi de ces conflits qui rendissent mon administration impossible. Prière de me télégraphier réponse pour dissiper tous mes doutes à cet égard. »

2. Zèle bien connu aussi et très redouté des administrateurs de l'Empire, qui avaient toujours considéré Vernhes comme à surveiller particulièrement. Inscrit en ces termes sur la liste très confidentielle tenue à la Préfecture des hommes « les plus dangereux » (1865) : « Vernhes Emile-Hercule, 44 ans, Docteur en médecine, propagandiste très dangereux. Influent par sa profession qu'il exerce dans les classes ouvrières. Condamné politique de 1851. » Inscrit de même sur la liste confidentielle — dressée à l'usage du préfet — des notabilités influentes de l'arrondissement de Béziers (printemps 1870) : « Vernhes Emile, 49 ans, Docteur en médecine. Issu d'une famille démocrate. Elevé à Paris où il fréquentait les socialistes. Se mit à Béziers à la tête de l'insurrection qu'il abandonna ensuite. Fut arrêté et dirigé sur le fort Brescou. Intelligent, adroit, astucieux, médecin de la classe ouvrière. Homme redoutable ».

convictions de proscrit de 1851 et d'opposant de toujours — n'en estimait pas moins absolument nécessaire, dans une haute pensée de détente et d'apaisement, de tout subordonner à la mission supérieure de défense nationale qui, selon lui, dominait la situation tout entière; persuadé par ailleurs que l'affermissement de la République ne deviendrait vraiment possible que par le ralliement de la bourgeoisie d'affaires, avant tout éprise d'ordre et de stabilité, il voulait donner ses soins instants à faciliter cette évolution en évitant toute démarche périlleuse et toute provocation gratuite; de forte éducation juridique enfin, rompu par sa féconde et brillante activité d'avocat au maniement des hommes et à la pratique des faits, il jugeait que l'heure n'était pas aux improvisations aventureuses et que, toutes les précautions opportunes étant prises, il fallait autant que possible, maintenir intacte, dans son personnel et dans ses formes, la solide organisation des administrations de tout ordre héritées du précédent régime.

Vernhes professait une doctrine diamétralement opposée : il eût souhaité procéder à une vaste liquidation de tout le personnel antérieur, même du plus humble ; chef local du parti avancé de son arrondissement et investi de la confiance de ses coréligionnaires politiques locaux, il s'estimait fondé à précéder le Gouvernement dans la voie des changements, bien plus qu'à l'y suivre ; à lui montrer le chemin bien plus qu'à attendre de lui des directives ; mieux encore, à n'obéir aux ordres du Gouvernement, à n'en reconnaître les délégués et les mandataires [1] que dans la mesure où, localement, la chose apparaîtrait opportune ; bien résolu par ailleurs à procéder de sa propre autorité et sans en référer à quiconque, aux mutations et changements dans toutes les branches du corps des fonctionnaires, révoquant comme entrée de jeu [2], et, semble-t-il, à tort et à travers, commissaires de polices et juges de paix, cantonniers et facteurs, voire hauts agents des postes ; parlant haut en haut lieu et d'un ton comminatoire [3] ; au

1. Lisbonne à Intérieur, 21 septembre : « Voici une dépêche que je reçois du sous-préfet de Béziers : « Léon Marès s'est présenté ce matin à mon cabinet ; son « attitude a été telle que j'ai dû le chasser immédiatement ; s'il séjourne à Béziers, « je ne réponds pas de la tranquillité dans la ville. »

« Léon Marès remplit dans ce moment une mission spéciale du Comité de Défense pour Inspection Garde Nationale. Appréciez. Cette sous-préfecture désorganise l'administration. »

2. Lisbonne à Vernhes, 21 septembre : « J'apprends toujours indirectement au lieu de les recevoir de vous-même, les mesures de révocation que vous prenez. Il avait été entendu que ces mesures me seraient soumises, puisque c'est au préfet à les approuver et à en être responsable. Je n'ai jusqu'ici reçu avis d'aucune. Administration enrayée ».

3. Lisbonne à Intérieur, 24 septembre : « Reçois du sous-préfet Béziers dépêche qui vous est également adressée. A vous de lui répondre. Elle se termine ainsi « Me « refuser la concentration des pouvoirs, c'est m'obliger à la prendre ». Laurier sait que je l'avais prévu ».

demeurant, risquant de faire école ; on le vit bien : au moment même où Vernhes prétendait obtenir en droit et s'arrogeait en fait une autorité quasi dictatoriale sur tout le Biterrois, le maire d'une des plus importantes localités de ce même arrondissement, mis en goût par un tel exemple, réclamait à son propre bénéfice la constitution d'une sorte de pouvoir souverain sur son canton et quatre du pourtour, se faisant fort d'y instaurer par tous les moyens la chasse aux mobilisés réfractaires et parlant d'y mâter, par un impôt progressif de sa façon, les propriétaires insuffisamment dociles à l'ordre nouveau [1].

Aussi bien, quelques extraits de la correspondance de Vernhes donneront, de ses intentions et de ses méthodes, une idée suffisamment nette.

« Je n'ai pas la prétention, écrivait-il à Lisbonne le 19 septembre, de vous rendre responsable de mes actes et je ne vous cache pas que j'en assume l'entière responsabilité. Je suis à la tête d'un arrondissement où l'action réactionnaire est puissante, et ce n'est que par une énergique attitude et des efforts presque surhumains qu'on peut dompter cette réaction et créer une situation nouvelle qui permette d'espérer un résultat satisfaisant pour la république naissante. Toute indécision, tout retard pourrait compromettre gravement la situation... il faut agir et agir énergiquement ; sans cela l'on serait débordé et on pourrait avoir à regretter plus tard des lenteurs coupables... Vous me dites que votre dignité se révolterait de la situation qui vous est faite... Comment et pourquoi ? N'ai-je pas la confiance de la démocratie radicale de l'arrondissement ? Ce parti qui a si longtemps souffert ne compte-t-il pas sur moi, pour affermir dans la mesure de mes forces les bases de notre république... et... quand je fais mon possible pour y parvenir... l'on met en avant des susceptibilités... Je n'ai pas l'intention d'empiéter sur vos attributions... mais je demande à pouvoir administrer mon arrondissement.. c'est ce que je fais et persisterai à faire quand même.

« La sous-préfecture de Béziers est d'une importance réelle... Comment pourrai-je, avec le travail incessant qui m'incombe, vous rendre journellement compte de mes actes et vous adresser copie de toutes mes décisions... Dans ces circonstances exceptionnelles, comment per-

1. Lisbonne au maire de Pezenas, 24 septembre : « Vernhes, sous-préfet Béziers, réclame du Gouvernement pleins pouvoirs pour tout son arrondissement. Vous réclamez pleins pouvoirs pour cinq cantons de ce même arrondissement. Vous devriez commencer par vous entendre ensemble.

« Quant à moi, je n'ai que les pouvoirs d'un préfet de la République et je relève du Gouvernement à Tours.

« Adressez-vous au Gouvernement concurremment avec sous-préfet de Béziers.

« Comment se fait-il que les nouvelles d'aujourd'hui (Prussiens sous Paris) qui devraient nous grouper nous divisent ? Affligeant. »

drait-on son temps à paperasser... Il faut savoir s'affranchir de tout ce qui est inutile et ne pas craindre surtout une responsabilité, si lourde qu'elle soit. Je suis ainsi fait et je ne reculerai jamais d'une semelle. »

Interpellé par une lettre du préfet sur de certaines démarches comminatoires accomplies par lui, il y répond le 30 du même mois par les explications suivantes :

« Il est exact que, dans quelques localités, j'ai dû mander impérativement auprès de moi certains personnages influents, mais le motif était parfaitement justifié : ils faisaient plus que dresser la tête ; ils avaient déjà organisé une propagande des plus actives en faveur de la réaction. Pouvais-je rester inactif ? Ne fallait-il pas agir et réduire au silence les ennemis acharnés de la République ? En cela, je n'ai fait que mon devoir et régler ma conduite sur celle qu'ils avaient tenue sous le Gouvernement déchu. Si j'ai suivi leur exemple, je ne l'ai pas dépassé... Je vous laisse le soin d'apprécier comme elles le méritent les démarches qui ont été faites auprès de vous et celles qui pourraient se produire à l'avenir... Fort de mon droit et de ma conscience, je dois considérer comme inutile toute nouvelle réponse à une nouvelle réclamation soit verbale, soit écrite qui pourrait vous parvenir. »

La première quinzaine d'octobre, sitôt Gambetta arrivé à Tours, il lui faisait tenir ses vues personnelles sur la situation du territoire : « Les départements ont besoin d'hommes énergiques, implacables pour surveiller constamment et maintenir vigoureusement réprimée une infâme réaction qui a l'audace de montrer qu'elle existe encore... S'il est urgent de penser à la Défense Nationale pour chasser les Prussiens de nos foyers ravagés, il est urgent aussi de vaincre et de réduire pour toujours au silence nos redoutables et incorrigibles ennemis de l'intérieur. L'on fait remarquer que la dissolution immédiate du Corps Législatif et des grands corps de l'Empire, prononcée par acclamation à l'avènement de la République, doit entraîner nécessairement celle des Conseils Généraux et des Conseils d'Arrondissement... D'autres éléments d'opposition existent. La gendarmerie y rentre pour une bonne part. J'ai déjà réclamé, par l'intermédiaire de la préfecture de l'Hérault, le déplacement des brigades. J'ai adressé rappel sur rappel et j'ai le regret de vous annoncer qu'aucune décision n'est encore parvenue et cependant le temps presse... Tout le monde sait que les gendarmes font partie de la population, qu'ils en ont contracté les habitudes et les besoins ; de là leur entrée dans les coteries locales qui, à ce jour, sont hostiles aux nouvelles administrations. Il devrait suffire de signaler ces graves inconvénients au point de vue politique pour qu'ils dussent cesser sans retard. Vous avez là concentration des pouvoirs entre les mains. Rien de plus facile aujourd'hui... J'ai réclamé, en outre, le changement complet des commissions administratives des hospices et des bureaux de bienfaisance de mon arrondissement. Je fais (à nouveau) ressortir l'importance incontestable de cette mesure en rappelant que les membres de ces établissements charitables peuvent disposer de sommes considérables dont ils se servent pour combattre contre nous. »

C'était donc bien, et au plein sens du terme, une administration de combat[1] que Vernhes définissait, tout en la pratiquant[2].

Rien d'étonnant dès lors si ce fut, entre Lisbonne et Vernhes, un désaccord à peu près aussi constant que profond.

Vernhes, à dire vrai, plus souple en réalité que ne l'eussent laissé supposer ses tranchantes déclamations[3], ne laissa pas que d'apporter quelque atténuation de fait à l'outrance de ses initiatives ; mais il se tint toujours, au fond, pour à peu près pleinement indépendant du Préfet. Ainsi s'explique l'insistance de ce dernier[4] à réclamer d'être débarrassé d'un collaborateur à ce point difficile. Insistance d'ailleurs qui dut bien souvent redoubler pour arriver à ses fins. Manifestement, à Tours, on redoutait l'influence locale de Vernhes, et qu'une sanction à son encontre, pour dissimulée qu'elle pût être[5], ne l'amenât à quelque éclat. C'est évidemment dans cette appréhension que doit trouver sa cause la date tardive à laquelle Vernhes, au grand soulagement de tous les républicains de bon sens, fut enfin écarté de l'administration du Biterrois.

MARCEL BLANCHARD.

1. Télégramme de Vernhes à Lisbonne, 4 octobre : « ... Ne pouvant user de mon radicalisme, comme je le voudrais, en homme d'Etat qui ne pardonne rien..., je serais heureux de vous voir entrer dans la voie du radicalisme. »

2. Lettre à Lisbonne d'une haute personnalité républicaine de Béziers, 12 octobre : « (Avec mes amis)... je m'émeus d'une situation qui, à Béziers, livre la République aux hasards d'une folle administration. »

3. Lettre privée du sous-préfet de Lodève à un ami de Lisbonne, 10 octobre : « J'ai vu Vernhes un moment à Béziers... Je trouve qu'il a plus de venin sur les lèvres que dans le cœur. »

4. Télégramme de Lisbonne à Laurier, directeur du personnel, 10 octobre : « Rendez-moi le service de nommer Buard sous-préfet de Béziers en remplacement de Vernhes. Buard est tout autant que Vernhes, l'ami de Floquet et bien plus utile.

« Vernhes entrave tout : organisation politique, organisation de défense. Cet arrondissement se trouve dans un état pitoyable au grand contentement de la réaction qui s'en fait une arme contre la République. »

5. Lettre de Perreal, maire de Béziers, à Lisbonne, 12 octobre : « Il paraîtrait que Vernhes n'accepterait pas la proposition qu'on lui a faite d'être nommé préfet quelque part. Cet homme-là nous embrouillera toujours. »

Le Gérant : R. LISBONNE.

13e Année. I. 3. Mai-Juin 1924.

REVUE

DES

ÉTUDES NAPOLÉONIENNES

LES ORIGINES DE L'EUROPE NOUVELLE

UN PROJET DE PALAIS IMPÉRIAL A LYON[1]

I

Les Lyonnais qui avaient cruellement souffert des années révolutionnaires, et depuis le siège de 1793 vivaient au milieu des ruines, saluèrent à son aurore la gloire éclatante de Bonaparte. Au retour d'Égypte ils lui firent un accueil enthousiaste, et lorsque, vainqueur des Autrichiens, quelques semaines après Marengo, il passa dans leur ville pour y poser la première pierre des « façades » de Bellecour[2] détruites par ordre de la Conven-

1. Sources. — 1° Arch. mun. de Lyon, O[1] *Presqu'île Perrache, acquisitions, traités du 7 août 1806 et du 26 janvier 1819... An XII, 1840;* Vermorel (B), *Historique et statistique des voies publiques comprises dans les quartiers de Bellecour, Ainay, Perrache et Presqu'île Perrache,* 2 vol. in-4°, manuscrits, rédigés à la fin du second Empire.

2° *Procès-Verbaux des séances du Conseil municipal de la Ville de Lyon, 1800-1870,* en cours de publication, in-8°, Lyon, 1913 et années suivantes, 3 volumes parus, I, An. IX, An. XIV, II, 1806 1810, III, 1810-1814.

3° *Passage à Lyon de Leurs Majestés Napoléon Ier Empereur des Français et Roi d'Italie et de l'Impératrice Joséphine en 1805,* in-4°, Lyon, 1806 (relation officielle rédigée en 1806 par Delandine, bibliothécaire de la Ville, sur ordre du Conseil municipal.

4° Beausset (F.-J. de), *Mémoires anecdotiques sur l'intérieur du Palais de Napoléon...,* in-8°, Paris, 4 vol., 3e édit., 1829.

2. On appelait « façades » de Bellecour de superbes constructions édifiées au début du XVIIIe siècle à l'est et à l'ouest de la place par Robert de Cotte pour donner à la statue équestre de Louis XIV inaugurée en 1713 un cadre majestueux et digne de la gloire du Grand Roi. Ces façades ont été reconstruites sous le premier Empire en respectant autant que possible les plans de Robert de Cotte.

tion, leur gratitude fut telle qu'ils voulurent en fixer le souvenir de façon durable pour les générations à venir.

L'arrêté du 26 germinal an X par lequel le ministre de l'Intérieur mettait au concours l'érection d'un arc de triomphe destiné à commémorer, dans une des villes de la République, la gloire des victoires consulaires leur parut une occasion favorable. Le maire de la Division du Midi [1], Sain-Rousset baron de Vauxonne, écrivit au préfet du Rhône pour lui demander que l'arc de triomphe fût élevé à Lyon.

« Ce monument rappellerait le retour d'Egypte de Bonaparte, et ces pressentiments et ces vœux par lesquels les premiers nous nous associâmes à ses destinées ; on représenterait le vainqueur de Marengo s'arrêtant à Lyon pour poser une première pierre de réédification ; on le verrait choisissant cette cité pour venir y fixer les destinées de la République italienne ; nous dirions quelle fut l'effusion de notre reconnaissance et quelle fut la sensibilité du héros. »

Mais Lyon n'était pas riche, et Sain-Rousset ajoutait prudemment :

« L'opinion que j'ai de la grandeur et de la justice du Gouvernement écarte l'idée que par le vœu que je proposerais d'émettre, la Ville pût se compromettre en formant une demande qui excéderait ses facultés.

« Le Gouvernement appréciera l'intention, et quant à l'exécution, il sera sans doute disposé à concourir si le monument est tel que la somme des fonds qu'il faudrait lui appliquer soit en disproportion avec nos moyens. » Il s'agit, en somme, d'une œuvre nationale, « tribut d'une reconnaissance générale. » C'est une dette pour laquelle tous les Français aiment à penser qu'ils sont solidaires et qu'ils seront tous empressés de concourir à acquitter. »

Le Gouvernement ne fut pas sans doute de cet avis, car dans les délibérations de l'assemblée communale, il n'est plus, après le 24 floréal an X, question de l'arc de triomphe [2].

L'Empire succède au Consulat, et les Lyonnais qui sont constants dans leurs desseins, pensent être plus heureux lorsqu'ils

1. La ville de Lyon était depuis 1795 divisée en trois municipalités, Nord, Midi, Ouest.

2. *Procès-verbaux des séances du Conseil municipal*, I, 219.

apprennent que le Sénatus-Consulte du 28 floréal an XII prévoit la création de quatre sièges impériaux sur le territoire de la monarchie nouvelle. Un des membres du Conseil municipal attire aussitôt l'attention de ses collègues sur cette intéressante disposition.

« Ne croyez-vous pas que ce soit le moment de demander que la ville de Lyon soit choisie pour un de ces sièges impériaux ?... Nous ne saurions trop nous empresser à nous mettre sur les rangs ; et de quelle responsabilité ne resterions-nous pas chargés vis-à-vis de nos concitoyens s'ils pouvaient un jour nous reprocher d'avoir négligé une démarche qui aurait peut-être pu leur faire obtenir une faveur qui doit aussi essentiellement contribuer au retour de l'ancienne prospérité de Lyon ? »

L'auteur de la proposition indique comme emplacement du futur siège impérial la place Bellecour dont les « façades » reconstruites et dégagées sur le Rhône et la Saône serviront à loger d'un côté le Souverain et sa famille, de l'autre les ministres et dignitaires de la Couronne, la place elle-même étant transformée en un vaste jardin clos de grilles.

Le Conseil ne prit point à cet égard de décision ferme, mais dans l'adresse remise à l'Empereur pour le complimenter de son avènement, la commission de rédaction glissa une allusion au bonheur des cités appelées à posséder un siège impérial. « Heureuse la ville de Lyon si elle peut concevoir une aussi douce espérance[1] ! »

L'idée étant ainsi lancée, il restait à en poursuivre la réalisation. La combinaison de Bellecour fut abandonnée, mais on prépara une autre qui, après mainte péripétie reçut un commencement d'exécution.

II

Il existait dans la partie méridionale de la ville, au delà des quartiers de Bellecour et d'Ainay, un vaste ensemble de terrains

1. *Procès-verbaux des séances du Conseil municipal,* I, 514.

représentant les tristes vestiges d'une entreprise qui n'avait pas réussi.

A la fin du règne de Louis XV en effet, pour donner à Lyon resserré entre ses fleuves le champ d'extension que réclamait une population sans cesse accrue, un sculpteur mué en ingénieur urbaniste, Antoine Perrache, avait imaginé de reporter le confluent du Rhône et de la Saône de l'abbaye d'Ainay au petit village de la Mulatière. Il avait réussi à pousser assez complètement le remblayage des espaces conquis sur les eaux, à construire une longue chaussée en bordure du Rhône, un bassin et un canal alimentant un « bâtiment des moulins », mais il était mort sans achever sa tâche, et la société constituée par ses soins non seulement dévora tout son actif, mais contracta de lourds engagements. La Révolution consomma sa ruine [1].

Au temps du Consulat, le « quartier du Midi », dans la partie la plus voisine de l'agglomération urbaine comprenait quelques rues à peine ébauchées, des rues théoriques, sans constructions, s'ouvrant sur un « cours » naguère planté de quelques arbres (ils avaient disparu pendant le siège) et longeant la « gare d'eau ». Au delà, c'était la campagne, avec de petites fermes, des bois, des pâturages, des plantations de mûriers et de cerisiers, des mares stagnantes entourées de halliers. On y chassait, on y pêchait, mais les amateurs de franches lippées n'y fréquentaient point, car les baux à loyer stipulaient que les preneurs n'ouvriraient dans « l'Isle Perrache » ni cabarets ni guinguettes.

Au total pour sept millions de dépenses, les actionnaires de la « Compagnie du Midi » retiraient de ces lieux agrestes un maigre revenu de 14 000 livres, et ils se demandaient comment ils sortiraient d'une situation pécuniaire inextricable.

La municipalité avait bien en l'an XI envisagé l'assainissement de cette « Isle Perrache » dont les marécages, au dire des hommes de l'art, exhalaient continuellement « une odeur vapide » et

1. Un rapide historique des travaux Perrache a été fait par E. Leroudier, *Les agrandissements de Lyon à la fin du XVIIIe siècle, Revue d'histoire de Lyon*, IX, 81. — Nous avons repris la question avec plus de détails dans un chapitre de l'*Histoire topographique de Lyon*, actuellement en préparation sous la direction de M. Kleinklausz, professeur à l'Université de Lyon.

entretenaient ou avaient entretenu autrefois « une épidémie de fièvres intermittentes et rémittentes ataxiques[1] ». On s'en tint à renouveler les plantations d'arbres du « cours », tout en prenant en considération le projet de parc de plaisance de l'architecte paysagiste Curten, qui multipliait comme à plaisir les pavillons « dans le goût chinois », les statues mythologiques, les bosquets, les cascades, les bassins, les grottes de rocaille et autres accessoires chers aux imitateurs de Trianon. Il ne manquait à Curten que l'argent pour donner corps à ses imaginations poétiques[2]. Or la Ville était fort gênée dans sa trésorerie et les anciens associés de Perrache n'avaient que des dettes criardes.

Le Sénatus-Consulte de l'an XII leur ouvrit des perspectives aussi séduisantes qu'inattendues et la visite qu'au mois d'avril 1805 l'Empereur fit à Lyon, accompagné de l'Impératrice (il allait à Milan se faire couronner roi d'Italie) permit d'entrevoir une solution fort avantageuse pour tout le monde.

Napoléon arrivé le 10 avril ne perdit point son temps, et, comme il avait accoutumé, voulut s'enquérir des besoins de ses sujets. Le 12, à six heures du matin, il partit à cheval de l'Archevêché où il était descendu, escorté de quelques gardes d'honneur et du fidèle Roustan, pour parcourir la presqu'île de Perrache. Le récit officiel du « Passage à Lyon de Leurs Majestés » relate qu'il l'examina soigneusement « comparant les plans qui lui avaient été soumis avec le local, prenant de justes idées sur la nature du sol ».

Il reconnut qu'un aménagement complet était indispensable.

« L'aspect enchanteur de ce lieu, son vaste tapis de verdure et de fleurs, ce confluent de deux fleuves superbes, ces riches coteaux chargés de maisons de plaisance et d'ombrages, cet horizon magnifique qui fuit au Midi et se prolonge jusqu'au Mont Pilat qui le couronne, ont paru plaire à Sa Majesté et attirer toute son attention[3]. »

1. *Procès-verbaux des séances du Conseil municipal*, I, 392.

2. Curten, *Essai sur les jardins, suivi du plan de la presqu'île Perrache située au midi de la Ville de Lyon, traitée en jardin pour accompagner le palais ordonné par S. M. I et R. dans cet emplacement*, in-12, Lyon et Paris, 1807.

3. *Passage à Lyon de Leurs Majestés*, 21-22.

Ce que le récit officiel n'ajoute pas, c'est que les gardes d'honneur qui galopaient derrière l'Empereur furent contraints de traverser, au grand détriment de leurs somptueux uniformes, un large fossé rempli d'eau bourbeuse, un petit pont de bois s'étant rompu immédiatement après son passage [1].

Le même jour, recevant les corps savants de Lyon :

« Sa Majesté s'est informée du président de la Société de Médecine des maladies locales, de leurs dangers et de leur retour. Celles que pouvaient occasionner les Marais Perrache ont surtout excité sa sollicitude et elle a demandé avec empressement qu'on employât tous les moyens de l'art pour borner leurs ravages et débarrasser bientôt la rive méridionale de tout miasme délétère. »

Sollicitude qui se traduisit par la promesse d'une subvention de 100 000 francs pour concourir à l'achèvement des remblais interrompus depuis la Révolution.

La municipalité en augura un heureux avenir, et lorsque le 16 avril, le baron Sain-Rousset de Vauxonne harangua le souverain au moment où il s'engageait sur la route du Mont-Cenis, il osa formuler un vœu qui n'était certainement pas inattendu de ses auditeurs lyonnais.

« Qu'un jour et sur ce sol qu'assainira votre munificence il s'élève un palais de résidence impériale ; qu'il soit pour Votre Majesté un siège qui garantisse à ses fidèles sujets de Lyon que le souverain chéri et le peuple aimant et fidèle seront plus souvent réunis [2]. »

Arrivé à Milan, Napoléon signa le décret accordant les 100 000 francs promis pour relever les terrains de Perrache au niveau des plus hautes crues du Rhône : le texte ne disait rien du palais [3].

Quelques mois plus tard, Lyon est pourvu d'une organisation municipale unique et l'administration de la ville est confiée au comte Fay de Sathonay. Le 11 mars 1806 le nouveau maire déve-

1. Th. Aynard, *Revue du Lyonnais*, 5e série, II, 174-175.

2. *Passage à Lyon de Leurs Majestés*, 23, 38, 59.

3. *Passage à Lyon de Leurs Majestés*, 64 ; *Procès-verbaux des séances du Conseil municipal*, I, 659.

loppait devant son Conseil un projet assurément étudié au préalable avec les intéressés.

Dans l'Empire agrandi par « le système fédératif de tous les États de l'Europe » Lyon était appelé à jouer un rôle important. Il appartenait donc à ses magistrats de ne pas laisser échapper l'occasion qui se présentait de donner au « souverain chéri » des témoignages de leur dévouement et de leur affection, en même temps que d'assurer la prospérité d'une ville admirablement située. M. Fay de Sathonay proposait donc à ses collègues d'acquérir « l'Isle Perrache » pour « l'offrir en don à Sa Majesté » en la priant « de vouloir bien y établir un palais impérial ».

Aucune objection, comme bien on pense, ne s'éleva contre cette judicieuse motion. Le Conseil décida même qu'une délégation de six de ses membres serait chargée de porter « aux pieds du trône » une adresse suppliant l'Empereur d'accepter le cadeau de ses fidèles Lyonnais.

La délégation partit aussitôt pour Paris et fut reçue aux Tuileries le 23 mars. M. Fay de Sathonay, qui avait l'éloquence pompeuse, évoqua le souvenir des Césars ayant jadis résidé à Lyon et déclara que la construction d'un palais donnerait à la vieille capitale des Gaules « un éclat plus auguste encore ».

« Nous avons remarqué, pendant le dernier séjour de Votre Majesté, qu'elle semblait parcourir avec une espèce de complaisance la presqu'île formée par le confluent des deux rivières. La Ville vient d'en faire l'acquisition, supplie Votre Majesté de l'agréer et dépose cet hommage au pied du trône.

« Sire, au même lieu s'éleva jadis le temple d'Auguste. Là se rendaient les députés de toutes les Gaules, là se célébraient les jeux publics. Ce sol consacré par de tels souvenirs ne semble-t-il pas attendre le palais de Napoléon ?

« L'histoire paraît avoir marqué ce lieu pour l'une de vos résidences... Les cœurs de vos Lyonnais vous y entoureront, le concert de leurs bénédictions donnera pour vous quelque charme à ces lieux, votre palais s'élèvera auprès de ces murs que vous avez relevés, et ne sera entouré que des monuments de vos bienfaits.

« Daignez, Sire, accueillir en père cet élan des sentiments respectueux de vos enfants les plus dévoués, de vos plus fidèles sujets, daignez en même temps agréer l'hommage de leur profond respect. »

Napoléon répondit, comme à son ordinaire, brièvement, en homme qui sait le prix de ses minutes et de ses paroles. « Je ferai examiner votre demande ; je connais tout l'attachement des Lyonnais pour ma personne ; je saisirai toujours les occasions de me rapprocher de Lyon pour juger par moi-même de ce qu'il y a à faire pour sa prospérité.

L'examen annoncé ne fut pas bien long puisque, le 29 mars 1806, le ministre de l'Intérieur, Champagny, annonçait au maire que l'Empereur accueillait « avec sensibilité et bienveillance » l'offre qui lui avait été faite au nom de la ville de Lyon de « l'Isle Perrache » et qu'il allait envoyer son architecte procéder sur place aux opérations préliminaires de la construction d'un palais [1].

Tout le monde fut enchanté : le maire, qui avisa sans retard la population de la bonne nouvelle dans une proclamation grandiloquente ; le préfet, M. d'Herbouville, qui n'était pas mécontent, sans doute, de pouvoir compter sur la présence du Maître dans son voisinage, et écrivait à M. Fay de Sathonay :

« L'acceptation de Sa Majesté et la promesse qu'elle a faite d'y faire construire une de ses résidences est pour Lyon l'événement le plus désirable. C'est vraiment à dater de ce moment que cette ville intéressante va devenir la seconde capitale de la France en devenant le point central des États du plus puissant des monarques [2]. »

« Lyonnais, disait de son côté M. Fay de Sathonay, dès aujourd'hui va commencer pour nous une ère nouvelle : nos manufactures prendront un nouvel essor. Ce sera désormais par lui-même que Napoléon connaîtra les besoins de notre industrie, de notre commerce et qu'il réalisera tous les avantages de l'heureuse position de notre ville [3]. »

On devine que les associés de la Compagnie Perrache n'étaient pas moins satisfaits que les personnages officiels, de la décision impériale dont ils escomptaient « les avantages les plus précieux et les plus multipliés ». Ils ratifièrent le traité préparé par leur fondé de pouvoirs, le comte de Laurencin, « considérant que la présence de notre auguste Empereur au milieu des ruines de

1. *Procès-verbaux des séances du Conseil municipal*, II, 21, 40, 41.
2. Arch. mun. O[1] *Presqu'île Perrache*, lettre du 30 avril 1806.
3. *Procès-verbaux des séances du Conseil municipal*, II, 42.

l'entreprise y fera renaître le mouvement, y répandra la vie, y produira l'abondance et la fertilité », ce héros étant capable « par la puissance de son génie » de « trouver au sein même du néant des éléments de création [1] ».

Une loi du 30 avril 1806 autorisa le maire de Lyon à effectuer l'acquisition de la partie des domaines de la Compagnie Perrache située entre le mur d'octroi et le confluent, en même temps qu'à accepter l'offre de cette Compagnie de céder gratuitement dans le « quartier neuf », c'est-à-dire dans l'espace allant d'Ainay au mur d'octroi les emplacements convenables pour l'édification du palais [2].

Le 7 août 1806, par devant Mᵉ Fromental et son collègue (non dénommé), notaires impériaux du département du Rhône à la résidence de Lyon, et en présence du maire et de « M. Jean Espérance Blandine de Laurencin, ancien militaire, de l'Académie de Lyon, correspondant de l'Institut, président du Conseil général du département du Rhône... agissant en qualité de directeur général des travaux Perrache, en vertu des pouvoirs de la Compagnie », fut passé le contrat entre la Ville et les « Associés du Midi », aux termes duquel ces derniers aliénaient à titre onéreux une portion de leurs terrains, faisaient donation des emplacements du palais, et se réservaient le reste, dont ils entendaient tirer profit par des constructions d'immeubles. La vente était consentie au prix de 300 000 francs, payables au cours des années 1807, 1808 et 1809, et portant intérêt à 5 p. 100 [3].

Avis fut donné de cette convention au ministre de l'Intérieur par une lettre en date du 30 octobre 1806 [4].

III

Quels ont été les véritables instigateurs de l'entreprise du palais impérial ?

1. Arch. mun. O¹ *Presqu'île Perrache*, extrait du registre des délibérations de la Compagnie Perrache, 11 avril 1806.

2. Vermorel, II, 144 ; *Bulletin de Lyon*, nº 45.

3. Arch. mun. O¹ *Presqu'île Perrache, Acte d'acquisition de l'Ile Perrache et de ses dépendances faite par la Ville de Lyon...*, in-8º, Lyon, 1806 [L'original est au dossier].

4. Arch. mun. *Loc. cit.*, lettre du 30 octobre 1806.

Laurencin affirmera plus tard, beaucoup plus tard, sous la Restauration, que « Buonaparte, passant à Lyon, conçut le projet de construire un palais entre les deux rivières... Sa volonté ne connaissait ni obstacle ni délai, et le Conseil municipal dut à l'instant voter l'acquisition de la presqu'île Perrache et la lui offrir en pur don ». Mais il ajoute que sa Compagnie « devait espérer que la construction du palais imprimerait aussitôt une valeur réelle aux immenses terrains qui lui restaient dans l'intérieur de la ville, et qu'elle trouverait un tel dédommagement dans cette plus-value qu'il ne lui était pas permis de contester sur les clauses d'un marché qui lui permettait de si grands avantages[1] ».

Voilà une assertion certainement plus exacte que la première. La vérité, semble-t-il, est que le comte de Laurencin, aidé de M. de Sathonay, vit dans la construction d'un palais impérial un moyen pratique de liquider une situation très obérée, puisqu'il avouait en 1806 que le passif de sa Compagnie montait à 10 595 432 l. 6 s. 10 d. et l'actif à 2 467 326 livres d'où ressortait un déficit de 8 128 106 l. 6 s. 10 d.[2]. Cette même année 1806, M. de Laurencin discutant avec le maire les conditions du contrat définitif, terminait sa lettre par une phrase significative :

« Au surplus, vous comprenez que loin de partager l'inquiétude que plusieurs de mes associés me montrent, j'attends, avec la joie que fait naître l'espérance, le développement des événements qui nous concernent, et que, chaque jour, je me plais davantage *à nourrir une idée qui nous est commune*, savoir que la supposition la plus inadmissible est celle d'un palais impérial placé sur les terrains *d'une compagnie qu'on laisserait insolvable*[3] .»

M. de Laurencin cherchait donc — et c'est très humain — à sortir honorablement et fructueusement de ses embarras avec

1. Arch. mun. O[1] *Presqu'île Perrache, Supplique au Roi pour la résiliation de la vente passée à la Ville de Lyon le 8* (sic) *août 1806 par la Compagnie Perrache pour la construction d'un Palais*, Lyon, in-4°, 1818. — Cf. *loc. cit. Acquisition de l'Ile Perrache, exposé des faits*, copie s. d. [1823] : « Le chef de l'ancien gouvernement, pendant le séjour qu'il fit à Lyon..., avait témoigné le désir d'avoir à sa disposition l'île Perrache pour y bâtir un palais ».

2. Arch. mun. *Loc. cit., Etat de situation de la Compagnie des Intéressés dans l'entreprise de l'agrandissement de la partie méridionale de la Ville de Lyon, année 1806.*

3. Arch. mun. *Loc. cit.*, lettre du 7 mai 1806.

l'appui de M. Fay de Sathonay. Peut-être même lui suggéra-t-il l'idée du contrat du 7 août 1806 en faisant miroiter à ses yeux les avantages que procurerait à la ville la présence de l'Empereur, et M. Fay de Sathonay se laissa charmer au point de proposer l'acquisition de la presqu'île Perrache à son Conseil municipal[1].

La suite de cette histoire tendrait en effet à démontrer que la conception du palais impérial ne jaillit point spontanément de l'esprit de Napoléon, et qu'on la lui suggéra habilement, pour le plus grand avantage des Lyonnais et des actionnaires malheureux de la Compagnie Perrache. Mais il y avait dans son entourage immédiat des gens qui n'étaient point de Lyon, qui essayèrent de le détourner de son projet et y firent une opposition fort tenace. Il fallut attendre quatre ans avant qu'on commençât les premiers travaux, quatre ans pendant lesquels la procédure bureaucratique eut beau jeu.

IV

Dès le mois d'avril 1806[2], cependant, l'architecte de l'Empereur, le célèbre Fontaine, était venu à Lyon étudier les plans de la future résidence, et il y entra, d'après ses propres expressions,

1. Arch. mun. *Loc. cit. De l'inexécution de l'entreprise Perrache*, Lyon, in-4°, 1814, signé Pierre Deyrieu. Cf. *Procès-verbaux des séances du Conseil municipal*, III, 247, éloge funèbre du comte Fay de Sathonay par le baron Sain-Rousset de Vauxonne. « Lorsqu'un jour ce souverain révéré viendra recevoir le tribut de nos respects, au sein de cette ville et dans ce palais promis à notre amour, pourra-t-on oublier que M. de Sathonay, *occupé de réaliser l'idée déjà donnée de ce palais*, conçut la noble pensée d'acquérir l'île Perrache et d'en faire hommage à Sa Majesté. »

2. Vermorel, s'inspirant des mémoires de Beausset, place le voyage de Fontaine à Lyon et ses divers projets de palais en 1810. L'erreur est évidente. Beausset indique bien l'année 1806, et la lettre de Fontaine qu'il cite se date aisément. « Je suis parti pour Lyon, écrit Fontaine, le 10 avril, après le mariage de la princesse Stéphanie de Beauharnais avec le prince de Baden. » Or, ce mariage fut célébré le 6 avril 1806. Beausset dit encore que Napoléon donna à son architecte l'ordre de partir à Lyon en mars 1806. Dans la lettre de Champagny au maire de Lyon (29 mars 1806) on lit : « Sa Majesté m'a chargé de vous faire connaître qu'elle se proposait d'y faire construire un palais impérial, qu'elle projetait d'y envoyer son architecte sur les lieux pour procéder aux opérations préliminaires. »

Ce point de chronologie élucidé, il y a tout lieu de croire que Fontaine (et sa lettre le démontre aussi bien que le récit de Beausset) n'attendit pas quatre ans pour présenter ses plans. Mais Napoléon, ayant eu de 1806 à 1810 des préoccupations capitales, on conçoit aisément qu'il ait retardé l'examen du projet définitif. D'ailleurs, toute la correspondance administrative de cette période prouve qu'il l'avait déjà vu et adopté en principe.

« enivré de prestiges enchanteurs » et « formant à l'avance des projets » auxquels son « amour-propre en délire promettait les succès les plus grands ». Bientôt il s'aperçut que la générosité lyonnaise cachait de secrètes intentions. « Je n'ai pu échapper aux intéressés de l'ancienne Compagnie et à un grand nombre d'autres qui, croyant voir incessamment commencer les travaux de construction, demandaient des emplois ou des entreprises. » Toutefois, « sans perdre de temps en visites, en dîners et en bavardages de ville », il voit les lieux « avec la plus grande attention » et repart pour Paris, gardant secrets les résultats de son enquête qui n'étaient guère favorables aux désirs des personnages officiels et des autres.

Fontaine ne fut point charmé de la situation de « l'isle Perrache ». Il supposa même « que les habitants de Lyon *ne donnaient pas* comme ils semblaient l'annoncer, mais *vendaient* fort cher un terrain à l'Empereur », terrain qu'on n'approprierait qu'au prix élevé de 6 millions. « La ville de Lyon, en abandonnant la presqu'île à l'Empereur pour en faire le remblai et y bâtir un palais, avait le double avantage d'attirer dans son sein le Souverain avec sa Cour et de donner une grande valeur aux terrains du quartier neuf qu'elle se réservait et qui, par leur proximité de l'édifice impérial, devaient être vendus très cher. On peut encore ajouter à ces deux avantages celui d'assainir les lieux par le comblement et la suppression de toutes les parties marécageuses de la presqu'île. » Fontaine concluait que le sol trop bas, le manque de débouchés, constituaient de graves inconvénients. A la presqu'île Perrache il préférait les hauteurs de Sainte-Foy qui dominent le confluent de la Saône et du Rhône[1].

Il prépara trois plans d'utilisation de la presqu'île dont les devis étaient respectivement de quinze, dix-sept et vingt millions, puis un quatrième, qui lui était particulièrement cher et lui paraissait beaucoup plus digne de la gloire de l'Empereur. Le palais et ses dépendances s'élevaient à Sainte-Foy; Perrache devenait une promenade publique précédant les jardins tracés

1. De Beausset, *Mémoires*, IV, 134 et s.

aux flancs de la colline. Deux ponts, l'un sur le Rhône, l'autre sur la Saône, conduisaient à une place d'armes en avant de l'édifice principal. La dépense était de trente millions.

Ce chiffre effraya Napoléon, bien qu'il eût goûté le caractère grandiose de la conception de Fontaine. Il demanda qu'on revînt « à un parti plus simple et plus commun ». Fontaine lui présenta quelques jours plus tard un dernier plan qui situait le palais à l'entrée de la presqu'île (sur l'emplacement actuel du Cours de Verdun, en avant de la gare principale du P.-L.-M.) avec une vaste esplanade qu'une rue monumentale relierait à Bellecour. « Napoléon l'examina avec attention, releva quelques défauts dans les formes des façades et parut satisfait; mais avant d'y donner sa dernière approbation, il arrêta que le ministre de l'Intérieur et le directeur général des ponts et chaussées lui feraient un rapport sur l'état présent de l'île Perrache et sur les moyens d'en faire les remblais [1]».

C'est évidemment cette décision de l'Empereur qui ouvrit la période critique de l'histoire du palais de Lyon, période d'autant plus favorable aux chicanes que Napoléon fut, à partir du mois d'août 1806, absorbé par de graves préoccupations de politique extérieure. La ruine de la Prusse, l'alliance russe, le blocus continental, l'affaire d'Espagne, la cinquième coalition, étaient des événements propres à lui faire oublier le cadeau des Lyonnais.

M. de Laurencin ne tarda pas à s'en apercevoir, non sans déplorer des retards préjudiciables à ses intérêts personnels comme à ceux de ses associés.

« Une guerre imprévue a trompé mes calculs ; notre Empereur a tant de divisions à tracer en Europe aujourd'hui, de duchés, de principautés et de royaumes, que l'érection du palais projeté dans nos murs ne saurait avoir aussitôt lieu que nous l'avions d'abord espéré [2] ».

Il faut bien, au reste, purger les hypothèques qui grèvent les domaines de la Compagnie, donner congé à ses locataires, obte-

1. De Beausset, *op. cit.*, 140-142.

2. Arch. mun. O[1] *Presqu'île Perrache*, lettre à M. Fay de Sathonay, 10 décembre 1806.

nir le consentement des associés absents ou disparus, ou de leurs ayant-cause, accomplir toutes les formalités légales qui rendront définitive l'aliénation de la presqu'île. Le comte Daru, intendant général de la Maison de l'Empereur, voudrait être fixé sur les revenus qu'elle est susceptible de produire, sur la « forme de régie » qui lui conviendrait le mieux [1]. Le ministre de l'Intérieur pense avec lui qu'il est peu séant de prendre possession au nom du souverain tant que toutes difficultés ne seront pas terminées; les fonds requis pour les premiers travaux ne seront pas accordés sans cela [2]. Trois cent mille francs sont bien inscrits à cet effet au budget de 1808, mais comme le fait remarquer le préfet du Rhône, « si l'on différait encore de rendre définitive l'acquisition faite par la Ville de l'île Perrache, les projets pour son assainissement et la construction d'une digue de halage le long de la Saône seraient forcément ajournés, quoique rien ne soit plus urgent de les réaliser [3] ».

M. de Laurencin se dépense en démarches. Il presse le maire de hâter l'affaire, il envoie son fils à Paris pour combattre les intrigues de « ceux qui ne veulent point du palais impérial [4] ». Le fils est aussi actif que le père.

« J'ai la certitude, écrit-il à M. Fay de Sathonay, le 19 septembre 1808, que l'Empereur n'a point abandonné ses vues ; des fonds considérables sont entre les mains de M. le Préfet qui ne demande pas mieux que d'être autorisé à les employer, et, malgré quelques intrigues particulières, qu'il est très aisé d'étouffer, je ne doute pas, si vous daignez vous entendre avec moi, que le but auquel je pense que vous aspirez, ne soit ainsi que le mien, très promptement atteint.

« Des préjugés, très mal à propos et sans doute méchamment répandus sur la régularité du marché de l'île, et surtout sur la foi qui y a présidé, ont mis le Conseil d'État dans la position de ne prononcer sur aucune demande relative à cet objet que lorsque la preuve de ce mar-

1. Arch. mun. *Loc. cit.*, lettre du comte Daru au maire de Lyon, datée de Thorn, 11 avril 1807.

2. Arch. mun. *Loc. cit.*, lettre du ministre de l'Intérieur au préfet du Rhône, 16 juillet 1807.

3. Arch. mun. *Loc. cit.*, lettre du préfet du Rhône au maire de Lyon, 8 avril 1808.

4. Arch. mun. *Loc. cit.*, lettre du comte de Laurencin à M. Fay de Sathonay, 26 avril 1808.

ché serait produite et reconnue valide par le comité du conseil de l'intendant de la liste civile. Il est donc important que je prévienne les difficultés qui pourraient s'élever dans cette administration par une suite de fausses insinuations qui y ont été répandues. Je me suis ménagé d'avance quelques moyens de faire entendre la vérité et de repousser toutes mauvaises intentions[1]. »

Mais le maire serait bien imprudent de s'endormir dans une trompeuse sécurité ; il doit agir rapidement. Le préfet a de l'argent, et pour le dépenser, il attend seulement que « Sa Majesté l'Empereur et Roi » soit déclarée « propriétaire incommutable des terrains dont il s'agit[2] ». Il y a urgence, car les oppositions s'affirment, se précisent, dirigées par le comte Daru qui se prononce « plus hautement que jamais contre le palais », le jugeant inutile, coûteux, et qui cherche à en « dégoûter » l'Empereur en lui montrant qu'on veut simplement exploiter sa générosité[3].

Laurencin père s'inquiète, tout en espérant qu'on n'obtiendra pas aisément de Napoléon la révocation de la loi du 30 avril 1806. Il voudrait que le maire lui écrive directement pour prévenir les doutes qu'on va s'efforcer de jeter dans son esprit sur la validité du contrat du 7 août 1806[4].

Daru tient bon, objectant toujours que les formalités destinées à rendre définitive l'acquisition de la presqu'île ne sont pas accomplies. Fontaine à son tour soulève des exceptions juridiques[5]. Et cette petite guerre dure jusqu'au moment où Napoléon, vainqueur de l'Autriche, rentre à Paris pour y célébrer son mariage avec l'archiduchesse Marie-Louise, et, désireux « de se remettre au courant de ses affaires » se fait à nouveau communiquer les plans de 1806, et malgré les critiques insidieuses de

1. Arch. mun. *Loc. cit.*, lettre de M. de Laurencin fils à M. Fay de Sathonay, datée de Paris, 19 septembre 1808.

2. Arch. mun. *Loc. cit.*, lettre du préfet du Rhône au maire de Lyon, 4 octobre 1808.

3. Arch. mun. *Loc. cit.*, lettre de M. de Laurencin fils à M. Fay de Sathonay, datée de Paris, 7 décembre 1808.

4. Arch. mun. *Loc. cit.*, lettre du comte de Laurencin à M. Fay de Sathonay, 17 décembre 1808.

5. Arch. mun. *Loc. cit.*, lettres du préfet du Rhône, du comte Daru, de M. de Laurencin fils au maire de Lyon, 13 avril 1809, 20 février 1810, 24 avril 1809.

Fontaine et de Daru[1], rend enfin le 3 juillet 1810 le décret suivant :

« Au Palais de Saint-Cloud, le 3 juillet 1810.
« Napoléon Empereur des Français et Roi d'Italie,
« Et Protecteur de la Confédération du Rhin,
« Nous avons décrété et décrétons ce qui suit :

ARTICLE PREMIER

« Il sera construit un Palais impérial à Lyon qui sera situé en l'Isle Perrache dans la position la plus rapprochée de la ville.

ARTICLE 2

« L'isle Perrache sera enfermée par une digue construite sur la rive de la Saône et les mares en seront comblées conformément au projet arrêté par l'administration des Ponts et Chaussées.

ARTICLE 3

« Il sera statué par nous dans le cours de cette année sur l'adoption d'un plan pour la construction du Palais impérial.

ARTICLE 4

« Le terrain autour du Palais sera remblayé et élevé au-dessus des plus hautes eaux.

ARTICLE 5

« Il sera procédé à l'acquisition des propriétés particulières enclavées dans l'isle Perrache.

ARTICLE 6

« Les dépenses de ces différents travaux sont arrêtées comme il suit :

Digue de la Saône	1 000 000
Remblai du terrain et comblement des mares.	1 600 000
Exhaussement du terrain près du Palais au-dessus des plus hautes eaux	800 000
Plantations	400 000
Acquisition des propriétés particulières enclavées dans l'Isle	200 000
Total. . . .	4 000 000

1. Beausset, *op. cit.*, 205-206.

ARTICLE 7

« Ces quatre millions seront fournis par la caisse du Domaine extraordinaire.

ARTICLE 8

« Il est ouvert cette année sur la caisse de notre Domaine extraordinaire à notre Ministre de l'Intérieur un crédit de cinq cent mille francs, savoir :

1° Pour la digue de la Saône.	200 000
2° Pour le remblai de l'Isle et le comblement des mares.	300 000
	500 000

ARTICLE 9

« L'Intendant général de notre Maison, l'Intendant général du Domaine extraordinaire et notre Ministre de l'Intérieur, sont chargés de l'exécution du présent décret.

« NAPOLÉON[1]. »

V

Les archives de Lyon conservent une copie du plan de Fontaine due à l'architecte Hotelard[2]. Le palais occupe le milieu de l'ancien « Cours » et il est précédé d'une place d'armes à laquelle aboutit, en dehors des voies existantes, Vaubecour, Saint-Joseph et Charité, une large avenue de 20 mètres désignée sous le nom de rue Impériale, unissant la place d'armes à Bellecour[3].

Sur cette dernière place et dans l'axe de l'entrée du palais devait se dresser un bronze colossal de l'Empereur. On en avait parlé dès 1804. Mais « comprimé dans ses vœux par l'obstacle momentané qu'apportait l'état actuel des charges communales », autrement dit n'ayant point d'argent à consacrer à une dépense purement somptuaire, le Conseil municipal s'était contenté d'établir « en principe que le monument à ériger sur la place Bona-

1. Arch. mun. O' *Presqu'île Perrache, Extrait des minutes de la Secrétairerie d'Etat.*

2. Arch. mun. *Loc. cit.*

3. C'est maintenant la rue Victor Hugo, ouverte sous le nom de rue de Bourbon pendant la Restauration et la Monarchie de Juillet et débouchant sur la place Carnot, face à la gare de Perrache.

parte » (Bellecour) serait « conçu sous l'idée principale de consacrer la mémoire du glorieux avènement de Sa Majesté à la couronne impériale[1] ».

Deux ans plus tard, le maire constate que le temps est venu « de s'expliquer d'une manière particulière » sur ce monument, et le conseil arrête que, « sous tous rapports de convenance », il ne saurait s'agir que d'une statue équestre[2].

Enfin, le 11 janvier 1810, les deux « façades » de la place Bonaparte étant sur le point d'être terminées, l'assemblée communale supplie l'Empereur d'accorder à « ses fidèles sujets, les habitants de sa bonne ville de Lyon, la faveur d'ériger une statue équestre au héros qui pacifia l'Europe et rendit à notre cité son ancienne splendeur ». Une députation vint à Paris exprimer au monarque le désir ardent des Lyonnais de posséder son image.

« Sire, lorsque tous les instants de votre vie sont consacrés à la gloire et au bonheur de cet Empire, lorsqu'au milieu des camps, comme de l'enceinte de votre palais, vous entourez cette ville de vos regards paternels, faut-il que des vœux, des transports, des hommages soient l'unique tribut permis à notre amour?

« Votre plus douce récompense est dans les heureux que vous faites, et le soin d'en instruire la postérité vous paraît superflu. En effet, Sire, tout portera jusqu'à elle l'empreinte de vos bienfaits.

« Il n'en est pas ainsi de notre reconnaissance : le temps en effacerait les impressions fugitives. Daignez, Sire, nous accorder la grâce de la consacrer par un monument durable ; permettez à ces fidèles sujets de transmettre aux yeux de l'avenir ces traits chéris que vos bontés ont gravés dans nos cœurs ; permettez-nous de faire contempler à nos enfants votre auguste image ; elle sera l'objet de leur vénération et le garant de leur prospérité.

« Nous n'aurions point osé solliciter cette faveur si les obstacles qui ont paru la suspendre n'étaient entièrement détruits. Oui, Sire, la place qui déjà s'enorgueillit de votre nom est assurée que ses dernières ruines vont disparaître.

« Ah ! pour couronner nos vœux, quelle circonstance plus mémorable attendait Votre Majesté !

« Cette statue, gage de notre amour, reposera sur des trophées de gloire, en accordant à l'Europe l'olivier de la Paix.

1. *Procès-verbaux des séances du Conseil municipal*, I, 546.
2. *Procès-verbaux des séances du Conseil municipal*, II, 1.

« De Votre Majesté, Sire, les fidèles et respectueux sujets, les membres du Conseil municipal de la Ville de Lyon [1]. »

VI

La statue et le palais étaient condamnés à ne point sortir du domaine de l'irréel. Sans doute on travailla beaucoup dans la presqu'île Perrache. Les marécages furent en grande partie comblés, la digue de la Saône [2] à moitié construite, les expropriations poursuivies. Mais la chute du régime napoléonien mit fin à la somptueuse entreprise que la Restauration n'était pas disposée à continuer [3]. La compagnie Perrache qui n'avait jamais été payée des 300 000 francs stipulés en 1806, qui avait même eu beaucoup de peine à en toucher les intérêts, fut contrainte de plaider contre la Ville, jusqu'au moment où sous l'administration du marquis de Lacroix-Laval, en 1823, une loi régla le litige par abandon aux associés du Midi du capital et des arrérages en souffrance en échange de l'aliénation définitive de tout leur domaine.

Il convient de regretter la faillite d'un plan d'urbanisme grandiose qui eût donné à la vieille cité rhodanienne une incomparable et précieuse parure monumentale bien digne des temps épiques où l'on en avait conçu l'idée. Le quartier Perrache maintenant coupé par l'énorme massif des voies ferrées du P.-L.-M. constitue à l'extrémité de Lyon une zone sacrifiée où les terrains vagues se mêlent à des ténements de maisons d'architecture vulgaire, et sont parsemés de hangars et d'entrepôts dépourvus de toute esthétique. Mais l'avenir est aux conceptions utilitaires, et de prochaines transformations en cours d'exécution feront de « l'isle Perrache » un organisme économique de premier ordre que n'eût point désavoué le génie pratique du grand Empereur [4].

François Dutacq.

1. *Procès-verbaux des séances du Conseil municipal*, II, 528-529.

2. C'est le cours Rambaud actuel.

3. Arch. mun. O¹ *Presqu'île Perrache*, pièces diverses, 1810-1815.

4. Une statue équestre de Napoléon Ier fut élevée à Lyon dans le quartier Perrache en 1852 pour des motifs où la politique et les considérations d'ordre pratique tenaient autant de place que la reconnaissance. L'histoire de cette statue a parfois de la saveur et nous essaierons de la conter dans un autre article.

JOMINI

Je ne parlerai de l'homme que pour expliquer la genèse de son œuvre et pour en définir le caractère. C'est de cette œuvre, en effet, que je compte m'occuper. De quelles influences porte-t-elle la trace? Quelles qualités peut-on discerner dans la pensée du stratégiste vaudois, et quelles en sont les insuffisances ? En quoi consistent sa haute valeur et sa personnalité ? Quelle influence a-t-il exercée sur l'art de la guerre ? Et quelle action est-il digne d'exercer encore? Tels sont les points principaux que je me propose d'examiner.

Sa vie nous est connue par le très bon volume que le colonel Ferdinand Lecomte, de l'état-major fédéral suisse, a publié en 1861 sous ce titre : « *Le général Jomini : sa vie et ses écrits*, esquisse biographique et stratégique. » C'est un panégyrique, écrit sous l'inspiration et le contrôle de celui qui en est le héros. Après la mort de celui-ci (22 mars 1869), l'auteur en a publié une seconde édition peut-être un peu moins uniformément louangeuse et légèrement modifiée ou complétée en quelques points. C'est un travail solide, clair et complet. Sainte-Beuve en a tiré l'essentiel de ce qu'il a dit sur le général dans cinq de ses *Nouveaux Lundis* (mai-juillet 1869) qui ont été réunis en une brochure éditée par la maison Michel Lévy. De celles qu'a écrites le grand critique, cette monographie est une des moins remarquables. Le sujet sortait de sa compétence, et, s'il y a émis quelques hypothèses ingénieuses ou des jugements qui dénotent la pénétration habituelle de son esprit, il n'a pu, faute d'une technicité suffisante, marquer en traits précis la place occupée dans la littérature professionnelle par le *Précis de l'art de la guerre*.

A cet égard, le colonel Lecomte nous a rendu le grand service de jeter un « coup d'œil sur les écrits militaires avant Jomini » et de procéder à un rapide examen de « quelques écrits postérieurs à Jomini », grâce à quoi l'œuvre de celui-ci se trouve parfaitement située. Un autre auteur en a parlé, lui aussi, — et, lui aussi, fort bien, — c'est le général Cæmmerer dans sa très bonne *Evolution de la stratégie au XIXe siècle* (dont une excellente traduction, due au lieutenant Tirlet, a paru chez Fischbacher).

Mais ni le colonel suisse, ni le général allemand, n'ont dit tout ce qu'il y aurait à dire, ce me semble : certaines nuances leur ont échappé ; il y a des recoins dans lesquels ils me paraissent n'avoir pas fouillé assez profondément. Et, en fin de compte, si leurs appréciations sont, en général, justes, j'aurai pourtant à formuler quelques réserves à leur sujet.

I

D'origine italienne, ainsi que l'indique la désinence de son nom, Antoine-Henri Jomini naquit le 6 mars 1779[1], à Payerne, petite ville de ce canton de Vaud dont les instincts belliqueux avaient été surexcités par la tentative séparatiste du major Davel (1670-1723). Quoi qu'il remontât à un demi-siècle, ce mouvement insurrectionnel avait produit dans les esprits des velléités guerrières qui ajoutaient leur action à la mentalité générale de la Confédération suisse, dont tous les citoyens étaient voués de bonne heure à la profession des armes, et qui fournissait des soldats, voire des corps de troupe entiers, aux différents États de l'Europe.

Il n'est donc pas étonnant que, de bonne heure, Antoine-Henri ait manifesté un goût très vif pour les choses de la guerre, non seulement en jouant au soldat, comme beaucoup d'enfants de son âge, mais en demandant d'être placé comme élève dans une école militaire ou, plus tard, comme cadet dans un régiment.

Ni l'une ni l'autre de ces démarches n'aboutit. Non que sa

1. Il avait donc dix ans de moins que Napoléon, et était du même âge que ce Clausewitz de qui la réputation est, depuis ces derniers temps, comme accouplée à la sienne.

famille ait fait obstacle à sa vocation; mais, bien que l'Europe fût, comme on dit, à feu et à sang, les circonstances contrarièrent son désir : l'établissement dans lequel il devait entrer fut déplacé; le corps dans lequel ses parents comptaient lui acheter une charge de cadet fut dissous. Bref, il fut amené à se tourner d'un autre côté.

On songea à le diriger vers le barreau, car il annonçait de grandes dispositions pour la parole — à douze ans, il avait déjà « une facilité d'élocution remarquable », nous dit le colonel Lecomte; — mais ses goûts le portaient à s'occuper de chiffres et d'affaires plus qu'à se complaire aux développements oratoires ou aux subtilités juridiques. Il opta pour le commerce, et demanda à être envoyé dans un port de mer. La perspective de voyages et d'aventures outre-mer lui souriait. Il entra dans la banque, après des études médiocres et incomplètes dans un pensionnat où, loin de lui donner des leçons, on l'employa à enseigner la géographie et les calculs de change à certains de ses camarades. Comme il n'était pas d'humeur accommodante, il préféra quitter le pensionnat.

Il montra la même raideur dans sa banque où on lui donnait des lettres à recopier, ce qui ne l'initiait guère à la pratique des opérations de bourse. Il se sentait pourtant capable de faire autre chose. Et il le prouva en découvrant dans la comptabilité du teneur de livres une erreur de calcul que le reste du personnel y avait vainement cherchée. Après quoi, il remontra à son patron que, au lieu d'avoir à payer son apprentissage, c'est lui qui aurait dû être payé pour réparer les bévues commises par un employé salarié. Et il quitta la maison où on utilisait si mal ses services.

On l'apprécia mieux, à Paris, où il vint dans une autre banque : au bout d'un an, on doubla son traitement. Mais, quoique possédant déjà l'entière confiance de ses patrons, il avait hâte d'agir pour son propre compte. Et, à l'âge de dix-huit ans, il s'établissait agent de change.

C'était au moment des glorieux succès de la République en Italie. Chacun suivait avec enthousiasme les débuts du grand capitaine, et lisait les récits des étonnantes victoires de Montenotte, de Lodi, de Castiglione, de Lonato, etc. Il n'en fallait pas tant pour que notre jeune commerçant, en désespoir de cause, revînt à ses goûts primitifs, et participât, plus sérieusement encore que beaucoup d'autres, à l'enivrement du jour. Il suivit en effet avec attention les bulletins de guerre, tint un petit journal des opérations militaires, et ressentit bientôt l'impérieux besoin de pénétrer tous les secrets des triomphes qui remplissaient le monde. Excité, en outre, par la lecture des œuvres posthumes de Frédéric-le-Grand, il analysa, étudia, compara, et finit par arriver à un but satisfaisant, c'est-à-dire à se convaincre qu'il y avait dans l'art de la guerre des principes réels et plus ou moins faciles à formuler. (Colonel F. Lecomte, *loc. cit.*)

Dès 1803, après avoir été attaché, pendant quelques mois au ministère de la guerre fédéral, puis s'être remis au commerce, dans une maison d'équipements militaires, il décida de se vouer exclusivement à l'art de la guerre, en prenant du service soit dans l'armée française, soit dans l'armée russe, et en faisant paraître le résumé de ses réflexions sur les principes de l'art militaire. Il en fit l'objet d'un travail auquel il donna une forme dogmatique sous le titre de *Traité de grande tactique*. Mais on lui laissa voir qu'on trouvait bien osé, de la part d'un tout jeune homme — il avait à peine vingt-trois ans — et qui n'avait pas été véritablement officier dans une grande armée, de s'attaquer à un pareil sujet et d'exposer des idées personnelles, de formuler des conclusions précises, souvent en désaccord avec l'opinion courante.

Il jeta au feu son premier manuscrit. C'était en 1803. Prévoyant quelque danger à se donner pour l'apôtre d'une doctrine basée sur des principes nouveaux, il voulut faire passer le lecteur par les mêmes phases d'investigation qu'il avait lui-même parcourues, pour en déduire avec lui, par l'analyse comparative de vingt-quatre campagnes du grand Frédéric et de la Révolution, les formules qu'il désirait mettre au jour. (*Ibid.*)

Et le *Traité de grande tactique*, œuvre d'un caractère philosophique et didactique, devint ainsi le *Traité des grandes opérations militaires*, c'est-à-dire un livre qui a, sinon la réalité, du moins l'apparence, d'une étude purement historique. Les événements y sont présentés[1] dépouillés des détails oiseux qui pourraient voiler

1. D'après Tempelhof surtout, et Lloyd pour les deux premières campagnes.

leur cours, le récit étant suivi d'observations, de discussions et de maximes, placées, les unes à la fin des chapitres, les autres dans des chapitres à part. La narration elle-même est, en général, sobre de réflexions ; elle cherche, avant tout, à exposer les faits impartialement et d'une façon claire. Cependant, quelques mots bien placés, ici et là, suffisent à faire ressortir les mérites et les fautes à remarquer dans les opérations.

Ainsi les déductions de principes les plus relevés sortent naturellement de chaque page de cet ouvrage; l'axiome et la démonstration s'y mêlent par un enchaînement clair et continu dont l'action sur le lecteur est irrésistible, s'il ne se laisse pas rebuter par l'effort d'attention que l'auteur exige de lui.

Une fois son travail terminé, Jomini chercha à le faire publier. Il ne pouvait prendre à sa charge les frais de l'impression, frais assez élevés parce qu'ils comportaient la gravure de nombreux plans de batailles. Son père lui refusa l'argent nécessaire pour l'exécution d'un projet auquel il ne comprenait rien, et qu'il taxait de folie. Les éditeurs pensèrent et agirent de même. Une tentative pour obtenir l'appui pécuniaire de l'Empereur de Russie, auquel l'ouvrage aurait été dédié, n'eut pas plus de succès. Comment se fait-il que, s'étant adressé au maréchal Ney, le jeune auteur ait trouvé un accueil favorable, c'est-à-dire les subsides nécessaires et même l'offre d'une place dans l'état-major? J'ai quelque peine à me l'expliquer. Le fils du tonnelier de Sarrelouis ne devait-il pas être, de tous les lieutenants de Napoléon, un des moins disposés, un des moins aptes, à s'intéresser à la théorie de la guerre, à attribuer quelque compétence en pareille matière à un jeune négociant suisse, ci-devant officier — de raccroc, si on peut dire, — dans la milice de son pays? Était-il homme à lire l'étude que celui-ci lui présentait, étude assez ardue, comme on vient de le voir? Était-il homme à en apprécier le mérite au point de la patronner et de prendre l'auteur comme aide de camp auxiliaire? Peut-être voulut-il profiter de l'occasion qui s'offrait à lui de comprendre quelque chose à la théorie de l'art qu'il avait à pratiquer. Peut-être était-il las de sentir peser sur lui le dédain de l'Empereur pour ses connaissances en stratégie, sinon pour ses capacités intellectuelles. Il est plus probable qu'un protecteur[1] lui aura recommandé Jomini, lui faisant l'éloge du *Traité des grandes opérations militaires* et lui montrant le profit qu'il pourrait tirer d'un homme qui avait approfondi les choses de la guerre, s'il l'avait en quelque sorte sous la main.

En tout cas, même avant de l'avoir fait titulariser dans l'emploi d'aide de camp, Ney emmena Jomini au camp de Boulogne. Il l'y admit dans son intimité, discutant avec lui des sujets professionnels, lui montrant une confiance qui ne tarda pas à exciter la jalousie des aides de camp titulaires. Une lourde erreur commise par un de ceux-ci aurait compromis gravement le succès de certaines manœuvres nouvelles que le maréchal devait faire exécuter devant l'Empereur, si Jomini n'était intervenu fort à propos et très adroitement. Son intelligente initiative répara la faute; grâce à quoi, tout se passa pour le mieux, et le maître se déclara satisfait. Il n'en fallut pas davantage pour donner à Ney la plus haute idée des talents de son jeune collaborateur. Et tout ce que celui-ci put faire plus tard sur les champs de bataille d'Ulm, d'Iéna, de Bautzen, ne contribua pas plus que ce mince succès d'une opération sur le terrain de manœuvre à asseoir la confiance et l'estime que le maréchal avait pour lui.

Ce n'est pas qu'il ne se soit élevé des différends entre eux. Un supérieur hiérarchique n'aime jamais sentir la supériorité intrinsèque d'un de ses subordonnés. D'ailleurs, celui-ci était entouré de camarades qui supportaient mal les faveurs dont il jouissait, la préférence dont il était l'objet. Ney avait fait de son favori le confident de tous ses projets, au point qu'il travaillait seul à seul avec lui, dans son cabinet, en dehors même de la présence de son chef d'état-major, qui, d'ailleurs, lui avait été imposé par Berthier, et qu'il n'aimait pas. De tels privilèges devaient provoquer de la malveillance, s'ajoutant au sentiment qu'ils étaient mérités. Il

1. On me suggère que Moreau aurait pu être la personne en question. Ney avait été formé à son école. Il avait opéré en Suisse. Jomini le tenait en haute estime pour ses talents, et il le signalait comme un des plus grands généraux du siècle. Mais on comprend que, par la suite, il se soit abstenu de raconter qu'il lui devait le début de sa fortune.

est probable qu'on clabaudait contre l'intrus et qu'on lui adressait des critiques. A la longue, celles-ci ne pouvaient manquer d'agir sur un esprit qu'une insuffisante culture rendait particulièrement influençable, et qui manquait de stabilité, faute de lest. Un jour, par exemple, que, ayant à rédiger un ordre en vue de l'encerclement d'Ulm, Jomini avait indiqué les lignes de retraite éventuelles des divisions, il s'attira une violente sortie de la part du fougueux maréchal.

— Comment ! — s'écria celui-ci, — vous pouvez supposer que des Autrichiens soient capables de battre une armée comme la nôtre, une armée commandée par l'Empereur ! Les gens qui pensent à la retraite avant le combat n'ont qu'à rester chez eux !...

Toujours chatouilleux, Jomini répliqua en demandant à rentrer dans ses foyers. Mais Ney, loin d'insister, sut réparer ses torts en adoptant les suggestions de son aide de camp volontaire. Bien lui en prit, d'ailleurs, puisqu'il leur dut de marcher sur Elchingen où il se couvrit de gloire et gagna le titre de maréchal, titre qu'il n'eût point gagné si, cédant aux conseils — sinon aux injonctions — de Murat, il avait pris une direction différente.

Peu de temps après, le maréchal eut à envoyer au quartier impérial son rapport sur ses opérations. Il en chargea Jomini, qui profita de la circonstance pour glisser, dans le paquet qu'il avait à remettre à l'Empereur, les deux volumes récemment imprimés de son *Traité des grandes opérations militaires.* Il y joignit une lettre d'envoi où il signalait tout particulièrement le chapitre XIV, relatif aux lignes d'opérations, et son parallèle du système de Frédéric-le-Grand avec celui de Napoléon.

Quand, à quelque temps de là, l'Empereur se fit lire quelques pages de ce livre — par son secrétaire Maret, qui a raconté la scène, — il fut à la fois surpris et mécontent. Il aurait exprimé à peu près ainsi sa satisfaction et son dépit : « Que l'on dise donc que le siècle ne marche pas ! Voilà un chef de bataillon — et un Suisse encore ! — qui nous apprend ce que jamais mes professeurs ne m'ont enseigné, et que bien peu de généraux comprennent. Mais comment Fouché a-t-il laissé imprimer un tel livre ? C'est apprendre tout mon système de guerre à mes ennemis ! Il faut saisir ce livre et empêcher qu'il se propage. »

Maret fit remarquer que la saisie, ordonnée trop tard, serait inopérante, et que, au surplus, excitant la curiosité et conférant de l'autorité à l'œuvre, elle risquait de faire plus de mal que de bien. L'Empereur finit par se calmer, et dit :

— « Au fait, j'attache peut-être trop d'importance à cette publication : les vieux généraux qui commandent contre moi ne lisent plus, et ils ne profiteront pas de ces leçons. Quant aux jeunes qui les liront, ils ne commandent pas... C'est égal : il ne faut pas qu'à l'avenir on puisse imprimer de pareilles choses sans autorisation. »

Aussi ne tarda-t-il pas à établir la censure (que les règlements militaires maintiennent encore aujourd'hui pour les écrits des officiers et des hommes de troupe en activité de service) ; par contre, il nomma Jomini colonel (à vingt-sept ans).

Donc, il le jugeait capable de livrer tout son système de guerre à ses ennemis. Il sentait en lui un homme capable de lire dans son jeu. On cite — et l'écrivain vaudois n'était pas le dernier à le faire — plusieurs anecdotes qui montrent, en effet, à quel point allait cette pénétration.

Dès 1799, elle avait fait ses preuves. En décembre de cette année-là, le Premier Consul rassemblait des troupes vers le Rhin et vers le Rhône, sans qu'on sût si c'était pour aller en Allemagne ou en Piémont. Quelqu'un ayant émis la première hypothèse, Jomini paria que les événements la démentiraient. Du fait que l'armée de réserve avait été réunie à Dijon, il n'avait pas hésité à inférer, en effet, que l'attaque se ferait en Italie, où elle pénétrerait par le Valais pour tomber, non sur le front de Mélas, mais sur les derrières de sa ligne d'opérations, en débordant sa droite. Cinq mois plus tard, le passage du Saint-Bernard et la victoire de Marengo lui donnaient raison.

En automne 1806, une nouvelle campagne semblait se préparer. Jomini croyait qu'elle serait dirigée contre la Prusse. Ney — dont il était alors le premier aide de camp — en doutait, ne pouvant admettre qu'une aussi petite puissance songeât à faire campagne contre la France sans avoir d'alliés. Or, les Russes étaient rentrés derrière la Vistule; quant à l'Autriche, elle venait à peine de signer la paix, et quelque trente milliers de ses soldats étaient encore prisonniers dans les cantonnements de notre 6e corps (celui de Ney, justement). Chaque matin, le maréchal, discutant la question avec Jomini, émettait ces objections. Jomini renonçant aux controverses orales, qui n'aboutissaient à rien, se décida à résumer ses arguments dans un mémoire (qui était peut-être destiné, dans sa pensée, à arriver plus haut) et qu'il intitula : « *Des probabilités d'une guerre avec la Prusse, et des opérations qui auront probablement lieu.* » Les choses se passèrent exactement comme les avait prévues ce travail, daté du 15 septembre 1806. Empêcher la jonction des Russes avec les Prussiens, en se portant sur les derrières de ceux-ci par leur aile la plus vulnérable, c'est-à-dire les déborder par leur gauche, puis les battre complètement : c'est ce qu'il avait annoncé, sinon conseillé. Et c'est le plan que l'Empereur réalisa, le plan qui aboutit aux victoires d'Iéna et d'Auerstædt.

Au début d'octobre, Jomini était mandé à Mayence par l'Empereur. Celui-ci commença par quelques compliments : « C'est vous qui m'avez adressé un ouvrage fort important... Je suis charmé que le premier ouvrage qui démontre les vrais principes de la guerre appartienne à mon règne... On ne nous apprenait rien de semblable dans les écoles militaires... » Puis il aborda le vrai sujet de l'entretien :

— Nous allons avoir à batailler avec les Prussiens... Je vous ai appelé auprès de moi parce que vous avez écrit sur les campagnes de Frédéric le Grand, que vous connaissez son armée, que vous avez bien étudié le théâtre de la guerre... Vous pourrez me seconder par de bons renseignements... Je crois que nous aurons plus à faire qu'avec les Autrichiens : nous aurons de la terre à remuer.

— Sire, je ne pense pas de même : depuis la guerre de 1763, les Prussiens n'ont fait que les tristes campagnes de 1792-1794 : ils sont peu aguerris.

— Oui... Mais ils ont les souvenirs du grand roi et de généraux expérimentés... Enfin, nous verrons !...

— Sire, Votre Majesté me permet-elle de lui faire remarquer que je suis le premier aide de camp du maréchal Ney?... Je ne peux le quitter sans me faire remplacer dans mon service.

— J'arrangerai tout cela à la fin de la campagne... En attendant, vous faites partie de ma maison.

— Dans ce cas, Sire, il faut absolument que je retourne au corps du maréchal pour aller chercher mes chevaux et mes équipages, car je suis seul ici ; je n'ai même pas un domestique... Si Votre Majesté veut bien m'accorder quatre jours, je pourrai la rejoindre à Bamberg...

(Il paraît que, à ce nom, Napoléon blêmit. Il avait tenu ses intentions secrètes, et il fut tout surpris de voir qu'elles étaient connues... ou devinées.)

— A Bamberg ! s'écria-t-il... A Bamberg !... Mais qui vous dit que je vais aller à Bamberg !...

— La carte de l'Allemagne, Sire.

— Comment, la carte?... Il y a cent autres routes que celle de Bamberg, sur cette carte !...

— Oui, Sire. Mais il est probable que Votre Majesté voudra faire contre la gauche des Prussiens la même manœuvre qu'elle a faite par Donawert contre la droite de Mack, et par le Saint-Bernard contre la droite de Mélas. Or, cela ne peut se faire que par Bamberg sur Géra.

L'Empereur se radoucit en voyant que sa pensée était pénétrée et il sourit à son interlocuteur comme à un complice, en lui disant : « C'est bon !... Soyez dans quatre jours à Bamberg... Mais n'en dites pas un mot... Pas même à Berthier... Personne ne doit savoir que je vais à Bamberg. »

Naturellement, Jomini aimait à raconter cette scène, ajoutant : « L'Empereur en a gardé une telle impression que, à Sainte-Hélène, il en a parlé à Montholon, et celui-ci m'a rapporté dans les mêmes termes les propos échangés entre nous. »

Sainte-Beuve en recueillit le récit de la bouche même de celui qui en était le héros. Mais il n'était pas de ces hommes auxquels on en fait accroire, et il soupçonna quelque chose de louche dans cette histoire trop bien arrangée. La *Correspondance* de Napoléon lui apprit, en effet, que, dès le 5 septembre, c'est-à-dire trois semaines avant la conversation de Mayence, l'Empereur indiquait à Berthier son intention de réunir l'armée à Bamberg ; le 22, il lui fixait l'itinéraire par Aschaffenberg, Würtzburg et Bamberg. Le 24, cette dernière ville était assignée à Murat comme point de rendez-vous. Bref, bien que toutes ces notifications eussent un caractère confidentiel, il est fort probable que Ney avait été mis au courant des intentions de l'Empereur, et qu'il en aura envisagé les conséquences avec son aide de camp de prédilection, lequel était pour lui ce que nous appellerions aujourd'hui son chef du bureau des opérations. Il est fort probable aussi que Jomini, avec sa tournure d'esprit, aura cherché non pas seulement les conséquences de ces intentions, mais leurs causes, leur genèse, ce qui l'aura amené à penser qu'il s'agissait de renouveler la manœuvre qui avait si bien réussi contre Mack et Mélas.

Le colonel Lecomte n'a pas voulu admettre que Jomini l'eût trompé en se targuant d'avoir deviné le plan impérial. Il a riposté aux observations de Sainte-Beuve, en examinant et en discutant les lettres de la *Correspondance* pendant le mois de septembre 1806. Il crut pouvoir en conclure que la désignation de Bamberg comme lieu de concentration des troupes pour l'entrée en campagne, et comme point de départ — sinon comme clef — des prochaines opérations stratégiques, n'avait pas le caractère précis et définitif que lui attribuait le célèbre critique.

C'est possible, après tout. Le nom de Bamberg n'en avait pas moins été écrit à plusieurs reprises... Il avait été certainement prononcé. Jomini, l'ayant lu ou entendu, n'a pu manquer d'y réfléchir, de se demander ce que signifiait l'éventualité, même hypothétique, à laquelle il se rattachait. Et c'est pourquoi, ayant à son tour prononcé ce nom plus ou moins étourdiment le 28 septembre, et ayant compris qu'il venait de commettre une maladresse ou une indiscrétion en laissant voir qu'il avait été mis au courant de projets confidentiels, il dut chercher à se tirer d'affaire en présentant son propos comme le terme d'une conception stratégique qu'il avait envisagée et logiquement déduite de la connaissance qu'il avait acquise de la méthode napoléonienne.

En effet, il avait bien pénétré le secret de la pensée de l'Empereur ; il possédait la clef de sa science ; il s'était rendu compte de la façon dont il raisonnait, dont il résolvait les problèmes d'art militaire. Il le prouva à mainte autre reprise. Déjà, le 10 octobre 1805, il avait tenu tête à Murat qui lui semblait méconnaître les intentions de Napoléon. En mai 1813, il fit de même avec Ney dans une circonstance analogue. Le maréchal, étant à Luckau, avait une de ces missions qui, en réalité, comportent un choix à faire entre deux hypothèses, et qui, par conséquent, aurait dû le laisser libre de la décision à prendre selon qu'il adopterait l'une ou l'autre. Mais il interpréta comme impératifs les ordres qu'il avait reçus et qui attribuaient une importance prépondérante à un mouvement sur Dahme en vue d'agir sur Berlin.

Jomini n'en prit pas moins la liberté de représenter que c'était à droite, vers Bautzen, qu'il fallait marcher, et non à gauche, sur Dahme. Le maréchal lui ayant opposé les volontés exprimées par le major-général, il riposta qu'on peut toujours désobéir sans danger, et même avec succès, quand on reste fidèle aux principes de la guerre ; que, dans la circonstance présente, le mouvement excentrique sur Berlin était contraire au système ordinaire de l'Empereur; que le point décisif était à Bautzen ; et que, si on en devenait maître, Berlin serait nécessairement pris. Au surplus, il ajouta que, plutôt que d'ordonner le mouvement sur Berlin, il préférait quitter l'emploi — qu'il occupait alors — de chef d'état-major du maréchal, pour être mis à la tête d'une brigade. Ney finit par se rendre à sa ténacité. Or, il se trouva que le mouvement proposé par Jomini avait été celui que Napoléon, mieux informé de la tournure prise par les événements, avait prescrit postérieurement à l'envoi de ses premiers ordres. Mais ces instructions nouvelles et contradictoires n'étaient point parvenues au destinataire. Les partisans de Lutzow en avaient intercepté certaines ou avaient empêché les envoyés de Berthier de les apporter. Bref, Ney était déjà à Hoyerswerda lorsqu'un paysan saxon arriva portant dans sa botte une dépêche chiffrée qui lui enjoignait de prendre précisément cette direction.

On est donc fondé à affirmer que Jomini lisait comme à livre ouvert dans le cerveau de Napoléon, au moins pour ce qui est de ses conceptions stratégiques. Et on comprend que celui-ci aît tenu en très haute estime la science de celui-là. Il l'a dit bien des fois. Son jugement favorable sur le théoricien vaudois a même résisté à l'irritation produite par son départ. Bien plus : loin de lui reprocher sa défection et son entrée dans l'armée russe, Napoléon a reconnu très loyalement les circonstances atténuantes qui pouvaient être invoquées pour justifier cet acte.

Mais cet épisode n'appartient pas à mon sujet. Il est très connu, d'ailleurs, et le lecteur curieux d'en lire les détails ou d'en trouver la justification n'a qu'à se reporter aux études du colonel Lecomte ou de Sainte-Beuve.

On y verra, en outre, que l'auteur du *Traité des grandes opérations militaires* était vraiment quelqu'un. Son humeur indépendante, son caractère emporté, son esprit entreprenant, la rapidité de ses décisions, sa fougue, lui constituent une physionomie très attachante. Quoiqu'écrivain abondant — et la parole lui plaisait plus que la plume — il a été surtout un homme d'action. Il connaissait les insuffisances de son instruction première, insuffisance dont se ressent son style souvent lourd et terne, parfois incorrect, encore que généralement clair : un bon style de commerçant qui ne se pique pas d'élégance. — « Je ne suis pas un savant, a-t-il dit un jour : je ne suis qu'un investigateur qui a eu les yeux ouverts et qui a trouvé un bon filon. Je suis à cent lieues d'être un homme de cabinet, un *Stubengelehrt,* comme disent les Allemands : je suis plutôt un vrai soldat. »

C'est donc à tort qu'on le représente comme un profond penseur, qu'on le tient pour un théoricien, qu'on le considère comme le chef et le fondateur d'une école. Son nom est connu : on le cite comme celui de Polybe ou de Végèce ; on l'oppose à celui de Clausewitz. Mais on ne paraît pas bien renseigné sur la véritable nature de son œuvre. On ne la situe pas toujours exactement bien dans le déroulement de la littérature militaire, non plus qu'on ne se rend compte de l'influence qu'elle a pu exercer.

Voilà ce que je voudrais chercher à déterminer, en montrant comment les caractères spécifiques de l'homme ont retenti sur la forme de sa pensée en imprimant à ses conceptions une indéniable originalité qui leur donne une place tout à fait à part, expliquant à la fois leur grande notoriété et leur faible influence.

II

Voici un homme qui, — nous avons eu occasion de le voir, — a donné de bonne heure, dans des situations diverses, la mesure de ses qualités commerciales, prouvant ainsi qu'il possédait ce qu'on appelle le sens des affaires. C'est donc qu'il a l'esprit pratique, du bon sens, du jugement. C'est donc qu'il possède le goût des réalisations. C'est donc qu'il aime l'ordre et la clarté, c'est donc qu'il est méthodique, attentif, prévoyant. Il a la finesse du négociant, madré, adroit, sur ses gardes pour n'être pas dupé. Il manque de la finesse du penseur, abstracteur de quintessence, qui se plaît aux subtilités. Loin de chercher midi à quatorze heures, comme on dit, ou de s'amuser à fendre les cheveux en quatre, il éprouve une sorte de malaise à ce qui est complexe. Aussi son premier soin tend-il à simplifier ce qu'il trouve embrouillé : il « schématise » volontiers. J'ai déjà signalé que, dans son désir d'y voir clair, il débarrasse le récit des opérations de ce qu'il considère comme oiseux : il réduit à quelques mouvements bien déterminés les actions de guerre qui pourtant, à y regarder de près, sont un enchevêtrement inextricable d'incidents, d'épisodes. Cet entrecroisement constitue la véritable physionomie de la bataille. Jomini n'en a cure : il écarte impitoyablement, systématiquement, l'anecdote. Elle ne l'intéresse pas. Il lui est arrivé d'exprimer quelque regret, quelque remords, de lui avoir, à ses débuts, attaché de l'importance. De bonne heure, il va à l'essentiel, et il néglige le reste.

Aussi bien n'est-il pas homme à s'occuper de tactique, c'est-à-dire de la partie de l'art militaire qui entre dans le détail. Sa spécialité, — c'est-à-dire la stratégie — n'exige pas l'œil du miniaturiste, pas même l'œil du peintre de tableau. Il n'a qu'à peindre des décors de théâtre — de théâtre d'opérations, si j'ose dire, —

et alors il doit voir gros, dessiner en appuyant sur le trait, badigeonner à larges coups, non pas même de pinceau, mais de brosse.

Ce n'est pas qu'il ait de la répugnance pour les petites besognes : la comptabilité ne l'effraie pas ; il ne lui en coûte aucunement de dresser des tableaux, d'aligner des chiffres, de numéroter, d'étiqueter, si ce travail satisfait à ce besoin de clarté qui le poursuit. Méticuleux teneur de livres, redoutable statisticien, il ne recule devant aucun effort, d'abord pour collectionner tout ce dont il a besoin, ensuite pour le trier, pour le compartimenter, pour le classer. Par exemple, le voici qui recueille les divers ordres de bataille que l'histoire a mentionnés, et il les dénombre avec un soin minutieux. Il en trouve ainsi une douzaine : exactement treize, pas un de moins. Il les dénomme alors, et arrive ainsi à l'énumération suivante :

1. Ordre parallèle simple. — 2. Ordre parallèle avec crochet. — 3. Ordre parallèle renforcé sur une aile. — 4. Ordre parallèle renforcé sur le centre. — 5. Ordre oblique simple. — 6. Ordre oblique renforcé sur l'aile assaillante. — 7. Ordre perpendiculaire sur une aile. — 8. Ordre perpendiculaire sur l'autre aile. — 9. Ordre concave. — 10. Ordre convexe. — 11. Ordre échelonné sur l'une des ailes ou sur les deux. — 12. Ordre échelonné sur le centre. — 13. Ordre renforcé sur le centre et aux extrémités.

On voit la tendance. Elle se retrouve dans l'énumération des dix sortes de guerres (1° Guerres offensives pour revendiquer des droits ; 2° Guerres défensives en politique et offensives militairement ; 3° Guerres de convenances ; 4° Guerres avec ou sans alliés ; 5° Guerres d'intervention ou de coalition ; 6° Guerres d'invasion par esprit de conquête ; 7° Guerres d'opinions ; 8° Guerres nationales ; 9° Guerres civiles ou de religion ; 10° Guerres multiples ou simultanées) ; des douze principaux éléments nécessaires pour constituer une bonne armée (1° Bon recrutement ; 2° Bonne formation ; 3° Réserves nationales ; 4° Pratique des manœuvres ; 5° Forte discipline ; 6° Émulation et récompenses ; 7° Armes spéciales soignées ; 8° Bon armement ; 9° État-major capable ;

10° Bonne administration ; 11° Commandement des armées et haute direction des opérations ; 12° Excitation de l'esprit militaire) ; des onze types de lignes d'opérations, etc.

On devine que, avec cette manie de classification, nous obtiendrons toute une série de lois de la guerre, bien et dûment numérotées, lesquelles ne feront rien d'autre que de traduire des tableaux de statistique. C'est là d'ailleurs le caractère d'une foule d'autres lois — celles de la météorologie, par exemple, — et d'une foule de règles, comme celles de la grammaire. Dire que les mots en *al* forment leur pluriel en prenant la désinence *aux*, sauf quelques exceptions, et que les verbes en *er* se conjuguent sur *aimer*, à part certains verbes irréguliers comme *aller*, c'est exprimer qu'il en est généralement ainsi, que tel est l'usage qui s'est établi.

Pareillement, l'étude des campagnes nous montre qu'*on a intérêt à déborder l'ennemi*, et que, inversement, *on a intérêt à ne pas se laisser déborder par lui*. La vérité de ces affirmations est mise en évidence par l'accumulation des faits. L'histoire en fournit la preuve. Et on en arrive ainsi à établir que les mouvements tournants ont une importance considérable à la guerre. Mais on le reconnaît, on le constate. Resterait à l'expliquer. Car la connaissance des causes du phénomène observé nous permettra de prévoir qu'il se présentera des circonstances qui diminueront le danger des mouvements tournants, que dans tels cas ceux-ci perdront tout ou partie de leur vertu.

Cette détermination des causes exige une psychologie assez pénétrante. Or, Jomini n'est aucunement psychologue. Il n'en a pas le goût, ni n'en éprouve le besoin. Il aime trop les solutions simples, les explications simples, pour se plaire aux investigations subtiles, aux analyses délicates.

Ces sortes de recherches n'attirent pas sa curiosité. Il regarde en arrière plus volontiers qu'en avant. S'il comprend très bien le passé, il est hors d'état de prévoir l'avenir, pour peu qu'il se trouve en présence d'une situation nouvelle. J'ai déjà eu l'occasion [1] de le montrer déconcerté par l'utilisation de la vapeur

1. *La Théorie de la guerre et l'étude de l'art militaire* (Paris, Alcan. 1923), page 89.

comme force motrice, par la création des chemins de fer, par l'adoption des fusils à aiguille, des canons rayés, des projectiles forcés. Il s'est demandé avec stupeur si ces inventions, qu'il traiterait volontiers de diaboliques, et qu'il considérait comme bien gênantes pour sa théorie de la guerre, n'allaient pas infirmer celle-ci. Il se retranche derrière son grand âge et de cruelles infirmités — il était un « invalide presque nonagénaire » en 1866, lorsqu'il s'est posé la question, — pour s'abstenir de la traiter à fond ; il en laisse le soin « à un futur historien à la fois politique et militaire » ; mais il est bien obligé de reconnaître que la rapidité des communications résultant de l'emploi de nouveaux moyens de transport révolutionnera la stratégie ; malheureusement, comme il manque de ce qu'on a appelé l'imagination technique[1], il déclare qu'il est malaisé, sinon impossible, de deviner le sens de cette évolution. Voici ses propres paroles :

Tout tombe dans le vague, dans l'imprévu ; aucun moyen d'enchaîner la victoire par les combinaisons habiles d'une guerre méthodique, calculant d'avance les résultats de mouvements basés sur les distances à parcourir dans un temps déterminé, exécutés au moyen de chaussées ordinaires, sur la surface du théâtre de la guerre... Combien il sera difficile de compter sur le résultat de l'exécution ! La mise en action des forces respectives limitée pour ainsi dire aux zones de chemins de fer, au lieu d'être étendue à toute la surface du théâtre de la guerre, rend toute habile manœuvre sinon impossible, du moins d'un succès fort incertain, et le dieu Hasard, qui eut toujours sa part dans les opérations de la guerre, sera désormais un rival embarrassant pour tous les généraux.

Il semble impossible de mettre plus complètement à côté de la plaque, comme disent des troupiers. Jamais la guerre n'a été plus méthodique qu'avec de Moltke ; jamais la victoire n'a été mieux enchaînée par des combinaisons habiles basées sur des calculs de distances à parcourir et sur la détermination du temps nécessaire aux mouvements ; jamais on n'a réduit autant la part réservée au « dieu Hasard ».

1. *La connaissance de la guerre*, par le colonel Gros Long (Nouvelle librairie nationale, 1923).

Et qu'on n'aille pas dire que l'âge excuse ces erreurs, qui sont un aveu de faillite. (A quoi sert une théorie de la guerre qui se borne à expliquer le passé, mais se reconnaît impuissante à envisager les probabilités d'avenir ?) Car, dans son *Précis de l'art de la guerre* publié en 1837, alors qu'il était de vingt ans plus jeune, il ne se trompe pas moins grossièrement dans ses pronostics. Voici, en effet, ce qu'il écrit :

Les nouvelles inventions qui ont eu lieu depuis vingt ans semblent nous menacer d'une grande révolution dans l'organisation, l'armement et même la tactique des armées. La stratégie seule restera avec ses principes qui furent les mêmes sous les Scipion, les César, comme sous Frédéric II, Pierre le Grand et Napoléon, car ils sont indépendants de la nature des armes et de l'organisation des troupes.

Les moyens de destruction se perfectionnent avec une rapidité effrayante... et vont centupler peut-être les chances de carnage, comme si les hécatombes de l'espèce d'Eylau, de Borodino, de Leipzig et de Waterloo n'étaient pas suffisantes pour décimer les populations européennes.

... Il ne restera d'autre parti à prendre qu'à composer la moitié des armées de cavalerie cuirassée pour pouvoir enlever avec plus de rapidité toutes ces machines ; et l'infanterie même devra reprendre ses armures de fer du moyen âge sans lesquelles un bataillon serait couché par terre avant d'aborder l'ennemi. Nous pourrons donc revoir la fameuse gendarmerie toute bardée de fer, même les chevaux. (Chapitre III, article 13, page 128).

L'événement a montré que le remède proposé n'eût fait qu'aggraver le mal. Il a montré aussi que la stratégie ne se ressentait pas moins que la tactique des révolutions opérées dans l'organisation et l'armement. On ne saurait trop admirer qu'un homme pût y voir à la fois aussi juste dans le passé et aussi faux dans l'avenir.

Or, nous avons surtout besoin de connaître l'avenir. L'étude des guerres d'autrefois et d'hier n'intéresse les gens du métier que dans la mesure où elle les prépare aux guerres de demain. Jomini nous fait comprendre les campagnes des grands capitaines ; il nous aide à nous expliquer leurs revers ou leurs succès. Il ne peut contribuer que très indirectement, et pour une faible part, à former les futurs grands capitaines. Si Linné n'avait eu d'autre mérite que d'établir les bases d'une classification rationnelle en botanique, on lui devrait certes beaucoup de gratitude, mais on n'aurait pas grand profit à lire ses écrits et à les méditer.

D'ailleurs, ceux de Jomini ne me paraissent pas avoir exercé une réelle et profonde influence sur nos généraux et nos théoriciens. Au temps où j'étais élève à l'École d'application de Fontainebleau, notre professeur d'art militaire nous initiait de son mieux, avec toute sa conscience, aux mystères de la stratégie et de la tactique, et il lui arrivait de nous parler de la septième formule de Jomini comme applicable dans telle circonstance, ou de la onzième comme ayant trouvé sa justification dans le succès de telle manœuvre. Mais il ne nous a jamais conseillé de nous reporter au texte même du *Traité des grandes opérations militaires* ou du *Précis de la guerre*. Il ne nous a jamais indiqué ce qui en fait la valeur, ce qui leur confère leur caractère et leur originalité, pas plus qu'il ne nous a mis en garde contre leurs insuffisances, pas plus qu'il ne nous a recommandé de prendre certaines précautions pour en tirer des conclusions. Il parlait des règles de Jomini comme, au lycée, on nous avait parlé du postulatum d'Euclide, du principe d'Archimède, de la table de Pythagore, du théorème de Fermat, sans nous dire à quelle sorte de gens se rapportent ces noms.

Même si on nous avait engagés à entrer assez avant dans la familiarité de son œuvre, nous aurions été probablement retenus par la lourdeur de la forme. Son style est dépourvu de souplesse et de grâce. L'ordre dans lequel les idées sont présentées exige un effort qui, sans être pénible, peut rebuter nombre de Français. Ils ne s'y résigneront que si on leur dit qu'ils ont un grand profit à en tirer. (Et, d'après moi, il n'en est pas ainsi : mais c'est là une opinion qui m'est personnelle.) Son panégyriste lui-même reconnaît que, malgré la simplicité et la clarté que l'auteur cherche à mettre dans ses écrits, il faut de l'attention et la volonté de s'instruire pour y suivre le fil des événements et de leurs leçons.

Il faut, pour entrer dans les vues de l'auteur, y consacrer quelques journées consécutives, afin de saisir, par un ensemble de faits, le vrai caractère des idées émises : sans cela, tout l'avantage de sa méthode *a posteriori* est perdu, et il vaudra mieux se borner à lire avec foi les chapitres résumant les principes, ou sauter tout d'abord à son *Précis* dogmatique sur l'art de la guerre. Mais comment acquérir cette foi, sinon par l'expérience des événements passés? Il est douteux, d'ailleurs, que le lecteur qui s'impatientera de l'analyse des faits et du récit impartial d'une dizaine de campagnes, aita ssez de persévérance pour refaire cette analyse lui-même, d'après l'exposition simple des doctrines du *Précis*. Que ceux qui s'en sentent la force et le courage l'entreprennent eux-mêmes, rien de mieux ; ils seront plus sûrs encore d'arriver à une conviction solide. Mais chacun n'est pas en état de suivre les détails complexes d'une grande campagne, même pour y chercher la preuve de principes dont on est déjà convaincu.

C'est ce que l'auteur a bien compris par les soins qu'il voue à l'exposition des événements. Il a simplifié par son travail la besogne que tout militaire désireux de s'instruire devrait faire soi-même et a fourni à la fois de bons renseignements historiques et de bons enseignements dogmatiques, sous leur forme la plus avantageuse. Scrutateur perspicace et toujours en éveil, il a suivi pas à pas tous les incidents marquants des campagnes qu'il raconte, confrontant Lloyd et Tempelhof, discutant leurs assertions, relevant les invraisemblances, débrouillant les contradictions sans se laisser détourner de son but ; se facilitant ce but, au contraire, par des investigations scrupuleuses où beaucoup d'autres ne font que s'égarer.

Sûr de la vérité des principes auxquels il croyait, et qu'il avait entrevus dès ses premiers travaux, il n'eut pas besoin de fausser l'histoire pour les y trouver : il n'eut qu'à la fouiller et à la débarrasser de ses obscurités.

Ce n'est pas que la valeur historique de son œuvre soit à l'abri de tout reproche. Il ne disposait pas d'une documentation indubitablement sûre, et il n'a pas soumis les textes à une critique serrée. Quoiqu'il se donne et quoiqu'on le donne comme un représentant de la méthode historique, n'oublions pas qu'il est bien plutôt un dogmatique. Le colonel Lecomte vient de nous le dire : il est resté toute sa vie fidèle aux principes « qu'il avait entrevus dès ses premiers travaux ». C'est à leur gloire qu'il avait voulu élever un monument sous le titre ambitieux de *Traité de grande tactique*. L'humilité et la prudence l'ont, seules, déterminé à changer ce titre et à modifier la contexture du livre. Celui-ci n'en reste pas moins inspiré de la pure méthode cartésienne ; il est exclusivement bâti sur la logique ; l'auteur repousse systématiquement, délibérément, les opinions en cours, opinions toutes faites, non contrôlées par la raison, et qui sont d'autant plus dangereuses qu'elles sont propagées par « des réputations un peu usurpées ». C'est parce qu'il n'est point aisé à un jeune homme inconnu de s'attaquer personnellement à des personnages aussi haut placés, à des théories aussi répandues, qu'il renonce à la forme didactique et philosophique, et qu'il se propose de se servir du « puissant appui des événements, qu'il laissera pour ainsi dire parler eux-mêmes ».

En d'autres termes, il n'a recours à l'histoire que pour ne pas se mettre personnellement en cause. Elle n'est qu'un masque derrière lequel il se dérobe. Il ne faut pas trop s'attacher à son argumentation et aux preuves qu'il donne. Il les a mises là pour pouvoir dire qu'il laisse les faits parler d'eux-mêmes et qu'il exprime moins son idée propre que la leur. En tout cas, cet artifice d'exposition donne au livre quelque chose d'embarrassé, d'un peu incohérent, qui a pu déplaire aux lecteurs français. Il s'est d'ailleurs aliéné notre sympathie en abandonnant nos drapeaux pour servir dans les armées du tsar. Les Russes, eux, ont été fiers de le voir venir à eux. Ils ont traduit ses ouvrages et s'en sont très profondément pénétrés : ils y trouvaient un dogmatisme qui plaisait à leur âme mystique. Des écrivains comme Okounoff et Leer se sont faits les apôtres de sa bonne parole. Aussi, au pays de Souvaroff et de Dragomiroff, a-t-il joui d'une notoriété qui a éclipsé celle de son rival et contemporain Clausewitz, lequel fut pourtant, lui aussi, un petit peu officier russe en 1812.

Depuis quelque quarante ou cinquante ans, on a pris l'habitude d'accoupler les noms de ces deux théoriciens. On a institué entre eux des parallèles à la Plutarque. Il était fort intéressant, d'ailleurs, de les rapprocher, car leur rapprochement met leur contraste en pleine lumière, et chacun d'eux sert de repoussoir à l'autre. Ils se font valoir mutuellement, s'étant occupés, tous les deux, des mêmes questions et du même homme : Napoléon, homme de guerre, emplit toute leur œuvre. Il est donc facile de les comparer. On arrive alors à cette conclusion : Jomini montre bien la guerre, mais il la montre morte ; il travaille sur le cadavre. Clausewitz la montre moins bien, mais il cherche à la saisir sur le vif; et il la montre vivante.

Le curieux, c'est que l'idole des Allemands est celui des deux auteurs dont la pensée semble le mieux convenir au tempérament français, tandis que l'homme de qui nous nous prévalons a justement la tournure d'esprit en honneur de l'autre côté du Rhin où on aime fort des classifications analogues à celles des treize ordres de bataille, des dix sortes de guerre, des onze types de lignes d'opérations.

Une sorte de théorie des compensations entre en jeu. Un besoin inconscient d'équilibre nous rejette du côté opposé à celui vers lequel nous penchons, nous pousse vers ce qui est contraire à notre nature. Fantaisistes, nous nous en laissons imposer par la gravité, par les formules rigides, par les « catégorisations » rigoureuses, alors que les Allemands, portés à ne s'occuper que du solide, se sont épris de l'idée d'attribuer une grande place aux impondérables. Malgré leur effort habituel vers l'exactitude, ils se sont montrés indulgents aux erreurs commises par Clausevitz et à son à-peu-près, en considération des perspectives qu'il leur ouvrait sur des problèmes qu'ils n'ont pas coutume d'envisager. Nous comprendrons, en l'étudiant, qu'il peut, dans une certaine mesure, faire contrepoids à Jomini. En tout cas, il le complète, et il étend son domaine en introduisant dans les études d'art militaire ce qui fait défaut — pour leur plus grand préjudice — au *Traité des grandes opérations militaires* et aux livres subséquents du même auteur : de la psychologie, du rêve et de l'imagination.

Lieutenant-colonel EMILE MAYER.

GÉRICAULT

(A propos de son centenaire)

L'Empire venait de franchir triomphalement une partie de sa course quand Géricault se trouva prêt à entrer en lice. C'était en 1812. Notre jeune peintre ayant quitté l'atelier de Carle Vernet et celui de Guérin sentait bouillonner en lui mille ardeurs, et rejetant désormais toute contrainte il lui plaisait, à vingt et un ans, de se jeter à son tour dans la mêlée. Nouvelle tentative au Salon de 1814; et il y reparaît encore en 1819, pour l'avant-dernière fois. Mais déjà l'Empire était à terre.

L'accueil qu'il avait reçu n'avait guère engagé Géricault à devenir le panégyriste de l'Empire : ses belles figures équestres avaient été si froidement accueillies ! Il se tut; et lorsqu'au bout de quelques années de silencieux labeur, il sesentit prêt à reprendre la lutte, le temps était passé des beaux fastes héroïques.

Qu'on ne s'étonne donc pas du peu de sujets napoléoniens qui se rencontrent dans l'œuvre de Géricault; c'est l'exception. L'artiste n'était pas de ceux dont l'imagination prend feu si elle ne peut prendre un instant contact avec la réalité. L'histoire ancienne et la fable n'eurent jamais le don de le passionner. La vie, l'action, la lutte sous toutes ses formes, voilà ce qui convenait à son tempérament viril, voilà ce qu'on retrouve dans la plupart de ses ouvrages. Ceux qu'il exécuta sous l'Empire nous paraissent aujourd'hui parmi les plus froids, les moins dociles à la flamme intérieure qui le consumait. Ce temps où l'héroïsme était pour ainsi dire dans l'air fut pour lui, dirait-on, une période morte, une période d'attente durant laquelle il se prépara, longuement, par de savantes études anatomiques et plastiques, à l'œuvre que la mort ne lui permit pas de mettre à exécution. Du moins a-t-il réussi par son exemple à entraîner quelques natures d'élite comme Delacroix ; et en ce sens son effort n'a point été perdu.

Si modeste que soit la contribution personnelle de Théodore Géricault à la glorification de l'épopée impériale, comme il n'est point de peintures ni de dessins de sa main qui, par quelque côté, ne portent la marque de sa griffe, il nous suffira de choisir deux ou trois pièces se rattachant dans le temps ou par le sujet à cette période pour évoquer le caractère épique de toute son œuvre.

Nous pouvons négliger les deux grands « Dragons » qu'au Louvre l'un de ses rivaux de gloire ne pouvait apercevoir sans se voiler la face, prétendant qu'on aurait dû les reléguer dans quelque coin obscur du ministère de la Guerre. Cette opinion d'Ingres est heureusement contrebalancée par un curieux dessin que Gros a crayonné de souvenir, après avoir vu l'*Officier de Chasseur* : l'extravagance de ce croquis atteste mieux que des paroles combien le peintre d'*Eylau* et de *Jaffa* avait été frappé d'admiration devant la verve prodigieuse si hardiment affirmée dans cette œuvre par cet inconnu de vingt ans.

Arrêtons-nous plutôt devant cette *Tête d'Officier* que possède le musée de Rouen, une des innombrables études que Géricault fit à cette époque. Ébauche largement peinte, sans recherche ni affectation d'originalité, elle atteint cependant à une vraie grandeur. Sous son apparente négligence, cette étude revêt déjà tout son sens. Épris de vérité, l'artiste ne peut s'empêcher néanmoins de voir au delà du modèle; il lui faut sur-le-champ mettre quelque chose de lui-même, un détail par où il puisse s'évader du réel, laisser échapper comme le trop-plein d'une imagination véritablement créatrice ; et tel est bien ici l'effet produit par cette admirable silhouette de cheval noir à l'œil fulgurant !

Autre exemple :

On connaît la grande figure équestre du *Cuirassier blessé quittant le feu*. Le Louvre en possède une petite étude fort intéressante. Elle représente un soldat désarçonné dont on ne voit plus la monture : appuyé sur un tertre, il s'y soutient avec peine. Évidemment, c'est là une étude *posée*, d'après le modèle ; néanmoins l'œuvre paraît complète, tout à fait vivante. L'homme n'est pas inerte ; il fait effort pour se soulever ou tout au moins pour demander du secours. D'autre part, le décor suffit à situer le personnage ou plutôt le drame auquel il a pris part : on en sent l'atmosphère d'orage.

Ainsi ces deux études, d'apparence assez insignifiantes, nous ouvrent un aperçu sur la valeur réelle d'un Œuvre qu'interrompit brusquement la mort, œuvre si chargé de promesses qu'on ne saurait douter qu'elles n'aient été tenues. Géricault avait à la fois le don et une science victorieusement acquise.

Ce don nous est attesté par les ouvrages plus ou moins achevés qui nous restent, peintures, dessins, lithographies, sculptures, sur lesquels l'Exposition qui va s'ouvrir par les soins diligents de M. le duc de Trévise et de M. Jean Guiffrey, conservateur des peintures au Musée du Louvre, nous apportera certainement des révélations nouvelles. En dehors du Louvre, on fréquente peu les Musées, surtout ceux de nos provinces pourtant si riches en chefs-d'œuvre dignes d'être plus connus. Les musées de Rouen, de Montpellier, d'Avignon, de Nantes, en possèdent de très significatifs, et pareillement, à Londres, la collection Wallace.

Remercions donc M. le duc de Trévise et son collaborateur, M. Pierre Dubaut, de nous fournir, à propos du premier Centenaire de la mort de Géricault (26 janvier 1824), l'occasion de mieux connaître un peintre beaucoup trop oublié.

Ce don nous est encore affirmé par le tragique même d'une vie que le sort semblait avoir comblé dès sa jeunesse. Théodore Géricault était beau, riche, séduisant d'esprit et de corps, ardent ; mais cette ardeur même devait lui être fatale. Le cheval fut de tout temps une de ses passions ; aucune bête n'était pour lui trop fougueuse. A ce jeu il se brisa les reins. L'agonie fut terrible ; elle dura des mois. Le mal eut quelque peine à briser cette volonté. Étendu sur son lit de souffrance, Géricault continua de dessiner jusqu'à l'extrême limite de ses forces. Au Louvre, comme il est émouvant ce dessin où il a peint sa propre main, cette main faite pour dompter la vie et presque la mort !

Trois œuvres

de

Th. Géricault

(1791-1824).

Portrait d'un officier de carabiniers.

(Musée de Rouen).

Photo P. Valle.

Charge de cavalerie

(Dessin du Louvre).

Le cuirassier blessé

(Louvre).

Photos Giraudon.

Pour sa science, Géricault nous la révèle dans le moindre de ses croquis. Nous n'avons qu'à puiser au hasard dans les collections de Rouen, de Lille ou du Louvre.

Voici, par exemple, un dessin légèrement lavé d'aquarelle qui représente un *Combat de cavalerie* ou plutôt « un officier des carabiniers entraînant ses troupes à l'attaque ». Le cavalier retient brusquement son cheval, lève son sabre et se retourne pour voir s'il est suivi.

Tous ces mouvements, *réels* ou *latents*, sont parfaitement lisibles sur ce dessin. Le cheval, assis sur les jarrets, est encore animé du vigoureux élan qui le portait et qui, de nouveau, va le porter en avant. De même le cavalier esquisse un geste trop prompt pour ne pas laisser pressentir que dans une seconde il en fera un autre absolument contraire. Dans tout cela, rien qui rappelle l'instantané photographique, qui a toujours quelque chose de figé.

Seuls ont la divination de ces mouvements fugitifs, les grands, es très grands artistes.

C'est qu'en effet Théodore Géricault est très grand par ses dons, par sa science, par l'impulsion qu'il a donnée aux artistes de son temps, par la place enfin qu'il occupe dans l'histoire de notre art français.

Géricault a ouvert la voie au réalisme moderne, en même temps que par sa fougue toute juvénile il exaltait l'imagination héroïque. Après lui, quelques peintres ont tenté de s'engager sur la même route ; mais faute des qualités qui lui étaient personnelles, ils se sont détournés vers d'autres buts ou se sont arrêtés simplement à mi-chemin.

Albert Francastel.

CHRONIQUE NAPOLÉONIENNE

LA LEÇON D'UNE VIE

A propos d'un anniversaire.

In memoriam. R. B.

[*Nous insérons de grand cœur et avec une même émotion ces pages touchantes et vraies, en mémoire de celui qui fut dans les trente dernières années le grand-maître des Études Napoléoniennes.* — *E. D.*]

Le 19 février, l'an passé, mourait à Paris M. Frédéric Masson. Comme il convenait, ses confrères de l'Académie dirent alors la perte immense que faisait leur Compagnie, dont il était, depuis quatre ans, le tout dévoué Secrétaire perpétuel. Quelques admirateurs et quelques amis fidèles évoquèrent aussi çà et là le maître historien, mais si j'ai bonne mémoire, aucun jeune n'est venu s'agenouiller sur sa tombe... et n'a osé dire ensuite, à son tour, la profonde et durable impression que lui laissait la vie laborieuse et bienfaisante de ce grand aîné. Voilà pourquoi je désire unir mes respectueux et reconnaissants hommages à ceux qui lui furent rendus, Et ces quelques lignes que me dicte aujourd'hui la plus élémentaire gratitude, seront les modestes fleurs de la gerbe que je tiens à déposer sur sa tombe, à l'occasion de ce premier anniversaire.

Cette longue et belle vie, si parfaitement remplie, avait été douloureusement assombrie à son aurore : à l'âge d'un an, il perdait son père, le pauvre petit Frédéric, et dans sa mémoire fidèle, il garda jusqu'à la fin le souvenir inoubliable d'une mère tendre et dévouée, qui lui apprit d'abord à joindre les mains et à dire sa prière, car elle était une catholique fervente. Et si, durant la grande guerre, il s'est fait l'avocat des veuves et des orphelins, c'est qu'il se rappelait, sans doute, ses années d'enfance et de jeunesse attristées par le deuil... Aussi les enfants que nous sommes tous, sentent-ils, à ce trait, s'aviver en eux les tendresses de famille et répètent-ils entre eux ce beau vers de François Coppée, qu'il aimait à citer : « Ma Mère, sois bénie entre toutes les femmes ».

Un jour vint où le jeune adolescent fit son entrée à Louis-le-Grand. « Aux murailles grises du vieux lycée, nous dit-il, se répercutait encore « par les voix d'Aubert et d'Hatzfeld l'écho du Père Porée et de l'abbé « Proyart ; nos maîtres nous enseignaient ces formules par qui les lettrés « français avaient imposé jadis au monde civilisé la langue qu'ils écrivaient. « Par une gymnastique merveilleusement raisonnée qu'avait imaginée « une science approfondie des facultés de l'intelligence, qu'avait réglée « une application religieuse à former des hommes pour une société polie, « qu'avait mise au point, en l'améliorant chaque jour, une pratique « remontant à près de trois cents ans, l'enfant, peu à peu, s'élevait de « l'ennui inséparable des rudiments à la perception de l'immuable beauté, « celle dont la sérénité défie les âges et qui ne saurait être atteinte ni par « les vicissitudes de la mode, ni par la désuétude de la barbarie. Il con- « quérait cette compréhension par un effort où tous ses muscles étaient « mis en exercice, où son activité cérébrale s'employait toute entière et, « grâce à cette culture que l'expérience avait organisée, et dont l'usage « avait prouvé l'excellence, le jeune Français devenait accessible, selon les « rites des ancêtres, à tout ce qui, dans les littératures, demeure admirable « aux honnêtes gens et inintelligible à la plupart de ceux qui n'ont point « été astreints à une telle discipline ».

(Cf. Réponse à M. Henry Roujon, 6 février 1912.)

A dessein, j'ai souligné tout le passage qui nous révèle les vieux souvenirs du jeune lycéen. Et je n'ai pas voulu abréger cette longue citation : bien mieux que tout autre développement, elle nous rappelle « ce qui fait la noblesse et le charme de la langue » qui est « la langue « la plus précise et la plus claire, celle qui s'adapte le plus étroitement à « la pensée, qui l'habille de la façon la plus juste et la plus élégante, qui « lui fournit pour toutes les nuances qu'elle entend exprimer une gamme « de tons à l'infini, depuis les plus légers, d'un gris très apaisé, ne chan- « tant que par leurs rapports, jusqu'aux plus imprévus et aux plus auda- « cieux dont la violence vibre comme un coup de clairon ».

A peine avait-il quitté les bancs du vieux lycée, qu'une nouvelle épreuve l'attendait, au seuil de la vie. Il vit, avec angoisse, la patrie menacée en 1870 : aussitôt il courut à son secours, fier qu'il était de servir et de se dépenser pour une si noble cause. Et sa conduite exemplaire lui valut alors cette médaille qu'il avait si bien méritée et qu'il était si heureux de porter sur son « habit vert ».

Mais depuis 1871, il n'eut qu'une idée tenace et obsédante à laquelle il consacra toutes ses paroles, tous ses articles et tous ses livres : celle de la Revanche. « Un jour ou l'autre — répétait-il sans cesse — nous « subirons une nouvelle épreuve, plus dure que la première et celle-là déci- « sive. Il faut s'y préparer et l'attendre, mais l'envisager toujours. Voilà

« pourquoi, avec Meissonier et Detaille, nous avons fondé la *Sabretache*, « créé le *Musée de l'Armée* et commencé à ériger sur les champs de bataille « les monuments de commémoration nationale ».

Ce serait le moment de dire à cette place, en termes excellents, l'importance et la valeur de l'œuvre historique qu'il entreprit alors. Mais il faudrait être Camille Jullian pour louer les qualités maîtresses du grand historien, qui savait unir à la sûreté de l'information, la clarté de l'exposition, et à la puissance de synthèse, le charme du style à la fois clair et rapide. Et moi, je ne suis qu'un pauvre petit lecteur de cette histoire napoléonienne à laquelle M. Frédéric Masson a réellement voué sa vie... Et je ne trouve pas, comme certains l'ont pourtant prétendu, que cette œuvre immense n'est qu'un plaidoyer pour Napoléon dont il s'était « établi », le disait-il lui-même, le serviteur et le courtisan, l'historien et le chroniqueur ; elle est aussi, elle est surtout, ce me semble, un des bons moyens de rappeler à tous les Français les gloires anciennes et de leur apprendre l'amour de l'Armée.

Il serait injuste aussi de passer sous silence ses travaux antérieurs qui, du reste, furent remarqués dès leur apparition. En 1877, il publiait, en effet, un beau volume sur *Le Département des Affaires Étrangères pendant la Révolution*. Il remplissait alors les fonctions de bibliothécaire du ministère des Affaires étrangères, et voici ce qu'il dit de cette maison : « Depuis plus de dix ans, j'y ai fourni ma tâche quotidienne, je « n'y ai trouvé que la passion du bien public et du bonheur de la Patrie ». Bref, en ce premier essai, nous apprenons ce qu'est la tradition, « ce « sentiment de la hiérarchie ennobli par la passion de l'honneur profes- « sionnel ». Cf. page XIV.

L'année suivante, il traçait un portrait magnifique du cardinal de Bernis, dont il racontait seulement les trois années « de ministère poli- « tique et annonçait qu'il essaierait de reconstituer, d'après les documents « publics et d'après les lettres particulières, les vingt-cinq années de la « vie du cardinal». Et ce portrait juste et respectueux servait d'introduction naturelle aux intéressants *Mémoires et lettres* que la famille de Bernis lui avait confiés et qu'il édita chez Plon, à Paris, en 1878.

Mais à quoi bon énumérer les ouvrages de M. Frédéric Masson? Tous les lettrés les connaissent et les apprécient...

Nous pouvons suivre l'exemple qu'il nous a donné ; il demeure un suprême enseignement : « Travaillons ! » Ce mot d'ordre, il n'a cessé de le donner toute sa vie ; et, dans les circonstances les plus solennelles, il le répétait sans se lasser. Le 25 octobre 1912, il présidait sous la Coupole la fameuse séance des cinq Académies et de droit lui revenait donc l'honneur « de commémorer ses confrères défunts ». Et voici ce qu'il en dit : « Tous ont un trait commun : le travail. Chacun, courbé sur sa

« tâche jusqu'à sa dernière heure, jusqu'à son dernier souffle, chacun a « étudié, cherché, pensé, écrit. Chacun, quels que fussent son origine, « ses moyens, sa santé, sa fortune, n'a connu qu'un enthousiasme et « qu'une joie : travailler, travailler à plus d'exactitude, plus de beauté, « plus de bonté ; travailler à rendre l'homme plus heureux, plus juste et « plus noble : travailler à exalter et à fortifier la patrie. Messieurs, tra- « vaillons ! ».

Considérable était la somme de travail qu'il fournissait, chaque jour, avec méthode, et cela, peut-être, à dessein. Il eut le bonheur de conserver, jusqu'à sa dernière heure, la compagne de sa vie, devenue tout naturellement la seule confidente de ses pensées et la principale collaboratrice de ses œuvres. Avant de mourir, il pensa même à assurer la continuité d'une œuvre, qui lui était chère entre toutes : celle des « Veuves de la Guerre », et voilà pourquoi il demanda comme une faveur suprême à Mme Masson de garder la Présidence de cette belle œuvre qui, par là même, est assurée, Dieu merci, de prospérer désormais comme par le passé.

Car, au début de la Grande Guerre, il s'était fait l'avocat éloquent des pauvres veuves ; et les jeunes orphelins avaient trouvé en lui le plus généreux et le plus dévoué des bienfaiteurs. On le vit bien au Collège Stanislas, à la distribution des prix qu'il présida le 13 juillet 1917. Il ne put s'empêcher de dire pourquoi il revenait en ce collège où il avait déjà présidé la distribution des prix, dix ans auparavant : « C'est à cause « des fils des morts que je reviens ici, dit-il alors, Stanislas a ouvert « ses portes avec une générosité magnifique aux orphelins de la guerre « et, aux instances que j'ai adressées au nom des veuves, il s'est cons- « tamment rendu propice ». Et chacun sentit la vive émotion de M. Masson quand il remercia le Président du Conseil d'administration et le Directeur du Collège.

Pour les pauvres petits soldats, qu'il aimait et gâtait comme de grands enfants, il avait des attentions d'une touchante délicatesse, et nos poilus savaient bien le reconnaître ; aussi gardaient-ils le meilleur souvenir de sa cordialité. Ceux que la mort n'épargnait pas, il les honorait comme ses confrères et ses amis : par tous les temps, sous la pluie et même sous la neige, il les accompagnait jusqu'au cimetière, et là, devant cette fosse béante, il disait au héros disparu le suprême adieu, et je ne sais pas de plus bel hommage apporté à nos glorieux morts que cette conduite matinale au cimetière parisien par un vieillard reconnaissant. Il comprenait, en le prouvant, la dette immense qu'avait contractée le pays envers ses enfants, et lui, qui, toute sa vie, s'était honoré d'avoir été l'humble serviteur de la patrie, il venait, sans en avoir reçu le mandat, la représenter, comme il représentait aussi les parents et les amis du pauvre petit soldat. Comme on l'a dit du comte Albert de Mun, M. Frédéric Masson fut, lui aussi, durant la guerre, le Ministre de la confiance nationale.

En tout temps, il était resté le même, aussi bon et aussi bienveillant que possible : en 1913, je me souviens de lui avoir appris qu'en ma ville natale, il y avait une institution très intéressante de petits sourds-muets et de jeunes aveugles et qui méritait, à mon humble avis, d'être honorée d'un prix de vertu. « Faites une lettre-rapport, me répondit-il « aussitôt par retour du courrier, dans laquelle vous raconterez briè- « vement l'histoire et, avec détail, le dévouement des professeurs..., « citez des traits, des mots, des témoignages de reconnaissance s'il en « existe, enfin, louez, en le racontant, un des plus anciens et des plus « dignes professeurs.

« Vous aurez soin d'ajouter une statistique des entrées et des sorties « d'élèves depuis cinq ou six ans, des comptes établissant le prix de « revient » de chaque entretien et instruction de jeunes aveugles ; « aucun détail de cet ordre ne sera de trop, parce qu'ils permettent de « se rendre compte de l'économie de la maison.

« Vous direz quelles sont les principales ressources de la maison, « d'où elles viennent ? Charité, fondations, vente de bienfaisance ? Tous « ces renseignements demeurent secrets. Ils sont utiles pour les com- « missions de l'Académie.

« Vous aurez soin de compléter le dossier par des lettres écrites par « des notables, hommes ou femmes, et appuyant la pétition. Une ou « deux pages de signatures (dont quelques-unes aux noms connus) « donnent une autorité naturelle à ces demandes. Vous m'avisèrez, « vers le mois de février, de la démarche que vous aurez ainsi faite, et « je suivrai la demande, etc... »

Telle est cette belle lettre que j'ai tenu à reproduire ici presque entièrement. Comme un précieux trésor, je la garde et je la compare bien souvent à cette autre réponse que je reçus peu de temps après d'un notable de la ville et que je ne puis m'empêcher de citer pareillement : « Monsieur, cette initiative doit être prise par le Président du Conseil « général de l'Association pédagogique, et non par vous.

« La demande adressée à l'Académie a-t-elle été signée par le Prési- « dent du Conseil général et de l'Association pédagogique ? A-t-elle été « transmise à l'Académie par M. le Préfet avec avis favorable ? Pouvez- « vous m'en donner une copie ?

« Je me joindrai volontiers à mes collègues pour assurer une bonne « réponse à une demande présentée par les représentants du départe- « ment. Agréez, etc. ».

Voilà l'autre son de cloche, et si l'on savait qui me l'a envoyé, on ne croirait pas que notre Parlement puisse s'honorer de compter dans ses rangs des membres capables de décourager les généreuses initiatives d'une ardente jeunesse en écrivant de telles platitudes.

Or, ce mâle courage, M. Frédéric Masson nous l'a donné à tous, chaque fois que les circonstances l'y ont poussé. J'avoue, certes, qu'il ne capitulait jamais. Et voilà qui est rare à notre époque, où partout s'étalent avec ostentation les plus viles complaisances. Mais si franc et même si grognard qu'il fût, il ne faut tout de même pas exagérer comme à plaisir ; il convient plutôt, ce me semble, de rappeler son exquise bonté. Pour les humbles et pour les jeunes, en particulier, il avait les plus touchantes attentions.

Et lui qui avait, à en croire certains qui se disent les mieux informés, la réputation d'un insupportable bourru, il avait en réalité, sous une apparence trompeuse, il est vrai, le cœur le plus sensible et le plus chaud. Une flamme ardente brillait en ses yeux et consumait ce cœur qu'il laissait parfois parler tout naturellement. Au printemps de 1922, une forte bronchite l'avait retenu à la chambre quelques semaines. Un instant, de fâcheuses complications alarmèrent tous les siens, car il n'était pas toujours facile à soigner. Mais sa robuste constitution supporta ce choc, grâce aux soins intelligents qui lui furent prodigués. A la hâte, j'allais prendre des nouvelles chaque matin, et quand j'appris que M. Masson était enfin sorti quelques heures, j'interrompis mes visites. Peu après, je recevais ce petit billet qui peint si parfaitement l'exquise délicatesse de ce bon vieillard :

« Merci de votre souvenir, monsieur. Il est vrai que j'ai été, que je suis « très souffrant, peut-être très malade. En tout cas, les douleurs sont « atroces. Mais on dit que je m'en tirerai et j'en suis heureux, ne serait- « ce que pour essayer de vous être agréable »...

12/VI/22.

Mais le mieux ne dura guère, malheureusement : l'heure du suprême départ était venue, elle aussi. Il n'est pas téméraire de penser que l'historien consciencieux du cardinal de Bernis et de Napoléon se souvint alors d'avoir écrit, quarante-cinq ans plus tôt que « dans un âge « avancé, on ne doit s'occuper qu'à rendre au Juge suprême un compte « satisfaisant de l'accomplissement de ses devoirs ». Et puis surtout, le vivant souvenir de sa mère lui fit accueillir avec satisfaction la visite que lui rendit Sa Grandeur Mgr Baudrillart au cours de sa dernière maladie. Et les vœux que formaient tous les siens se réalisèrent en tous points. Une dernière fois, il voulut, en toute simplicité, donner à tous l'exemple d'une fin chrétienne, et s'engagea résolument dans le passage sombre et sacré qui conduit les chrétiens à l'éternelle lumière.

Quand m'arriva, dans la soirée du 19 février 1923, la nouvelle de cette mort que je prévoyais, hélas! de jour en jour, en ma mémoire fidèle revinrent aussitôt les paroles inoubliables qu'avait prononcées, dix ans plus tôt, M. Frédéric Masson, en évoquant la mort, cette visiteuse qui vient toujours sans être invitée :

« L'impitoyable créancière, disait-il donc, est là qui rôde et qui « frappe à nos portes. Qu'elle entre, s'il lui plaît. Elle trouvera le bon « ouvrier besoignant à son établi, et il la suivra sans peur, certain qu'il « est d'avoir, sans faiblesse et sans complaisance, aimé, cherché, servi « la Vérité. » Et c'est ainsi que je l'imaginais, sur son lit de souffrance et d'agonie.

Aux lèvres de tous, au premier anniversaire, monte une même prière : celle du repos éternel; c'est le seul souhait que nous puissions tous former désormais pour l'âme généreuse de M. Frédéric Masson.

Robert Béziau.

Les registres paroissiaux de Rueil et de Saint-Leu sous le Premier Empire.

Le livre, c'est la parole fixée pour la durée de ces siècles éphémères que nous appelons éternité, mais plus précieux que les livres imprimés sont les registres paroissiaux de nos églises. De ces manuscrits, vraies mines de documents pour l'historien, et d'autographes pour le curieux, peuvent sortir d'innombrables documents inédits, utiles à notre histoire nationale.

Pendant de longues journées nous avons fouillé les registres paroissiaux du diocèse de Versailles, conservés aux Archives de l'Evêché, et de ces registres, où survit l'âme de nos pères, surgissent encore quelques leçons de noblesse et de grandeur, et nous nous inclinons sous l'inévitable et très chère influence du passé.

Parler de Rueil et de Saint-Leu sans Joséphine et sans Hortense, serait méconnaître l'importance du rôle qu'elles ont joué et la façon dont elles ont rempli leur mission d'Impératrice et de Reine. Nous voyons revivre toute une génération issue de la Révolution, génération de soldats, héros de l'épopée impériale, aujourd'hui comtes, ducs ou princes, couverts de croix, évocatrices de tant de gloires. On peut imaginer à l'église Saint-Pierre-Saint-Paul de Rueil, ou à celle de Saint-Leu, une procession : les évêques sous un dais de soie et d'or, les mîtres, les crosses, les encensoirs, l'Impératrice et la reine Hortense majestueuses et les officiers et les chambellans chamarrés. Nous ne connaîtrons plus que par le souvenir et quelques vieilles estampes ces

B. de joséphine Eugénie valentine de Walsh Serrant. — Joséphine Eugénie ordener — Marie, jean joseph Eugène Sue — Eugène joseph Lucas — [illegible] magdelaine — [illegible] née le [illegible] mars 18[illegible] — [illegible] adélaïde françoise Bonnaire son épouse

Le dix huit juin ont étés suppléés les cérémonies de Baptême par Monseigneur Louis Mathias de Barral archevêque de Tours, membre du sénat conservateur et premier aumonier de Sa Majesté l'impératrice joséphine, à joséphine Eugénie, valentine fille de M. antoine joseph comte de Walsh Serrant et de dame charlotte, Elizabeth marie louise son épouse de Rigaud de Vaudreuil, née le 9. mars 1810; à joséphine, Eugénie fille de M. Michel ordener comte de l'Empire, Général de division, sénateur et Gouverneur du palais de compiègne Grand officier de la légion d'honneur, l'un des commandants de l'ordre de la couronne de fer, commandeur de l'ordre du lion de Bavière, et chevalier des [illegible] et de dame [illegible] Walter, son épouse née le 26 mars 1807; à marie, jean, joseph, Eugène fils de M. jean joseph Sue chevalier de l'Empire premier Médecin de la garde de sa Majesté impériale et Royale, professeur d'anatomie et de physiologie, et de dame marie joséphine Sue, son épouse, né en janvier 1807; et à Eugène joseph fils de M. jean andré henri Lucas adjoint à son père, garde des galeries et agent du museum de l'histoire naturelle et agent de l'institut de france, lesquels enfants ont été ondoyés [illegible] le parrain a été son altesse impériale et Royale le prince Eugène, Napoléon vice Roy d'Italie.

la Marraine, sa Majesté l'impératrice joséphine.

Eugène Napoléon joséphine

+ L. M. Archevêque de Tours

La Ctesse de Serrant née Vaudreuil

Brochier curé

pieuses et belles fêtes de familles qu'étaient les baptêmes d'autrefois.

Extrayons donc quelques joyaux de ces écrins :

« *Le dix-huit juin mil huit cent dix, ont été supplées les cérémonies du baptême par Monseigneur Louis Mathias de Barral, archevêque de Tours, membre du Sénat Conservateur et premier aumônier de Sa Majesté l'Impératrice Joséphine, à Joséphine Eugénie Valentine, fille de M. Antoine Joseph comte de Walsh-Serrant, et de dame Charlotte Elizabeth Marie-Louise de Rigaud de Vaudreuil, son épouse; née le sept mars mil huit cent dix. A Joséphine Eugénie, fille de M. Michel Ordener, comte de l'Empire, général de division, sénateur et gouverneur du palais de Compiègne, l'un des commandants de la Légion d'honneur, commandeur de l'ordre de la Couronne de Fer et chevalier de l'ordre du Lion de Bavière, et de dame Magdeleine Watter, son épouse ; née le vingt-six mars mil huit cent sept. A Marie Jean Joseph Eugène, fils de M. Jean Joseph Süe, chevalier de l'Empire, premier médecin de la Garde de S. M. Impériale et Royale, professeur d'anatomie et de physiologie, et de dame Marie Josèphe Davilly-Süe, son épouse; né en janvier mil huit cent sept. Et à Eugène Joseph, né le trente mars mil huit cent dix, fils de M. Jean André Henri Lucas, adjoint à son père, garde des galeries du Museum d'histoire naturelle et agent de l'Institut de France, et de dame Adelaïde Françoise Bonneau, son épouse. Le parrein : S. A. I. et R. le Prince Eugène Napoléon, vice-roi d'Italie, la marreine : S. M. l'Impératrice Joséphine.* »

Joséphine.

Eugène Napoléon. — L. M. Archevêque de Tours.
La comtesse de Walsh-Serrant née Vaudreuil. — Brochier, curé.

Nous voyons par cet acte de baptême qu'Eugène Süe, le célèbre romancier, auteur des *Mystères de Paris*, du *Juif Errant*, des *Sept péchés capitaux*, avait été tenu sur les fonts baptismaux, fait jusqu'ici peu connu, par l'Impératrice et le beau-fils de Napoléon.

Le 10 juillet 1810, le curé Brochier inscrit l'acte d'inhumation dans le cimetière de la paroisse du chef de bataillon Philippe Nicolas Proffit, du 43e régiment d'infanterie de ligne, tué à la bataille d'Eylau, le 8 février 1807. Acte unique dans les registres paroissiaux, car à cette époque on ne ramenait jamais au pays natal les corps des officiers ou soldats victimes de la guerre. Si nous avons rapporté cette histoire, ce n'est pas comme un vieux fait divers oublié, c'est parce qu'elle montre l'influence et la bonté de l'Impératrice envers une famille désirant voir reposer près d'elle le corps de son enfant tombé au champ d'honneur.

Le 24 avril 1811, l'Impératrice était la marraine, et le Prince Eugène le parrain, de Joséphine Eugénie Henriette Stéphanie, fille du comte

EUGÈNE SUE ENTRE SON PÈRE ET SA MÈRE.

Grand tableau signé du monogramme de J.-B. Isabey.

[*On peut voir l'original de ce tableau à la Galerie Boulanger, 15, rue de Seine. On espère qu'il entrera bientôt à Malmaison, où est sa vraie place, plutôt qu'outre-mer.*]

Louis Désiré de Montholon-Sémonville, chevalier de Sa Majesté, et de dame Elizabeth Henriette de la Cour ; de Joséphine Eugénie, fille de M. Pierre de Sainte-Catherine d'Audifredy, et de dame Marie Samoin ; de Hortense Eugénie, fille du comte Henri Gatien Bertrand, général de division, aide de camp de S. M. l'Empereur et Roi, et de dame Françoise Elizabeth Dillon. Mgr de Barral donna le baptême aux enfants.

Le 20 octobre 1811, même cérémonie pour Joseph Eugène François Polidore, fils d'Alexandre François de La Rochefoucauld, comte de l'Empire, l'un des commandants de la Légion d'honneur, chevalier de l'ordre de l'Aigle Noire, ancien ambassadeur près des Cours étrangères, et de dame Adelaïde Marie Françoise Pyvart de Chastulé. Joséphine fut marraine et S. A. I. et R. Napoléon Louis Charles, grand-duc de Berg, parrain. Le chanoine de la cathédrale de Meaux, Jean Moudot de Beaujour vicaire général de Tours, aumônier chapelain de Joséphine, donna le baptême.

Maintenant voici un mariage où Joséphine fut présente :

— « *Le vingt-deux janvier mil huit cent douze, après la publication d'un ban faite en l'église paroissiale de Rueil le douze du présent mois sans opposition et en celle de la paroisse impériale de la Magdeleine le dix-neuf du même mois, aussi sans opposition ainsi qu'il nous a été certifié par M. Leroy, vicaire des mariages de la dite paroisse. La dispense des deux autres bancs ayant été accordés par Mgr l'Evêque de Versailles et Son Emminence l'Archevêque de Paris ; ont été mariés par Nous Louis Charrier de la Roche. évêque de Versailles, premier aumônier de Sa Majesté l'Empereur et Roi, baron de l'Empire, et ont reçu de Nous la bénédiction nuptiale dans la Chapelle du Palais de Malmaison, en présence de S. M. l'Impératrice Joséphine, qui a signé le présent acte, après nous être assuré de leur mutuel consentement : M. Pierre Wathier, comte de Saint-Alphonse, commandant de la Légion d'honneur, chevalier de l'ordre royal et militaire de Maximilien roi de Bavière, écuyer de S. M. l'Empereur et Roi, général de division de cavalerie, membre du collège électoral du département de l'Aisne, fils majeur de M. Jean Pierre Wathier, membre du Conseil de Préfecture de l'Aisne, et de dame Marie Anne Devisme, demeurant à Paris, rue du Fhaut n° 4, en la paroisse de la Magdeleine, d'une part.*

Et demoiselle Annette de Mackau, dame du Palais de S. M. l'Impératrice Joséphine, fille de M. Armand Louis de Mackau, propriétaire, et de feue dame Félicité Angélique Alissan de Chazet, demeurant à Malmaison, diocèse de Versailles, de la paroisse de Rueil, d'autre part.

L'époux est autorisé par M. son père, et assisté comme témoins par

M. le général de Colincourt, duc de Vicenze, grand écuyer de S. M. l'Empereur et Roi, et par M. le général du Rouel, comte de l'Empire et aide de camp de S. M. l'Empereur et Roi.

L'épouse autorisée par M. son père présent et consentant et assistée comme témoins par M. le comte de Wigenstein, M. Xavier de Fitte de Soucy, M. Charles de Soucy, M. Alissan de Chazet, tous propriétaires majeurs et parens de l'épouse, et domiciliés à Paris, qui ont tous signés avec Nous, et le curé de la paroisse de Rueil, cy présent. »

Joséphine.

Wathier de Saint-Alphonse. — Caulaincourt duc de Vicence. — Ch. Fitte de Soucy. — Le comte Duroisel. — Wathier de Saint-Alphonse. — Alissan de Chazet. — Mackau. — Le comte de Wigenstein. — Le comte de Gavre, préfet de Seine-et-Oise. — Brochier, curé de Rueil. — Louis, Evêque de Versailles.

Le 22 mars et le 10 mai 1812, Joséphine et le Prince Napoléon Louis Charles, grand-duc de Berg et de Clèves assistaient comme parrain et marraine les enfants suivants : Charles Joséphine Auguste Pons Barthelemy, fils de Joseph Emmanuel Auguste Dieudonné, baron de Las Cases, comte de l'Empire, chambellan de S. M. l'Empereur et maître des requêtes, et de dame Henriette Joseph Kergariou ; Joseph Polidore Eugène Julles, fils de Pierre-François-Henry Rolland, commissaire des guerres de première classe, et de dame Athanase Marguerite de Chabert ; Napoléon Joseph Eugène Louis, fils de Louis de Tascher, colonel d'infanterie, commandant du Bremen, membre de la Légion d'honneur, et de dame Sophie Leblanc.

A la fin de décembre 1811, des passants trouvaient le long des murs du Palais de Malmaison, un nouveau-né, enfant de quelque malheureuse servante abandonnée par un soldat volage. Le bébé reçut comme nom de famille, le nom glorieux de Napoléon, et pour prénom celui de Jean, il mourut quatre mois après, le 20 avril 1812.

Le 23 avril 1812 était célébré en présence de l'Impératrice, le mariage de Jean-Baptiste Julien, « *Affricain et naturalisé Français, attaché au service de M. de Wenderlinden, domicilié en cette commune, fils majeur d'un père et d'une mère inconnus, avec la demoiselle Malvina Joséphine Anne Kaprindé, Affricaine, attachée au service de S. M. l'Impératrice, fille de défunts Kaprindé et de Kataba, de cette paroisse* ». Les témoins furent l'Impératrice, MM. de Wenderlinden et Charles de Wenderlinden, M. du Plan, Pierre Joseph Frère, premier valet de chambre de l'Impératrice, et Louis Marie Gasse, huissier de la chambre de l'Impératrice.

Le 25 avril 1812, « *Joseph Remond, nègre attaché au service de S. M.*

l'Impératrice en qualité de chasseur, épousait Jeanne Germaine Hautez ».

Le 20 juillet 1813, ce fut la dernière fois où Joséphine fut marraine : Eugène Louis Napoléon, fils de M. René Bertrand de Boucheporte, receveur général du département de la Haute-Marne, chevalier de l'ordre de la Réunion et de celui de Bavière, et de dame Marie Tinot, sous-gouvernante de S. A. I. le grand-duc de Berg. — Charles-Joseph-Casimir Guyon de Montlivault, fils de M. Casimir Guyon de Montlivault, intendant général de la Maison de l'Impératrice, chevalier de la Réunion, et de dame Marie-Madelaine de Montlivault. Le parrain a été S. A. S. le Prince Charles Théodore, prince primat, grand-duc de Francfort. — Joseph Eugène Jean Horace, fils de M. François-Joseph Amédée de Barral, capitaine aide de camp du Prince d'Essling, chevalier de la Légion d'honneur et de l'ordre de Bade, et de dame Catherine Amélie Robin de Scevole.

Le 15 juin 1814, l'abbé Jacques François Déchard, curé de Saint-Leu, ancien capitaine de dragons pendant la Révolution, a donné le baptême à Stéphanie Philippine Sophie Louise, fille de M. Pierre Claude Louis Robert, comte de Tascher de Lapagerie, aide de camp de S. A. le Prince Eugène, membre de la Légion d'honneur, chevalier de l'ordre royal de la Couronne de Fer d'Italie, et de dame Amélie Théodore Marie-Antoinette Charlotte Sophie Walh, Princesse de la Leyen. Le parrain a été Son Altesse Sérénissime François Philippe, Prince de la Leyen et de Hohengeroldseck, grand-père de l'enfant, la marraine : S. A. Marie Rose Françoise Stéphanie, Princesse Tascher de Lapagerie, duchesse d'Arenberg, tante de l'enfant. La seconde fille du comte de Tascher de Lapagerie fut baptisée le même jour, elle reçut les prénoms d'Hortense Henriette Sophie Amélie. Le parrain fut le comte Jean Henry de Tascher de Lapagerie, maréchal de camp, membre de la Légion d'honneur, chevalier des ordres royaux d'Espagne et de Naples, et la marraine : S. M. la Reine Hortense Eugénie, duchesse de Saint-Leu.

Voici à titre documentaire les actes d'inhumation dans l'église paroissiale de Rueil, de l'Impératrice Joséphine et de la Reine Hortense :

« *Le deux juin mil huit cent quatorze, a été inhumée dans l'église de cette paroisse par l'autorisation du Ministre de l'Intérieur, l'Impératrice Joséphine, née Marie-Joséphine Rose de Tascher de la Pagerie, le vingt-quatre juin mil sept cent soixante-huit. Mariée le huit mars mil sept cent quatre-vingt seize, à Napoléon Buonaparte, sacrée et couronnée Impératrice le deux décembre mil huit cent quatre ; décédée dans son palais de Malmaison, de cette paroisse, le vingt-neuf may dernier à midy.*

Laquelle inhumation a été faite en la présence de moi curé soussigné, par Monseigneur Louis Mathieu de Barral, archevêque de Tours, premier aumônier de feue Sa Majesté l'Impératrice Joséphine, en la présence des soussignés :

Pierre Louis de Buffet, ancien maréchal de camp.

Et l'un des membres de la municipalité : Henry.

Théodore, adjoint au Maire de la commune.

Brochier, curé. »

« *Le dix-neuf novembre mil huit cent trente-sept, d'après l'autorisation du Gouvernement a été déposé par Monsieur le comte Tascher de Lapagerie, général-major, chambellan de Sa Majesté le Roi de Bavière, membre de la Légion d'honneur, chevalier de la Couronne de Fer du royaume d'Italie, grand'croix de l'ordre militaire de l'Épée de Suède, officier de l'ordre de l'Étoile du Sud du Brésil, un cercueil contenant les dépouilles mortelles de Hortense Eugénie de Beauharnais, Reine de Hollande, duchesse de Saint-Leu, née à Paris le dix avril mil sept cent quatre-vingt-trois, fille du premier lit de Marie Rose Joséphine Tascher de Lapagerie, Impératrice des Français, et du vicomte Alexandre de Beauharnais ; belte-fille et belle-sœur de Napoléon Premier, Empereur des Français, Roi d'Italie ; mariée à Paris le trois janvier mil huit cent deux à Louis Napoléon, Roi de Hollande, proclamée Reine le vingt-quatre mai mil huit cent six, et décédée en son château d'Arenenberg, canton de Thurgovie, le cinq octobre mil huit cent trente-sept, à cinq heures du matin.*

Ledit cercueil a été placé, en attendant qu'il put être mis dans un caveau, dans une chapelle de l'église, ce dit jour dix-neuf novembre mil huit cent trente-sept.

Le comte Tascher de Lapagerie. — Maugin. — Laffitte. — Martner, curé de Rueil. »

Gaston Boudan.

Un capitaine de hussards de 80 ans

Le 27 germinal an V Bonaparte écrivait au Directoire : « Je vous envoie « par un capitaine de hussards qui a quatre-vingts ans plusieurs drapeaux « pris sur l'ennemi. »

Les états de services de ce capitaine méritent d'être notés et connus.

Cet officier s'appelait François Jantzon, il était né à Ingelsheim (Palatinat). A la date du 16 avril 1797 ses services étaient les suivants :

Né en 1712,	sous-lieutenant à 59 ans,
soldat à 26 ans,	capitaine à 81 ans.

Campagnes :

Flandre et Bohême, 8 ans.
Guerre de Sept ans, 7 ans.
Révolution, 5 ans.

Enrôlé en 1738 aux hussards de Berchiny; sous-lieutenant en 1771; pensionné en 1784 pour blessures graves, il resta néanmoins sous les drapeaux et fut nommé capitaine en 1793 au 1er régiment de hussards ancien Berchiny. Jantzon avait fait les campagnes de Flandre et Bohême de 1741 à 1748, les campagnes de la guerre de Sept ans de 1756 à 1763 et celles de la Révolution de 1792 à 1797. En l'an V il était âgé de quatre-vingt-cinq ans et comptait soixante ans de services effectifs dont vingt années de campagnes de guerre.

(D'après la *Correspondance.*)

Demande a nos lecteurs. — Par arrêté pris le 27 brumaire an VIII inséré au *Propagateur* du 5 frimaire, arrêté pris par l'administration du département (Paris), les airs à jouer alternativement par les musiques étaient : *L'hymne des Marseillais ; le Chant du départ ; Çà ira ; Veillons au salut de l'Empire ; la Bonaparte.*

Le capitaine Lasserre demande si l'un des lecteurs de la Revue possède les paroles et la musique de *la Bonaparte* et dans l'affirmative s'il lui serait possible de l'avoir en communication.

J. Lasserre.

Une lettre de Louis Bonaparte à Bernardin de Saint-Pierre.

[La lettre ci-après est inédite. Nous en devons la copie à l'obligeance de Miss A. F. Powell qui prépare un ouvrage sur Amédée Pichot. L'original se trouve parmi les papiers de ce dernier qui récemment ont été déposés à la Bibliothèque de la Ville d'Arles. Il est inutile de souligner l'intérêt historique et littéraire de ce document qui permettra, au surplus, de redresser une erreur généralement accréditée. La plupart des historiens font naître en 1778 le troisième frère de Napoléon Ier. Il sera établi désormais que l'année de sa naissance est 1775, car on ne peut uère supposer qu'en se donnant comme âgé de dix-huit ans en 1793, Louis Bonaparte se soit trompé..., à moins qu'en se disant plus âgé qu'il n'était, il n'ait voulu se donner plus d'importance aux yeux de son illustre correspondant. — Jules Dechamps.]

De la Valette le 22 juillet 1793, 2e de la République.

Au Citoyen Jacques-Henri Bernardin de Saint-Pierre, à Paris,
Recommandée au Citoyen Pierre-François Didot le jeune
Quai des Augustins à Paris.

Citoyen,

Pardonnez à un jeune homme exalté la liberté qu'il ose prendre, confié ou excité par une simplicité naturelle qui est encore dans son cœur et qui seule semble vous guider.

Établi à Toulon depuis peu, j'ai quitté ma patrie pour n'être point en proie aux persécutions les plus amères et qui sont celles qu'un tyran exerce sur une famille dont les individus veulent être libres et dont l'influence aurait pu être nuisible aux desseins pernicieux de cet homme injuste ; mais je finis sur cette période qui n'est que trop triste par elle-même mais qui est bien insensible pour l'homme juste et libre ou, pour m'exprimer en vos termes, pour l'homme paria.

Cet ouvrage m'a bien affecté, mais Paul et Virginie m'a coûté bien des larmes et sans doute Paul n'en versait pas plus lors de sa séparation avec sa (mère). Mais si j'ai, Citoyen, osé vous écrire, ce n'est que pour vous demander les circonstances de cet ouvrage qui n'ont point été le fruit de votre imagination. Vous dites qu'il y a du vrai. Quel est le vrai ? Quel est le faux ? Voilà mon but, voilà ce que je me suis proposé de savoir, pour qu'une autre fois en le certifiant, je puisse me dire pour soulager ma sensibilité affligée : ceci est vrai, ceci est faux[1].

O homme sage et heureux ! ô homme de la nature ! pardonnez ma liberté, mais respectez-en les motifs. Oh ! si jamais vous vous sentiez quelques sentiments pour moi resouvenez-vous que je vous ai demandé votre amitié non pour le présent, qui suis faible en connaissance et en âge et qui suis par conséquent indigne de vous entretenir, mais pour l'avenir, car peut-être qu'alors je serai en droit de vous redemander votre amitié ou, si j'en suis indigne, de vous demander pardon alors pour à présent.

J'ai l'honneur d'être, Citoyen, avec la plus profonde estime de l'homme, le très humble et très obéissant serviteur.

Louis Bonaparte, âgé de 18 ans,
d'Ajaccio en Corse.

Du citoyen Louis Bonaparte. Poste restante à Toulon.

1. Ces six lignes sont reproduites par Frédéric Masson dans *Napoléon et sa famille*, I, 79 : sans citer sa source, il connaissait donc cette lettre, ou une copie.

Les trois saules de Sainte-Hélène.

Depuis le mois de février de l'année dernière, et à plusieurs reprises, les journaux ont parlé du saule de Versailles abattu par les démolisseurs (au 67 de la rue Duplessis, maintenant rue du Maréchal-Foch) et qui était *l'un des trois rejetons de l'illustre saule de Longwood.*

Il y a là une erreur de topographie qui a son importance. Au temps de l'Empereur et lors de sa mort, il y avait *trois* saules à Sainte-Hélène, mais ces trois saules, à l'ombre desquels l'Empereur vint quelquefois goûter une heure de repos, ne se trouvaient certes pas sur le plateau de Longwood, morne, aride et dénudé, perpétuellement balayé par le terrible vent du Sud-Est. Ils n'auraient pu y vivre...

Ces trois saules que l'Histoire a pieusement consacrés se trouvaient à près de quatre kilomètres de Longwood, dans la Vallée du Géranium (Vallée de Slane, la Vallée du Tombeau, le Val Napoléon), sorte de ravin au fond de l'abîme du Bol à punch du Diable où régnait un silence impressionnant et où la verdure avait trouvé quelque refuge.

LECTURES NAPOLÉONIENNES

John-Holland Rose. — **Lord Hood and the defence of Toulon** (The Cambridge naval and military Series; Cambridge, University press, 1922, in-8°, 475 p.).

Le côté de la défense avait été en effet le moins étudié jusqu'ici. M. J.-H. Rose en établit l'histoire d'une façon définitive, comme il sait faire.

L'importance de l'entreprise était exceptionnelle, si elle avait été soutenue : les royalistes étaient maîtres de Lyon, de Marseille, de la plus grande partie du Midi de la France. Toute l'Europe coalisée était en armes, de l'Espagne à l'Autriche et à la Prusse, et de part et d'autre de Toulon pouvait établir un front de bataille extrêmement redoutable.

Le chapitre III de ce livre est capital; il révèle les malentendus qui divisèrent et affaiblirent irrémédiablement les alliés : les Espagnols mécontents d'être en sous-ordre; la Prusse, l'Autriche, la Sardaigne, occupées de leurs intérêts particuliers... Cela arrive quelquefois aux coalitions. Il aurait fallu pousser une invasion en Provence; c'était facile; on laissa les défenseurs de Toulon à eux-mêmes.

« L'arrivée de Bonaparte (16 septembre probablement), dit J.-H. Rose, marque une époque dans le siège de Toulon. Jusque-là le feu de l'artillerie républicaine avait été inefficace. Dès lors il fut concentré sur les points essentiels de la défense, c'est-à-dire la flotte elle-même et les hauteurs de la Grasse qui commandaient la sortie du port. Le duel entre ses batteries et la flotte anglaise commença le 16 septembre, — un duel qui sous des formes variées devait durer toute sa carrière. »

On connaît en effet le rude effort des batteries des Jacobins et des Hommes-sans-Peur sur le fort Mulgrave. Là était le point vital et là se décida la victoire. Car dans le temps où les alliés se désintéressaient du siège de Toulon, la chute de Lyon et celle de Marseille permettaient d'envoyer des renforts aux armées républicaines, et il fallut s'en aller.

L'extraordinaire énergie du gouvernement jacobin avait vaincu, et les alliés laissèrent échapper la belle occasion qui avait été dans leurs mains au mois d'août 1793.

E. D.

André Mater. — **La République au Conclave et l'Alliance avec Rome en régime de Séparation : le Conclave de Venise, 1794, 1799, 1800.** — Paris, Presses universitaires de France, 1923, in-8° 138 pages (10 francs).

Il paraît qu'il ne faut chercher en ce livre aucune allusion aux événements de notre temps. Il ne s'agit ici que de quelques pages d'histoire documentaire : la mission de Cacault à Rome (janvier 1793) et le réajustement des relations; les premiers essais de traité dès ce moment; « l'article de contrition » ou de réparation demandé au pape; le bref *Pastoralis* de 1795 et la colère des catholiques.

Puis les premières vues sur le Concordat; « l'ange de la paix » (le cardinal Mattei), comme disait Napoléon ; le traité de Tolentino ; l'affaire du baise-main et la distribution des colliers.

Enfin la maladie du pape Pie VI et les préparatifs du conclave; « la rage papale », autour de la vessie du pauvre Saint-Père ; — le Directoire et la multiplication des papes ; — les instructions de Talleyrand, l'intrigue espagnole et maltaise, l'intrigue russe peut-être, l'intrigue autrichienne sûrement; — enfin la mort du pape en août 1799, les concurrents et l'élection de Chiaramonti.

Tout cela est solidement construit sur des pièces d'Archives, d'ailleurs abondamment citées. On ne cherche pas à en tirer des leçons pour le présent. Tout de même, on y voit comment la Séparation mène au Concordat.

E. D.

G. Lacour-Gayet. — **Talleyrand, Membre de l'Institut** (Séance publique annuelle des cinq Académies, 25 octobre 1922).

En 1795, pendant qu'il était en Amérique, Talleyrand fut appelé à l'Institut national des Sciences et des Arts; c'était justice, le plan de l'Institut lui avait été en partie emprunté. Il fut de la deuxième classe. Sciences morales et politiques; quatrième section. Economie politique.

Il vint rarement aux séances, souvent en retard, et sur le registre des présences son nom est souvent au-dessous de la ligne que l'on traçait un quart d'heure après l'ouverture de la séance.

On cite de lui un mot à La Revellière-Lepeaux qui avait lu un mémoire sur le culte et les cérémonies civiles : « Je n'ai qu'une observation à faire : Jésus-Christ, pour fonder sa religion, a été crucifié et il est ressuscité. Vous auriez dû tâcher d'en faire autant. »

Les lectures avaient lieu dans la salle des Cariatides; les séances, de 5 heures à 8 heures et demie du soir, comportaient chacune au moins dix lectures qu'un « public stoïque » écoutait jusqu'au bout. « Depuis longtemps, ajoute M. Lacour-Gayet, l'adoucissement des mœurs a réduit à cinq le nombre des lectures. »

Le 4 avril 1797, Talleyrand lut un mémoire sur les Relations commerciales des Etats-Unis avec l'Angleterre ; on y trouve cette remarque : « Ils ne peuvent pas se dissimuler que sans la France ils n'auraient pas réussi à secouer le joug de l'Angleterre ; mais malheureusement ils pensent que les services des nations ne sont que des calculs et non de l'attachement. »

Le 3 juillet 1797, il lut un Essai sur les avantages à retirer de colonies nouvelles.

Mais, devenu ministre des Relations extérieures, on ne le vit plus guère.

En 1803, lors de la suppression de la classe des Sciences morales, il passa à la classe d'Histoire et de Littérature ancienne qui devint en 1816 l'Académie des Inscriptions et Belles-Lettres; il n'y parut point.

En 1832, il revint à l'Académie des Sciences morales et politiques rétablie par Louis-Philippe, pendant son ambassade à Londres.

On sait la fameuse séance du 3 mars 1838 où, sous la forme d'un Eloge de Reinhard il donna la définition classique du parfait ministre des Affaires étrangères. Il mourut deux mois après...

Même avec « l'adoucissement de nos mœurs » on entendrait sans effort dix lectures de cet agrément. E. D.

G. Lacour-Gayet. — **La duchesse de Dino**, à propos de l'Exposition des femmes célèbres du xixe siècle (*Revue de Paris*, 15 déc. 1922).

A propos des *Dernières années de Talleyrand* (Voir la *Revue des Etudes Napoléonnienes*, janvier-février 1923), nous avions déjà rencontré M. Lacour-Gayet en l'aimable compagnie de la comtesse Edmond de Périgord, duchesse de Dino, duchesse de Talleyrand, duchesse de

Sagan, « les plus beaux yeux du monde, » ce qui est bien un autre titre.

Il nous rappelle ici le mariage purement politique qu'elle avait contracté après Erfurt avec le neveu du prince de Bénévent, et la première conversation, peu banale, des deux fiancés...

Elle fut l'une des reines du Congrès de Vienne ; les congrès de notre temps sont moins gracieux.

Un jour on apporte une lettre de Metternich : Talleyrand était encore couché ; sa nièce, assise, au pied du lit, lui parlait de la réception où elle devait figurer, chez la princesse de Metternich...

— « C'est sans doute, dit-il, pour m'annoncer l'heure de la prochaine conférence. »

La duchesse ouvre le pli et lit : « Bonaparte a quitté l'Ile d'Elbe... Ah ! mon oncle, et ma réception ?

— Elle aura lieu, Madame, » dit le prince. E. D.

Paul Marmottan. — **Le cardinal Maury et les Bonaparte** (Revue des Études historiques, janvier-mars 1922). — **Le Palais de l'Archevêché sous Napoléon, sa transformation de 1809 à 1815** (Bull. de la Soc. historique et archéologique des IIIe et IVe arrondissements et de la Cité, janvier-avril 1921.)

On connaît les antécédents royalistes de Maury, cardinal en 1794, candidat de Louis XVIII à la tiare ; on sait qu'il adressa une note à Pie VII contre les conférences de Verceil, qui étaient la première annonce du Concordat, et qu'il rédigea la protestation de Louis XVIII, du 6 octobre 1805.

Dès 1802, il fut plus prudent, afin de conserver son influence dans les milieux romains, et son évolution vers Napoléon s'acheva en décembre 1803 ; en décembre 1806, il fut premier aumônier de Jérôme.

Dès lors il se rattrapa.

Il écrivait à l'occasion du sacre : « La circonstance éclatante de son couronnement et de sa consécration ranime vivement au fond de mon cœur les souhaits que je forme tous les jours dans ma retraite pour le bonheur du grand homme que je me glorifie d'avoir pour empereur. » — Et à Joséphine, le même jour : « On ne parle dans toute l'Europe comme en France de notre impératrice adorée que pour la louer et la bénir. » — En décembre 1805, à l'Empereur : « Au milieu de tant de gloire la langue ne fournit plus d'expressions équivalentes à des prodiges si inouïs. » Suit toute une correspondance très curieuse avec le cardinal Fesch, Talleyrand, avec la princesse de Lucques, avec Joseph.

Il en fut bien payé : les gouvernements paient mieux les palinodies que les fidélités. Il fut archevêque de Paris en 1810, malgré le pape; il fut somptueusement couvert de prébendes et de cadeaux; il soutint de tout son zèle la politique de l'Empereur contre le pape. Il soulageait facilement sa conscience : « Les desseins d'un grand homme sont souvent d'une telle profondeur qu'on ne peut en connaître les motifs que par les résultats. » Et il prépara le concordat de Fontainebleau.

Cependant il s'installait au Palais de l'Archevêché, aujourd'hui disparu, son nom resté au quai de l'Archevêché, au chevet de Notre-Dame. M. Marmottan le reconstitue, comme il sait faire, avec un grand luxe de documentation. Maury donna tous ses soins à l'installation et à la décoration de son palais. Et il eut le bon goût de s'y plaire.

Le Concile National de 1811 y tint ses séances. Par décret du 8 novembre 1810, le palais était réservé au pape, au cas où il viendrait à Paris. Et Maury n'en était pas ravi : « Dieu sait combien y durera son séjour, » écrivait-il à son neveu, le chanoine Maury.

Mais le pape ne vint pas ; il s'en retourna à Rome.

Et l'on revit Louis XVIII à Paris... Maury mourut en 1817, sans avoir eu le temps de reprendre le service de la royauté. E. D.

Paul Marmottan. — **Une grande marque d'horlogerie française : Abraham-Louis Bréguet**; —Paris, 1923; br. in-8°, 35 p.

Bréguet, de Neuchâtel, en Suisse, né en 1747, vint à Paris en 1762; il fit son apprentissage chez un horloger de Versailles; puis il s'établit à Paris, quai de l'Horloge et place Dauphine. Réfugié un moment en Angleterre, il devint horloger de la marine en 1799, et s'imposa vite par ses inventions et le fini de sa fabrication.

M. Marmottan donne une liste de ses clients, toute l'élite de la société napoléonienne. Bréguet fut de l'Académie des Sciences en 1816.

La brochure est accompagnée d'un beau portrait de Bréguet, d'après le dessin de Boilly.

Ernest Dumonthier. — **Les plus beaux meubles des Ministères et Administrations publiques. Lits et chaises longues.** Paris. Album in-folio de 44 planches 32 × 45 : prix 165 francs, chez Morancé, édit., 30, rue de Fleurus.

M. Ernest Dumonthier, administrateur très avisé du Mobilier national, poursuit, au milieu des richesses de l'État confiées à ses soins et qui restent de l'ancien fonds de la Couronne, la divulgation qu'il a déjà commencée en nous donnant depuis deux années différents albums visant de multiples formes des anciens styles, notamment les sièges des Jacob.

Chronique Napoléonienne.

Sous ce titre : *Les plus beaux meubles des Ministères et Administrations publiques. Lits et chaises longues.* M. Dumonthier publie chez Morancé avec une très littéraire lettre préface de M. Paul Léon directeur des Beaux-Arts, une série de 44 très belles planches in-folio (comprenant sur chacune individuellement plusieurs détails et aspects) allant du style Louis XIV jusqu'aux modèles du début de la Restauration. Ce recueil présenté par l'auteur dans un chapitre de texte préliminaire est d'un grand intérêt. Il y a là des modèles très purs, dont plusieurs ne sont pas connus. Un lit aujourd'hui au ministère des Affaires étrangères, provient à coup sûr du palais de l'Elysée d'après l'inventaire manuscrit inédit de ce palais dressé en 1809 et que son descriptif de bronzes désigne on ne peut plus explicitement. Ce n'est pas le moins beau du recueil et il a servi à l'Empereur à partir de cette année-là puisque Napoléon venait de racheter ce palais à son beau-frère Murat promu roi de Naples en 1808 (planche 34).

L'exécution en est attribuée à Jacob-Desmalter, le dessin est d'une forme à bateau et à pilastres rehaussé d'écoinçons effilés à crosse légère parant la façade des deux côtés. Les bronzes d'applique qui sont, à n'en pas douter, de la technique du sculpteur Chaudet qui, avec Lemot, a donné les plus beaux sujets de médailles tout à fait dans cette note, sont pour l'expression des figures d'un art supérieur ainsi que pour le modelé académique. La ciselure est, croyons-nous, aussi attribuable à Delafontaine, le premier ciseleur de Paris sous Napoléon. Ce lit impérial est certainement le plus beau morceau du nouveau recueil de M. Ernest Dumonthier, type d'un goût absolument original.

Nous ne saurions, avant de clore ce compte rendu, assez insister sur le service éminent que rend à la divulgation de ces meubles précieux l'administrateur si apprécié par tous de notre grand dépôt national.

M. Dumonthier poursuit deux buts ce faisant. Il sert la cause de l'histoire de l'Art restée très imparfaite jusqu'ici sur certaines et pourtant grandes périodes politiques ; il s'attache en second lieu dans son œuvre à sauver de l'oubli ces vestiges si distingués de la fabrication parisienne en même temps qu'il attire l'attention sur eux pour les préserver d'un certain usage trop fréquent qui s'assimilerait par l'abus à une sorte de vandalisme sans le savoir ; enfin il préconise le placement de ces belles choses dans les musées ou dans les anciens palais pour servir à l'éducation de nos spécialistes au moment où l'Art moderne cherche encore sa voie et il rend public dans un but patriotique des plus louables un inventaire, qui sans lui n'aurait pas été dressé avec un souci aussi élevé. Il faut donc remercier comme il le mérite l'excellent Français et le haut fonctionnaire dont la laborieuse carrière ne compte plus les services rendus à l'État.

Paul Marmottan.

B.-A. Pocquet du Haut-Jussé. — **Lettres d'un officier pendant la campagne de Russie, le sous-lieutenant Aubry de Vilde.** (*Revue des Etudes historiques*, oct.-déc. 1922.)

Un type de ces soldats de la Grande-Armée où se peuvent reconnaître les soldats de la Grande Guerre.

A dix-sept ans, en 1811, sous-lieutenant au régiment de La Tour d'Auvergne, le 46e, il passe la revue du 22 septembre à Boulogne, avant de partir pour la Russie. On suit dans ses lettres sa marche à travers l'Allemagne, dans le corps d'armée de Ney, et parmi les épreuves de l'entrée en Russie.

Il écrit à son « papa » : « C'est depuis ce temps (le passage du Niémen) que nous éprouvons tant de misère et que si cela continue je ne sais pas comment nous finirons... Mais toujours joyeux comme à mon ordinaire je monte au-dessus de tout cela. »

Il est à la sanglante bataille de Valoutina; son régiment y est décimé : « Pour moi, dit-il, je me porte aussi bien que quand j'ai sorti de chez nous ».

Le 7 septembre, à la bataille de la Moskowa il fut mortellement blessé; il fut amputé de la jambe droite et mourut quelques jours après. On n'eut plus de lui d'autres nouvelles... Combien de disparus, alors, et depuis ! E. D.

Marcel Blanchard. — **Les routes des Alpes Occidentales à l'époque napoléonienne (1796-1815).** Essai d'étude historique sur un groupe de voies de communication. — **Bibliographie critique de l'histoire des routes des Alpes Occidentales sous l'État de Piémont-Savoie (XVIIe-XVIIIe siècles) et à l'époque napoléonienne (1796-1815)**; — Grenoble, 1920; 2 vol. in-8°, xvi, 415 et 119 pages.

Nous sommes bien en retard pour rendre compte de ces très belles thèses de doctorat, qui ont valu à leur auteur une chaire magistrale à l'Université de Montpellier.

Sujet neuf, d'histoire à la fois politique et économique, très « moderne » donc : il ouvrira la voie à d'autres études de même sorte. On en jugera par quelques formules et têtes de chapitres : — La genèse des grandes voies napoléoniennes; la concurrence des cols et les premières polémiques (c'est pourquoi la seconde thèse, de bibliographie critique, remonte au xviie siècle, et donne les sources de la politique routière des ducs de Savoie-Piémont) : les premières intentions de Bonaparte sur le Simplon, les milieux milanais l'y attirant pour prendre une revanche sur les gens de Turin ; les efforts des Briançonnais pour ramener l'attention sur l'ancienne route du Genèvre, la via Cottia du temps des Augustes, le Cenis d'abord au second plan.

Puis la « grande bataille des routes », le Cenis contre le Genèvre, la faveur persistante de Bonaparte pour le Simplon, malgré son éloignement; — l'offensive du département du Mont Blanc et des Chambériens en faveur du Cenis; — la supériorité du Cenis sur le Genèvre, la Maurienne à cet égard très préférable à la vallée de la Durance trop excentrique.

Le secret de Cretet, directeur des Ponts et Chaussées : toute sa campagne de diplomatie administrative en faveur du Cenis, comment tout doucement il fait aménager les avenues du Cenis; sa lutte contre Fournier le préfet de l'Isère, contre la famille Périer de Grenoble et Vizille, appuyée par les Clari : — en sorte qu'à la fin de 1805, les trois cols sont toujours concurrents, avec une forte avance du Simplon.

Alors l'évolution des intentions impériales; la mise en train des travaux du Mont-Cenis : toute l'histoire très dramatique et très vivante de cette construction, les ingénieurs, la compagnie Bonafoux, les entrepreneurs, les ouvriers, les conflits locaux et les rivalités de personnes.

Enfin la fonction commerciale des passages des Alpes à l'époque napoléonienne; — le rôle du Cenis et du Simplon dans le blocus continental.

Tout d'abord, comme le rappelle sa bibliographie critique, M. Marcel Blanchard voulait traiter des Routes des Alpes du XVIIe au XIXe siècle. En ramenant son sujet à l'époque napoléonienne, il eût pu lui donner une plus forte unité sous l'inspiration du génie si merveilleusement réalisateur de Napoléon : comment en si peu d'années il avait changé les sentiers des Alpes en routes impériales; comment l'État Napoléonien avait su aborder et résoudre le problème des grandes routes alpines.

Peut-être ainsi eût-il mieux marqué le lien qui unit le décret du 17 avril 1810, décisif en ce qui concerne le Cenis, avec le sénatus-consulte du 17 février 1810, qui faisait de Rome une ville impériale, qui annonçait que le fils de l'Empereur serait « le roi de Rome » et que l'Empereur avant la dixième année de son règne, serait couronné en l'église Saint-Pierre de Rome.

Si au temps des Augustes, la via Cottia par le Genèvre était la meilleure route de Rome à Lyon, la vraie voie impériale de Paris à Rome passe par le Mont-Cenis.

Beau chapitre d'histoire, celui des routes impériales à l'époque napoléonienne : route de Wesel et de l'Allemagne du Nord, route du Simplon, route du Cenis. Elles rappellent les voies romaines; elles annoncent les grandes voies ferrées internationales.

On retrouve encore Napoléon aux origines de l'aménagement économique de l'Europe nouvelle. E. D.

G. Vauthier. — **Les premières relations entre Châteaubriand et Ballanche.** (*Revue d'histoire littéraire*, juillet 1922.)

Notes extraites des papiers de Beuchot qui sont à la Bibliothèque Nationale : condisciple de Ballanche aux Oratoriens de Lyon, il fut son ami de toute la vie.

Ballanche y raconte à Beuchot ses relations avec Châteaubriand à l'occasion de la publication du *Génie du Christianisme* et des *Martyrs*. Il avait beaucoup d'affection pour le grand écrivain, et il eût voulu lui éviter les ennuis de la question commerciale autour de ses ouvrages. Mais Châteaubriand oublia souvent l'ami dans le libraire, et, comme dit joliment M. Vauthier, il fut de ceux qui se laissent aimer et ne savent pas aimer autant.

Malgré toute sa complaisance, Ballanche se plaint. Châteaubriand ne lui a pas même envoyé un exemplaire de son *Itinéraire* : « Quand M. de Châteaubriand, dit-il, m'aurait donné une petite marque de souvenir au sujet de son *Itinéraire*, il n'y aurait pas eu grand mal ». Et il regrette d'avoir eu avec lui des relations d'intérêt : « Sans cela, ajoute-t-il, je pourrais entrer plus avant dans son amitié ; l'argent gâte tout... » — Une correspondance qui inspire une nouvelle estime... pour Ballanche. E. D.

Le Comte Molé, 1781-1855. Sa vie, ses Mémoires. Tome II, publié par le marquis de Noailles. 1 vol. in-8°, 491 pages. Librairie Champion, Paris, 1823.

Le Tome Ier des Mémoires du comte Molé nous a fait connaître surtout l'homme politique. Avec le Tome II, nous continuons à assister au développement de son rôle de plus en plus important dans le maniement des affaires gouvernementales, mais par surcroît nous y trouvons des éléments qui nous permettent de juger l'homme intime. Les faits racontés partent de la fin de l'année 1815, et se poursuivent jusqu'au milieu de l'année 1817, à la veille de la mort de Mme de Staël.

Le ministère Talleyrand venait d'être renversé, et avait été remplacé par celui du duc de Richelieu. Molé, pair de France et chargé de la Direction des Ponts et Chaussées, devient le conseiller des ministres, il voit tout, il sait tout, il connaît tous les ressorts, tous les secrets ; il tient pour ainsi dire tous les fils des décisions du Gouvernement, aussi ses récits sont pleins d'intérêt, et suivant de près le cours tumultueux des événements, des débats de la Chambre introuvable, ils jettent des clartés entraînantes sur les personnages marquants de l'époque, sur les intrigues de la cour, l'acharnement des ambitions, les inimitiés, les haines féroces, les folies des partis.

Le grand talent de Molé est de peindre des portraits vivants, c'est là avant tout ce qui constitue le mérite de ses Mémoires. Je l'ai écrit déjà, il est, sous ce rapport, l'élève de Saint-Simon, c'est dire que, sans égaler le maître incomparable de l'éreintement et de la volée de bois vert, il excelle en général à mettre en relief les défauts, les vices, les côtés bas et vulgaires du personnage qu'il fait poser devant lui, surtout s'il s'agit d'un politique : c'est dire aussi que Molé est un psychologue de bonne force ; son coup d'œil perforateur pénètre jusqu'au fond de l'âme, il « vide le fond du sac », comme dirait Molière, la besogne est vraiment bien faite. Après l'avoir lu, — citons le portrait de Decazes, par exemple — il arrive qu'on se frotte les mains, et qu'on s'écrie : A la bonne heure ! Voilà qui s'appelle travailler ! Bravo, comte ! aurait dit le terrible duc et pair du grand siècle.

Pour les femmes, il s'attendrit quelquefois ; si son cœur est pris, il peut devenir charmant. Ainsi, au début de ce Tome II, il nous fait des confidences sur sa sensibilité, sur ses attachements. A la veille de rompre avec une femme qui avait le culte de Napoléon, et qui lui reprochait en termes très violents d'avoir passé à Louis XVIII avec armes et bagages, il écrit :

« Le besoin d'aimer et d'être aimé, qui avait, depuis ma naissance, remplacé en moi toutes les passions et tous les goûts des autres hommes, était encore augmenté par l'habitude de le satisfaire : j'avais désappris, pour ainsi dire, tout autre plaisir en livrant imprudemment ma vie au charme d'un abandon sans réserve et d'une intimité de tous les instants. Bien insensé celui qui, ayant connu un pareil bonheur, ne sait pas s'en contenter, mais surtout bien malheureux celui que le sort condamne à y survivre... C'est le 15 juillet (1815) qu'elle me quitta et que je la vis pour la dernière fois. »

Après quelques pages de confidences intimes sur ses entraînements de cœur, il dit brièvement ce qu'il a voulu en se racontant, et nous lisons : « Mais revenons à la politique. Miroir fidèle de ma vie, ces Mémoires doivent présenter sans cesse l'histoire de mon temps mêlée à celle de mes affections. »

Nous avons fait allusion à Decazes, chargé de la police, que le duc de Richelieu fit entrer dans son ministère où il joua un rôle considérable. Molé l'étudia, et ne tarda pas à le connaître à fond : le portrait qu'il en trace remplit, on peut dire, les sept meilleures pages du volume ; voici quelques passages :

« La figure de Decazes est belle et régulière, sans agrément, sans noblesse ; il a l'œil de l'épervier, grand, clair, rond et perçant ; son nez ressemble aussi au bec de l'oiseau de proie ; mais les coins abaissés de sa bouche, ses lèvres fines, son front court et avancé ôtent à sa tête toute beauté morale et expressive ; son regard est habituellement vague et incertain, il ne le fixe qu'à la dérobée et comme s'il voulait voir sans être vu ; sa taille est élevée, ses formes sont grasses, arrondies et efféminées, ses manières sont faciles, affectueuses, abandonnées, mais radicalement vulgaires, et, quand il se recherche, elles deviennent celles d'un parvenu ; voilà pour son extérieur. »

Pour Molé, Decazes réalise le type du parvenu, comme Pozzo di Borgo celui de l'aventurier. « Pour l'intérieur de Decazes, poursuit-il, le point le plus délicat à résoudre est de savoir s'il est sincère ou faux : si j'en crois mon impression et sa physionomie, il est le plus faux des hommes. Ce serait au reste une candeur bien indestructible que celle qui résisterait à l'épreuve du métier que M. Decazes a fait. Trahir et corrompre, voilà toute la police. »

Ce portrait restera : il fait comprendre pourquoi et comment Decazes, homme et ministre de la police, devint le favori de Louis XVIII, et par le favori nous pouvons juger le maître. Les Mémoires d'un homme tel que Molé sont appelés vraiment à rendre de grands services aux historiens.

A côté du portraitiste, il y a dans Molé un philosophe qui, devant la trame des événements, aperçoit et caractérise les causes et les effets, et d'autant plus clairement qu'il est bien placé pour observer, et qu'il n'a aucune de ces basses et plates vanités, propres aux ambitieux sans étoffe. Ainsi, après la constitution du ministère Richelieu, il écrit : « La faiblesse fait depuis trop longtemps le destin de la France : elle a perdu Louis XVI et produit les malheurs de la Révolution ; celle des ministres de Louis XVIII en 1814 a fait le 20 mars ; en 1815 celle de M. de Talleyrand et de son ministère a perdu l'occasion de terminer à jamais la révolution ; enfin M. de Richelieu à son tour, par sa faiblesse, va mettre encore la France et la maison de Bourbon à deux doigts de leur perte. »

Plus loin, il compare à la volonté gouvernementale de Napoléon, ferme et habile, le manque d'énergie, la pauvreté de vues des ministres et du roi, et il dit : « Napoléon seul avait compris quel avait été le dénouement possible du grand drame de la Révolution. Obligé de souscrire à ses résultats, il ne songeait qu'à les justifier... Au lieu de reprocher aux uns leurs crimes, il ne cherchait qu'à les leur expliquer ; au lieu de plaindre les malheurs des autres, il leur disait qu'ils les avaient mérités, ne fût-ce que par leur bêtise, et d'une main habile il réparait ou soulageait ces mêmes malheurs sans alarmer ceux qui les avaient causés. »

Que de passages nous pourrions citer où se révèlent la hauteur des conceptions, les décisions rapides d'un tacticien politique qui avait siégé au Conseil d'État de Napoléon, et aussi la froide résignation philosophique d'un esprit supérieur devant l'universelle et incurable vanité des hommes, et devant les misères et les vices de la société.

Molé avait cherché et trouvé des diversions de bonheur dans l'amour, comme nous l'avons vu, mais c'est un abri souvent mouvant — il ne le savait que trop — où le réfugié redoute presque toujours d'entendre résonner la sonnette d'alarme.

Il avait en lui une autre source de joie, celle-là plus limpide et plus sûre, l'amour de la nature. Quelle belle page il nous donne à ce sujet ! Il est dans les Pyrénées, malade et prenant les eaux. Levé de grand matin, il se plaît, pour oublier son mal, à contempler le spectacle enchanteur des paysages de montagnes illuminés par le soleil levant, et il nous dit : « Rien ne purifie l'âme et ne la fortifie comme la contemplation de la nature : tout ce qui n'est pas bon, tout ce qui est contraire à l'ordre choque alors comme la laideur comparée à l'immortelle Beauté ; on cherche, pour ainsi dire, à se mettre en harmonie avec ce qu'on admire, on veut prendre rang et occuper sa place dans cette universelle merveille de la création. »

Il y a dans l'*Emile* des aperçus semblables : Rousseau explique que l'esprit s'épure à la cime des montagnes, quand nous respirons un air salubre que n'a point frelaté la poussière des villes.

Pour terminer, citons encore un passage où Molé raconte un fait curieux de son existence amoureuse. Il éprouvait pour une femme de son monde un entraînement auquel « il devenait impossible de résister ». Il la voyait, mais n'en était encore qu'aux préludes de l'aventure. « J'étais enivré, dit-il et me reprochais amèrement de n'avoir pas mieux profité du tête à tête que nous avions eu... » Donc, tout allait bien. « Nous marchons ! », comme aurait dit Faguet. Deux jours se passent, point de nouvelles ; le troisième jour il reçoit une lettre de la bien-aimée : inutile de dire que son cœur bat fort, à la vue de cette épître ; évidemment la signataire lui exprime sa tendresse, et lui fait des aveux. Il rompt le cachet, désillusion ! « Elle m'annonçait, raconte-t-il, qu'elle venait d'appeler à son secours la religion. Privée depuis longtemps des sacrements par sa maladie, elle venait, disait-elle, de s'en approcher, de tout confier à son confesseur, et elle me priait de ne plus lui adresser l'expression d'un sentiment qu'elle devait désormais repousser. *Dieu le veut*, ajoutait-elle en me rappelant la devise d'un anneau qu'elle m'avait donné. » Quelle déconfiture ! Molé n'en revenait pas, et on peut assurer, sans se compromettre, que les bras lui en tombaient. Heureusement, il sut prendre sa revanche, et le confesseur n'eut pas le dernier mot.

En résumé, ce Tome II des Mémoires est agréable et utile à lire, non seulement au point de vue de la politique, qui était la partie de Molé, le terrain sur lequel s'exerçait son ambition, mais encore au point de vue général de la vie. Nous sommes en présence d'un homme de premier plan, qui raconte avec sincérité, et en bon style, les actes qu'il accomplit, les décisions qu'il prend, les espérances qui l'animent, les craintes qu'il éprouve, les maux dont il souffre, les sentiments tendres qui le poussent en avant ; bref, nous le voyons vivre dans les rangs les plus élevés de la société, y déployer des facultés brillantes, et y jouer un rôle prépondérant. N'est-ce point là un spectacle intéressant ?

HIPPOLYTE BUFFENOIR.

Mémoires du baron de Damas (1785-1862), publiés par son petit-fils le comte de Damas : *t. Ier (1785-1822)* ; *t. II (1823-1862)*, avec deux portraits en héliogravure (Paris, Plon, 1922, 2 vol. in-8°, xv-343 et 380 p.).

Il est difficile de ne pas se laisser prendre à l'extrême agrément de ces *Mémoires*, tant les anecdotes y sont nombreuses, pittoresques et vivantes. Elles concernent l'émigration et la vie en Russie sous Paul Ier et Alexandre Ier, les campagnes des coalisés contre Napoléon et la chute de l'Empire, l'esprit public en France au début de la Restauration jusqu'en 1822, — époque à laquelle s'arrête le premier volume des *Mémoires*, à la veille de cette expédition d'Espagne qui va mettre l'auteur en vedette et le pousser indirectement au ministère. Et tout cela sans doute date de loin, puisque la rédaction n'a été faite qu'au début du second Empire (1853-1854), mais le ton garde une certaine fraîcheur candide et je ne sais quelle naïveté qui parfois déconcerte mais qui semble la meilleure garantie de la sincérité.

Emigré dès l'âge de six ans, Ange-Hyacinthe-Maxence de Damas ne connaît à peu près rien de la France où il s'est en 1785 donné la peine de naître et rien de plus. Après la mort de son père, tué en 1795 dans l'expédition de Quiberon, il est envoyé en Russie où le maréchal de Castries lui a obtenu une place à l'Ecole d'Artillerie de Saint-Pétersbourg. Les *Mémoires* nous révèlent les plus incroyables détails sur le caractère de Paul Ier, tout à la fois emporté et absolu jusqu'à la folie et d'une générosité chevaleresque : on s'amusera au récit de la façon dont le chevalier de la Houssaye fut nommé vice-chancelier, puis on frémira aux détails de l'assassinat de l'Empereur et l'on comprendra l'allégresse unanime et spontanée à laquelle s'abandonne alors la population de la capitale.

Le jeune officier eut en 1803 l'occasion de connaître un peu la France, au cours d'un voyage que la politique consulaire facilitait alors à tous les émigrés. Mais il ne paraît pas en avoir profité : il n'éprouve aucune émotion patriotique et croit avoir assez fait pour son éducation en multipliant les visites mondaines et en allant beaucoup au théâtre. Il retourne en Russie et trouve tout naturel qu'elle entre en guerre contre son pays ;

en agissant ainsi, l'Empereur de Russie n'èst animé que « par les sentiments les plus honorables ». Lui-même va prendre, sans en être le moins du monde gêné, les armes contre la France : il essuie à Austerlitz le feu de la mitraille « ennemie » et, se proclamant « l'ennemi mortel de tout ce qui tient à la Révolution », il constate le rôle providentiel et « la gloire immortelle » de l'Angleterre dans la lutte contre Napoléon, il avoue son « plaisir » et sa « joie » de poursuivre après Moscou l'armée française en retraite, il combat vigoureusement à Leipzig « dans une position fort désagréable », il entre en France non comme un Français mais comme un soldat de la coalition.

Désormais il passe au service des Bourbons, mais ce n'est pas sans de longues hésitations, et il y a de bien curieuses pages sur la modération des alliés vis-à-vis de la France, sur la déclaration de Saint-Ouen et sur la Charte, sur la Sainte Alliance qui mérite l'admiration des siècles. Il s'attache à la personne du duc d'Angoulême, qu'il précède à Madrid pendant les Cent-Jours et qu'après Waterloo il accompagne à Bordeaux. Nommé en 1815 commandant de la division militaire de Marseille, il épouse en 1818, Charlotte de Hautefort, femme de grande valeur et de haute distinction qui fera de son salon le plus brillant de Marseille. Et il enregistre des faits dont il enrage et qui dépassent son entendement : la dissolution de la Chambre introuvable, les manifestations croissantes du libéralisme. Peu s'en fallut qu'il ne résignât son commandement. Du moins, quand on songea à lui pour la division militaire de Paris, répondit-il au duc de Bellune, alors ministre de la Guerre, qu'un tel poste ne pouvait lui convenir, car il ne connaissait pas assez l'ancienne armée pour l'accepter.

C'était l'aveu d'un sage : peut-être eut-il dû s'y tenir. L'horreur de la Révolution et des choses révolutionnaires reste pour lui le commencement de la sagesse et parmi les choses révolutionnaires ou tout au moins favorables aux révolutionnaires il faut compter une foule d' « inventions funestes » telles que le télégraphe. A coup sûr ce Français qui combattit sa patrie ne semble pas avoir toujours eu la plus claire intelligence des événements. Pourtant il ne manquait pas d'esprit, et du plus fin et du plus tolérant. Quand il fut nommé à Marseille, le duc de Richelieu lui rappela la nécessité de ménager les hommes de la Révolution : il répondit qu'il resterait inflexible sur les principes et incapable de dissimuler ses sentiments, mais qu'il saurait être indulgent dans la pratique. En fait il fut modéré et conciliant, il se fit aimer et sut maintenir dans la paix un département fougueux et susceptible. Il faut, pour être juste, insister sur cette partie de sa carrière qui fait beaucoup d'honneur à son cœur et plus encore peut-être à son esprit.

Car les historiens discuteront sur le véritable portrait moral que les *Mémoires* nous donnent du baron de Damas. Mais tous seront d'accord sur l'indiscutable intérêt de ces *Mémoires* qui nous disent admirablement ce que furent, pour un émigré, les campagnes contre Napoléon et les premiers temps de la Restauration [1].

Entre 1823 et 1832 le baron de Damas — lieutenant général des armées du roi, pair de France, ministre de la Guerre, ministre des Affaires étrangères, gouverneur du duc de Bordeaux, — va parcourir une carrière brillante, supérieure sans doute à son mérite, mais non pas à sa conscience. C'est ainsi qu'il sentit l'inconvénient (il ne dit pas : la tristesse) de n'avoir pas fait la guerre pour la France (il ne dit pas : d'avoir fait la guerre contre la France) et qu'il voulut participer à l'expédition d'Espagne où il se conduisit avec vaillance et même avec éclat. Ce n'était peut-être pas suffisant pour être appelé au ministère de la Guerre, où il resta six mois (octobre 1823-avril 1824), mais il s'efforça d'y faire œuvre utile : il atténua quelques-unes de ses idées et, au lieu des quinze à vingt ans de service dont il était d'abord partisan, il se contenta d'en demander huit ; il sut se montrer « inexorable, raide, dur même » pour ceux qui détournaient les deniers de l'État ou sollicitaient des faveurs illégitimes et procéder à des créations intéressantes (organisation d'un bureau de statistique, établissement de la manufacture d'armes de Châtellerault, etc. [2]). La même inexpérience et la même bonne volonté caractérisent son action au ministère des Affaires étrangères, où M. de Villèle lui demanda de remplacer Chateaubriand que Louis XVIII avait brutalement congédié : il se rendait compte de son « ignorance » et subit fort docilement les impulsions de M. de Metternich notamment dans les affaires de Grèce ; mais il tint tête, à propos des affaires d'Espagne, à l'irascible ministre anglais Canning ; et, comme il avait les qualités d'un chef de bureau loyal, méthodique et sans envergure, il réalisa d'excellentes réformes dans les consulats.

Quand vint, aux premiers jours de janvier 1828, la chute du ministère Villèle, M. de Damas songea, avec une modestie qui lui fait le plus grand honneur, à réparer les lacunes de son éducation classique : il prit un maître de latin et, sur les conseils de l'abbé Nicolle, demanda quelques leçons d'histoire à un certain Jules Michelet, professeur agrégé au collège Rollin, « devenu depuis si tristement célèbre par son

1. Pour cette édition, qui est fort bien faite, M. le comte de Damas, petit-fils du baron, a écrit une brève introduction et multiplié au bas des pages les notes biographiques, extrêmement précises et précieuses. Un index alphabétique figure à la fin du tome II.

2. C'est sous son ministère que fut publiée la grande carte de Corse au 100.000e, par les soins du comte Guilleminot, directeur du Dépôt de la Guerre et pair de France. Relevons au sujet de Guilleminot une erreur typographique : il fut pair de France en 1823 (cf. p. 26 et 302) et non en 1828 (p. 115, n° 1).

impiété. » Quelques semaines plus tard, le 23 avril 1828, Charles X le choisissait pour diriger l'éducation du duc de Bordeaux, le futur comte de Chambord, — et il accepta, comme il avait fait ses deux ministères, « promptement, sans réflexion », ne songeant plus qu'à se préparer aux devoirs qu'il allait accomplir. Ce faisant, il s'acquérait des titres durables à la rancune de Chateaubriand, qui avait convoité ces hautes fonctions, mais aussi — et cela est mieux, sans doute — à la reconnaissance d'un disciple à qui il se consacra tout entier. Il ne voulait pas d'une éducation « de serre chaude » et fit alterner avec les leçons proprement dites les exercices au grand air. D'autre part, il ne craignit pas de sortir de toutes les voies usitées pour réaliser dans la maison du prince d'importantes économies : il n'admettait pas une séparation des fonctions domestiques poussée au point que « les glaces du salon devaient être essuyées jusqu'à une certaine hauteur par une personne et le reste par une autre » ; il supprima un grand nombre de serviteurs inutiles et lutta courageusement contre des usages « absurdes », au risque de se faire traiter de novateur, c'est-à-dire presque de révolutionnaire. Après la Révolution de 1830 il entendit rester fidèle à sa mission et il suivit la famille royale en Ecosse puis en Bohême.

Mais les *Mémoires* s'arrêtent là. Une série de *Notes et Documents* (p. 241-299) résument les dernières années du baron de Damas. Ayant voulu confier à deux Jésuites l'éducation morale et littéraire du comte de Chambord, il fut désavoué par le roi et résigna en 1833 ses fonctions de gouverneur. Ce n'est plus dès lors qu'un gentilhomme campagnard qui partage son temps, jusqu'à la soixante-dix-septième année, entre l'éducation de ses enfants, les œuvres charitables, les améliorations agricoles, la correspondance avec le comte de Chambord et la rédaction de ses *Mémoires* où il a mis, suivant le mot de Lamartine, son « cœur pur », son « âme fervente », son « esprit sans éclat, mais d'une grande droiture ».

LOUIS VILLAT.

Souvenirs de la princesse Pauline de Metternich, 1859-1871 ; — préface et notes de Marcel DUNAN, agrégé de l'Université ; avec deux portraits : Paris, Plon, 1922, in-12, XXVIII-220 pages (7 francs).

La « jolie laide », comme on disait aux Tuileries ; — la Sévigné autrichienne du Second Empire, comme dit M. Marcel Dunan, qui rappelle très heureusement comment la fille du comte Sandor, le plus beau cavalier de Hongrie, devenue la princesse Richard de Metternich, fit rencontre, à un grand dîner chez le Chancelier, son grand-père et beau-père, de la célèbre danseuse Fanny Elssler qu'avait aimée le duc de Reichstadt : c'est d'elle qu'elle avait appris « ce que c'est que la grandeur et la vraie grâce ; c'est d'elle qu'elle avait pris son amour et son enthousiasme pour l'art. »

Ses *Souvenirs* sont charmants et d'une émotion pénétrante : — la première entrevue avec l'Empereur et l'Impératrice à Biarritz en septembre 1859 ; — une ascension sur la montagne de la Rhune, le chargement des cacolets, les terreurs de la montée, au bord des précipices, le fandango de l'Impératrice, le calvaire des chaussures fines et des petits pieds, le brancard de Mme de la Bédoyère ; — les souffrances pires de la promenade en mer... Mais il faut lire cela, et comment chacun rendit à Neptune ce qui est dû à Neptune, et les envols de la *Mouette* à la crête des dures vagues du golfe de Gascogne, et les péripéties dramatiques du retour ; — puis la réception officielle de l'impératrice, glorieuse cérémonie payée d'une angine de huit jours ; les grands bals de cour « qui dépassaient en ennui tout ce qu'on peut imaginer », malgré « le miracle de beauté » qu'était la comtesse de Castiglione, par exemple en *Salambô* ; — les séjours à Compiègne, « Sodome et Gomorrhe », où l'on bâillait à se décrocher la mâchoire ; — quelques incidents joyeux pourtant, comme celui dont fut l'héroïne Mme la générale Magnan, née Haritoff, qui désignée pour jouer le rôle de l'Amour, réclamait son costume en retard par une dépêche : « Je fais l'Amour ce soir à Compiègne ; il me faut mon costume ». Elle eut un gros succès. — Quand même, ce que l'on aimait le mieux en ces soirées, c'était « la bienheureuse révérence qui permettait à chacun de se retirer ».

On retrouvera encore en ce petit livre la fête de Versailles en 1867 en l'honneur du roi d'Espagne, don François d'Assise, « un pauvre sire » à tous égards ; — Dumas père et Dumas fils, aussi éloignés l'un de l'autre par le caractère que le Pôle Nord et le Pôle Sud. Le père exubérant de bonne humeur et de faconde : un jour à l'Hôtel du Righi une de ses admiratrices lui demanda la permission de lui lire des vers qu'elle lui avait consacrés, et elle commença :

« O Alexandre, dont le nom bril... »

Alexandre l'interrompit : « Ne parlez pas de ce que vous ne connaissez pas ! » Mais il n'eut pas la suite...

Quelques pages de ces *Souvenirs* portent sur la guerre de 1870 : — les idées de Napoléon III sur la réorganisation de l'Allemagne ; puis l'immense désastre, l'emballement des diamants de l'impératrice en route pour l'Angleterre, la fuite, M. Rouher en valet de chambre, le voyage de Bourbaki parti de Metz, l'intervention imminente de l'Autriche arrêtée net par la Russie... Il y a là quelques témoignages utiles.

E. D.

TABLE DES MATIÈRES

ARTICLES

CHRONIQUE NAPOLÉONIENNE

LECTURES NAPOLÉONIENNES

Table des Matières.

ILLUSTRATIONS

Le Gérant : R. Lisbonne.

Imprimé en Suisse

www.ingramcontent.com/pod-product-compliance
Lightning Source LLC
LaVergne TN
LVHW082353160826
845678LV00008B/1826

* 9 7 8 2 3 2 9 7 2 5 0 5 5 *